全国中等职业教育数字化课程建设规划教材
供中等卫生职业教育各专业使用

生理学基础

SHENGLIXUE JICHU

主　编　柳海滨
副主编　提拉古丽·米吉提
编　者（按姓氏汉语拼音排序）
陈　静（邯郸市卫生学校）
贾元红（西安市卫生学校）
冷　文（营口市卫生学校）
李　琳（石河子大学护士学校）
柳海滨（首都医科大学附属卫生学校）
孙　宁（首都医科大学附属卫生学校）
提拉古丽·米吉提（新疆巴音郭楞蒙古自治州卫生学校）
田　芳（包头市卫生学校）
万爱军（江苏镇江市高等专科学校）
张在平（淮南卫生学校）

科学出版社
北京

内 容 简 介

本教材紧扣护理专业人才培养目标，理论部分分设12章，包括绪论、细胞的基本功能、血液、血液循环、呼吸、消化和吸收、能量代谢和体温、尿的生成与排放、感觉器官、神经系统、内分泌、生殖等内容，随着老年医学的发展，特别增加了老年生理部分内容。各章衔接紧密，重点突出，内含考点、知识链接、案例等，在充分突出重点、考点的基础上，扩大学生视野；还可通过手机扫描书页中某些考点处而共享视频、图片及试题等数字资源，使学生直观轻松地学习。根据教学需求，本教材还分设了实验指导，共8项，力求理论联系实践，在实践中巩固所学知识。

本教材适合护理、助产、医学检验、药学及其他医学相关类专业学生使用。

图书在版编目（CIP）数据

生理学基础 / 柳海滨主编. —北京：科学出版社，2018.1

全国中等职业教育数字化课程建设规划教材

ISBN 978-7-03-055393-5

Ⅰ. 生… Ⅱ. 柳… Ⅲ. 人体生理学-中等专业学校-教材 Ⅳ. R33

中国版本图书馆CIP数据核字（2017）第281918号

责任编辑：池　静 / 责任校对：张凤琴

责任印制：徐晓晨 / 封面设计：铭轩堂

科学出版社出版

北京东黄城根北街16号

邮政编码：100717

http://www.sciencep.com

北京虎彩文化传播有限公司印刷

科学出版社发行　各地新华书店经销

*

2018年1月第　一　版　开本：787×1092 1/16

2021年1月第三次印刷　印张：11

字数：274 000

定价：29.80元

（如有印装质量问题，我社负责调换）

全国中等职业教育数字化课程建设规划教材

编审委员会

全国中等职业教育数字化课程建设规划教材

教材目录

书名	主编	书号
1. 语文	孙敬华　李经春	978-7-03-055597-7
2. 英语	方　莉	978-7-03-055594-6
3. 医护英语	曹　岚	978-7-03-055598-4
4. 计算机应用基础	张全丽	978-7-03-055596-0
5. 职业生涯规划与就业指导	宋晨升	978-7-03-055723-0
6. 护理礼仪	李　蕾	978-7-03-055595-3
7. 人际沟通	王艳华	978-7-03-055397-3
8. 解剖学基础	万爱军	978-7-03-055390-4
9. 生物化学	钟楠楠　丁金娥	978-7-03-055482-6
10. 化学（第3版）	丁宏伟	978-7-03-055914-2
11. 医用物理（第2版）	李长驰	978-7-03-055913-5
12. 生理学基础	柳海滨	978-7-03-055393-5
13. 病理学基础	周士珍　卢桂霞	978-7-03-055395-9
14. 药物学基础	符秀华	978-7-03-055387-4
15. 医学遗传学基础	王　懿	978-7-03-055349-2
16. 病原生物与免疫学基础	郑小波　王有刚	978-7-03-055449-9
17. 护理学基础	郭　蔚	978-7-03-055480-2
18. 内科护理	张晓萍	978-7-03-055354-6
19. 外科护理	王　萌　郝　强	978-7-03-055388-1
20. 妇产科护理	李民华	978-7-03-055355-3
21. 儿科护理	李砚池	978-7-03-055394-2
22. 健康评估	袁亚红　程　颖	978-7-03-055391-1
23. 社区护理	马　英	978-7-03-055389-8
24. 老年护理	杨建芬　张　玲	978-7-03-055350-8
25. 传染病护理	曾志励	978-7-03-055720-9
26. 中医护理基础	韩新荣	978-7-03-055558-8
27. 急救护理技术	程忠义	978-7-03-055396-6

前　言 QIAN YAN

党的十九大对优先发展教育事业，加快教育现代化，办好人民满意的教育作出了重要部署，对发展职业教育提出了新的要求——完善职业教育和培训体系，加快实现职业教育的现代化，深化体制机制改革，加强师德建设，深化产教融合、校企合作，提升职业教育开放水平和影响力。为我国新时代职业教育和继续教育指明了方向，明确了任务。

科学出版社深入贯彻党的十九大精神，积极落实教育部最新《中等职业学校专业教学标准（试行）》要求，并结合我国医药职业院校当前的教学需求，组织全国多家医药职业院校编写了《全国中等职业教育数字化课程建设规划教材》。本套教材具有以下特点。

1．新形态教材　本套教材是以纸质教材为核心，通过互联网尤其是移动互联网，将各类教学资源与纸质教材相融合的一种教材建设的新形态。读者可通过“爱一课”互动教学平台，用手机扫描书页，快速实现图片、音频、视频、3D 模型、课件等多种形式教学资源的共享，并可在线浏览重点、考点及对应习题，促进教学活动的高效开展。

2．对接岗位需求　本套教材中依据科目的需要，增设了大量的案例和实训、实验及护理操作视频，以期让学生尽早了解护理工作内容，培养学生学习兴趣和岗位适应能力。教材中知识链接的设置，旨在扩大学生知识面，鼓励学生探索钻研专业知识，不断进步，更好地对接岗位需求。

3．切合护考大纲　本套教材紧扣最新《护士执业资格考试大纲（试行）》的相关标准，清晰标注考点，并针对每个考点配以试题及相应解析，便于学生巩固所学知识，及早与护考接轨，适应护理职业岗位需求。

《生理学基础》是本套教材中的一本。生理学是一门独立设置的医学基础课程，加强了与其他基础课程的衔接和临床课程的联系，着重为学生学习后续课程和终身学习打好基础。本教材除具有本套系教材的共同特点外，根据生理学学科特点，作如下安排：

1．随着老年医学的发展，特别是人口老龄化现象的出现，增加了老年生理——衰老。

2．精选了实验内容，力求理论联系实践。

本书在编写过程中，得到了全国多家医药院校专家的鼎力支持，在此表示诚挚的谢意。由于水平所限，教材中若有不当之处，敬请同行批评指正！

编者

2018 年 1 月

目录 MU LU

第1章 绪论

第1节 概述

一、生理学基础研究的对象及任务

生理学是研究生物体的生命现象及其规律的科学。本门学科研究的对象是具有生命活动的人体。人体的生命活动，如肌肉运动、腺体分泌、血液循环、呼吸、消化吸收、生长发育、泌尿、生殖等都是一种生命现象。生理学的任务，就是揭示各种生命活动发生的具体过程，产生的条件和原理，人体内、外环境变化对生命活动的影响；同时，还要研究构成人体各个系统、器官和细胞功能表现的内部机制，以及各部分功能活动相互协调、相互制约的规律，为人体的卫生保健、防病治病、增进健康、延长寿命提供科学的理论依据。

生理学是建立在人体形态学基础上的，它与临床医学有着密切的联系，是一门重要的医学基础科学。生理学的基本理论，对临床医学具有指导作用，所以只有先学好本门学科，才能为进一步学好各门专业课程打下坚实的基础。医护人员只有掌握了正常人体生命活动的规律或功能，才能认识疾病的发生及其发展规律，才能掌握疾病的防治，以促进疾病康复的理论与技能。

二、生理学的研究方法

人体的各种功能活动都是整体活动的一部分，它与生存环境保持密切联系的同时，还受语言、文字、心理和社会等因素的影响。学习生理学，必须以辩证法为指导，用对立统一的观点去看待机体的一切功能活动；同时，还应从生物的、心理的、社会的角度来综合观察和理解人体的功能活动。

生理学是一门实验性科学，也就是说，本门课程的知识主要是通过实验观察获得的。早在17 世纪初，英国医生哈维（Harvey）首先在动物身上用活体解剖和实验观察法研究了血液循环这一生命现象，首次科学地阐明了血液循环的基本途径和规律。1628 年，哈维的著作《心与血的运动》面世，这是生理学成为一门独立的实验科学的标志。学习该门课程应坚持理论联系实践的原则，一方面要重视基本理论知识的学习，另一方面又要重视实验技术，通过实验加深对理论知识的理解，培养学生的创新思维和动手能力。此外，还应适当联系生活实际和临床实际，把本门学科的基本知识和技能用到卫生保健和临床实践中去。

生理学的发展与其他自然科学的发展联系密切，相互促进。尤其是新的技术不断应用于生理实验，使生理学的知识和理论不断得到新的发展。构成人体最基本的单位是细胞。由许多不同的细胞构成各种器官，行使相同功能的器官构成一个系统，人体就是由各个器官系统互相联系、互相作用、互相协调而构成的一个复杂整体。因此，生理学研究就是在细胞、器官和系统，以及整体这样三个水平上进行的。细胞和分子水平的研究是以细胞和构成细胞的分子为研究对象，例如研究肌细胞膜、肌质网、肌原纤维等超微结构的功能，以及细胞中蛋白质、无机盐等物质运动的理化过程。器官和系统水平研究是以一个器官或一个系统为研究对象，例如研究心脏如何射血，血液在心血管系统中流动的规律，神经和体液因素对心血管活动的调节。整体水平研究是以完整机体为研究对象，例如研究人体在运动状态下各器官系统之间功能活动的相互配合、相互协调及其规律。

第 2 节　生命的基本特征

生命的基本特征有哪些？科学家从原始的单细胞生物到高等动物以至对人类的研究，发现生命现象多种多样，但新陈代谢、兴奋性和生殖是生命的基本特征。

一、新 陈 代 谢

生物体总是在不断地从外界摄取营养物质，重新建构自身组织；同时又在不断地分解自身和外来物质，排出体外。机体和环境之间不断地进行物质交换和能量转换，以实现自我更新的过程，称为新陈代谢。由此可见，新陈代谢包括物质代谢和能量代谢。物质代谢是指物质的摄取、合成、分解和排出过程；能量代谢是指伴随物质代谢而产生的能量储存、转化、释放和利用过程。物质代谢和能量代谢是不可分割地联系在一起的。物质代谢又分为合成代谢（同化作用）和分解代谢（异化作用）两个方面。合成代谢是指机体不断从外环境中摄取营养物质，合成和转化为自身物质，同时贮存能量的过程。分解代谢是指机体不断分解自身物质，同时释放能量，并将代谢产物排出体外的过程。

新陈代谢是机体与环境最基本的联系，也是生命最基本的特征。机体在新陈代谢的基础上表现出各种生命活动。新陈代谢一旦停止，生命也将随之终结。

二、兴　奋　性

（一）刺激、反应和兴奋性的概念

机体生活在自然环境之中，当环境发生变化时，机体就会做出反应，以适应环境的变化。这种能被机体或组织细胞感受的环境变化，称为刺激。刺激的种类很多，按其性质分为：物理刺激，如声、光、电、温度、机械、放射线等；化学刺激，如酸、碱、药物等；生物刺激，如细菌、病毒、寄生虫等。此外，对人类来说，还有语言、文字、情绪等社会因素形成的心理刺激。

刺激引起机体或组织细胞发生的一切变化，称为反应。如神经受刺激后的反应为神经冲动，肌肉受刺激后的反应为收缩，腺体的反应则表现为分泌。机体或组织细胞对刺激发生反应的能力或特性，称为兴奋性。在机体组织中，神经、肌肉和腺体组织的兴奋性最高，它们反应迅速，易于观察，并有电位变化作为客观标志。因此，生理学基础通常将这些组织称为“可兴奋组织”。

机体或组织细胞对刺激有两种反应形式，即兴奋和抑制。兴奋是指机体或组织接受刺激后，由静止转为活动或活动由弱变强的过程；抑制是指机体或组织接受刺激后，活动减弱或变为相对静止的状态。如肾上腺素作用于心脏，使心肌收缩力增强、心率加快是发生了兴奋；乙酰胆碱作用于心脏，使心肌收缩力减弱、心率减慢是发生了抑制。组织细胞接受刺激后是发生兴奋还是抑制，一是取决于组织当时所处的功能状态，二是取决于刺激的特性。正常机体的各种功能活动既有兴奋，又有抑制，两者既对抗又协调，还可互相转化。因此，兴奋和抑制是机体对立统一的生理过程。

（二）刺激与反应的关系

刺激与反应是一种因果关系，凡是有兴奋性的组织细胞受到刺激后都会引起反应。但是，任何刺激引起机体或组织细胞是否发生反应，发生何种反应，还必须具备三个条件，即足够的刺激强度、足够的刺激持续时间和一定的强度-时间变率。强度是指内、外环境变化的幅度；时间是指刺激作用于组织持续时间的长短；强度-时间变率则是指单位时间内强度变化的大小或速度。一般来说，这三个变量的值越大，刺激越强，反之刺激越弱。临床上在给患者进行肌内注射时要求“两快一慢”，即进针快、出针快、推药慢，可减轻注射时的疼痛，就是因为“两快”缩短了刺激作用的时间，“一慢”降低了刺激的变率，两者均减弱了刺激强度的缘故。综上所述，刺激必须达到一定的强度才能引起组织反应。

在生理实验中，由于电刺激容易观察和控制，因此经常使用电刺激作为人工刺激。通常在刺激器上对刺激作用时间和强度-时间变率先行固定，单一观察刺激强度与反应的关系。当刺激的持续时间与强度-时间变率不变时，引起组织发生反应的最小刺激强度，称为阈强度（阈值）。刺激强度等于阈值的刺激，称为阈刺激；刺激强度小于阈值的刺激，称为阈下刺激；刺激强度大于阈值的刺激，称为阈上刺激。阈值的大小可反映组织的兴奋性，阈值越小，组织的兴奋性越高；反之，越低。由此说明，组织的兴奋性与阈值成反变关系。

三、生　殖

任何生物个体的寿命都是有限的，衰老、死亡是必然归宿。生物体生长发育到一定阶段后，能够产生与自身相似的子代个体，这种功能称为生殖。一切生物都是通过生殖活动来延续种系的。因此，生殖是生命的基本特征之一，也是人类繁衍和生物延续种系的重要生命活动。

（考点：兴奋性、刺激与反应、阈值的概念）

第3节　人体功能与环境

案例 1-1　李某，女性，54岁。6年前诊断糖尿病，给予降糖药进行治疗。今日用药后突然感觉有明显饥饿、乏力、心悸与手颤等低血糖症状，立刻服用糖水后症状缓解。

问题： 1. 为什么血糖过高或过低对人体都有危害？应保持在什么状态适宜？

2. 人体还有哪些指标也需要保持相对稳定状态？有何生理意义？

机体的一切生命活动都是在一定的环境中进行的，脱离环境，机体或细胞都将无法生存。对人体而言，有外环境与内环境之分。

一、机体对外环境的适应

外环境包括人体赖以生存的自然环境和社会环境。自然环境是指自然界中空气、温度、湿度、光照、水、气候、地理环境等各种因素的总和，是人体生存的基本条件。社会环境包括政治、经济、文化、人际关系、心理变化等，是人体生存的必要条件。外环境无时无刻不在发生着变化，这些变化都会对人体产生不同的刺激，人体也不断地做出反应，以适应外环境的变化，达到人体与外环境的统一与协调，保证生命活动的正常进行。机体能够根据环境情况变化来调整内部关系的过程，称为适应。对学生们来讲，刚入学时在饮食起居、人际关系等方面不适应，出现胃纳不佳、生疏孤独之感，经过一段时间的自我调适、沟通交流，就能适应新的生活、学习环境，这是对适应最好的诠释。人类的适应能力最强。

人类不但有被动适应环境的能力，而且还有客观地认识环境和能动地改造环境的能力。科学技术、经济社会的发展，在极大改善人们的物质文化生活的同时，也带来了环境污染、植被破坏、水土流失、生态失衡等困扰经济社会发展的诸多问题。人体作为生态系统的组成部分，既要依赖环境、适应环境、保护环境，又要不断地影响环境、改善环境，只有这样才能保持人与自然的和谐统一，促进经济社会的可持续发展。

二、机体的内环境及其稳态

人体生命活动的基本单位是细胞。但绝大部分细胞并不直接与外环境接触，而是生活在体液之中。体液是人体内液体的总称，约占成年人体重的 60%。体液分为两部分，即细胞内液和细胞外液。前者分布于细胞之内，约占体液的 2/3；后者分布于细胞之外，约占体液的 1/3，包括组织液、血浆、淋巴液、脑脊液等（图 1-1）。细胞外液中约 1/4 分布在心血管系统内，即是血浆。其余的 3/4 分布在全身各组织间隙中，称为组织液。细胞外液是细胞直接生活的体内环境，称为内环境。内环境为细胞的生存提供必要的理化条件，使细胞的各种生化反应和生理功能得以正常进行，同时为细胞代谢提供营养物质，接纳细胞代谢的终产物。

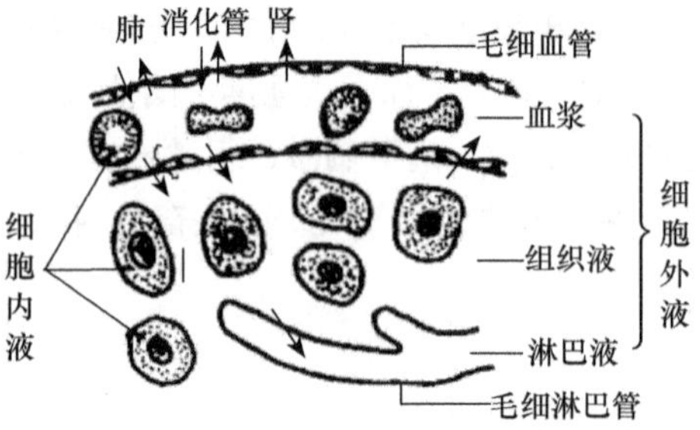

图 1-1 体液的分布

细胞外液中各种离子浓度、温度、酸碱度、渗透压等理化因素只在一个狭小的范围内波动，保持相对稳定状态，称为内环境稳态。内环境稳态是细胞保持正常生理功能和进行正常生命活动的必要条件。内环境稳态的特点是相对稳定而动态变化。事实上细胞代谢无时无刻不在进行，就会不断与内环境进行物质交换，不断打破内环境稳态，外环境变化也会影响内环境稳态。机体各系统的功能活动如呼吸补充 O_2 排出 CO_2，消化吸收补充营养物质，肾排泄代谢产物等都可使内环境保持新的动态平衡，维持内环境稳态。如果内环境稳态遭到破坏，新陈代谢将不能正常进行，机体就会发生疾病，甚至危及生命。

第 4 节 生理功能的调节

人体各系统的功能活动能协调一致，保持其自身的稳态和对内、外环境的适应，是因为机体有一套调节机制，能对各种生理功能进行调节。

一、生理功能调节的方式

（一）神经调节

通过神经系统的活动对机体各种功能进行的调节，称为神经调节。神经调节的基本方式是反射。反射是指在中枢神经系统的参与下，机体对内、外环境的变化做出的规律性应答。反射活动的结构基础是反射弧，由感受器、传入神经、神经中枢、传出神经和效应器 5 个部分组成（图 1-2）。感受器能感受内、外环境变化的刺激，并将刺激信息转变成电信号（即神经冲动），通过传入神经至相应的反射中枢，反射中枢对传入信号进行综合分析，并做出反应，再经过传出神经将反应信号传至效应器，效应器完成反射活动。每一种反射，都有自己固定的反射弧。例如食物进入口腔可引起唾液分泌；环境温度升高，可引起皮肤血管扩张和出汗等。反射弧结构和功能的完整性是反射进行的必要条件，反射弧中任何部分受到破坏或功能障碍，相应的反射活动都将消失。

反射活动可分为非条件反射和条件反射两种类型。

1. 非条件反射 非条件反射是人的本能，先天遗传，人类和动物共有的一种初级神经活动，反射中枢位于皮质下各级中枢，反射弧和反应方式都比较固定，其数量有限，如吸吮反射、吞咽反射、防御反射、性反射等。它是机体适应环境的基本手段，是个体生存和种族繁衍的基本能力。

2. 条件反射 条件反射是后天获得的，是人和动物个体在生活过程中，在非条件反射基础上建立起来的新的反射活动。条件反射的中枢在大脑皮质，是一种高级神经活动。“望梅止渴”“谈虎色变”都属于条件反射。条件反射的数量无限，可以建立，也可以消退。因此，它使机体对环境的适应更加灵活，具有预见性，极大地提高了人的生存和适应能力。

神经调节的特点是反应迅速、准确，作用部位局限，持续时间短暂，是机体最主要的调节方式。

（二）体液调节

内分泌腺所分泌的激素和某些细胞生成的生物活性物质通过体液的运输，对机体相应的组织、器官进行的调节作用，称为体液调节。激素通过血液运送到全身各处，对机体的新陈代谢、生长、发育、生殖等功能的调节，称为全身性体液调节；某些细胞分泌的组胺、激肽、前列腺素等生物活性物质，以及组织代谢产生的腺苷、乳酸、H^+、CO_2 等经由细胞外液扩散到周围环境，调节邻近细胞的功能，称为局部性体液调节。

体液调节的特点是反应缓慢、持久，作用范围广泛，持续时间较长。对调节新陈代谢和维持机体内环境稳态有重要意义。

在体内，多数情况下神经调节具有主导作用，大部分内分泌细胞直接或间接受神经系统的调节。在这种情况下，体液调节就成了反射弧传出途径的一个中间环节或延长部分而发挥作用，这种方式称为神经-体液调节（图 1-2）。

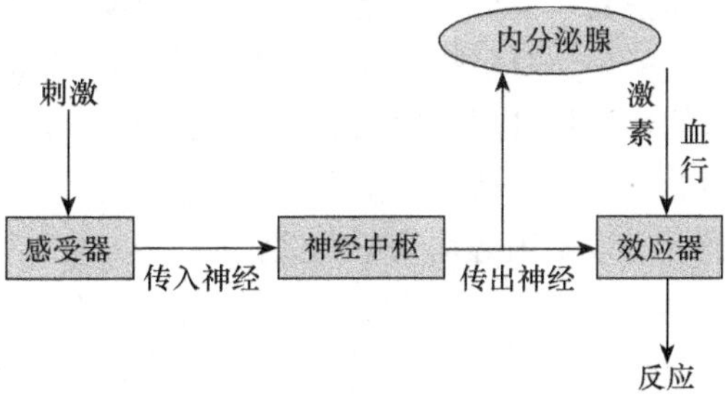

图 1-2 反射弧与人体功能调节

（三）自身调节

自身调节是指机体某些器官、组织细胞不依赖神经或体液因素的作用，自身对刺激产生的一种适应性反应。例如动脉血压在 80～180mmHg 时，肾血流量能保持相对稳定，说明肾小动脉有明显的自身调节能力。

自身调节是一种简单原始的调节方式，特点是调节幅度较小、灵敏度差、范围局限，但对维持器官、组织和细胞的稳态仍有一定意义。

二、生理功能调节的反馈控制

人体各种生理功能的调节与现代控制论的原理相似，可以把人体的调节看作是一个自动控制系统（图 1-3）。自动控制系统是一个闭合回路，由控制部分（反射中枢、内分泌腺）和受控部分（效应器、靶器官）组成。控制部分和受控部分之间有双向信息联系，控制部分发出控制信息调节受控部分的功能活动；受控部分发出反馈信息影响和修正控制部分的调节作用。由受控部分的反馈信息调节控制部分活动的作用，称为反馈调节。根据反馈信息的性质和作用不同，可把反馈调节分为负反馈和正反馈。负反馈是指反馈信息与控制信息的作用相反，减弱或抑制控制部分作用的反馈。人体内存在着许多高效、精细的负反馈控制系统，从细胞和分子水平调节机体的各种功能活动，维持内环境的稳态。例如正常人动脉血压相对稳定就是负反馈控制实现的。在生理情况下，机体的动脉血压保持在相对稳定的正常水平。当某种原因引起心血管活动增强而使动脉血压高于正常时，动脉压力感受器就立即将信息通过传入神经反馈到心血管中枢，使心血管中枢的活动发生改变，导致心脏活动减弱，外周血管扩张，使动脉血压恢复到正常水平。反之当动脉血压低于正常水平，又可通过负反馈控制使血压回升至正常水平。因此，负反馈的生理意义在于维持机体各种生理功能的相对稳定。

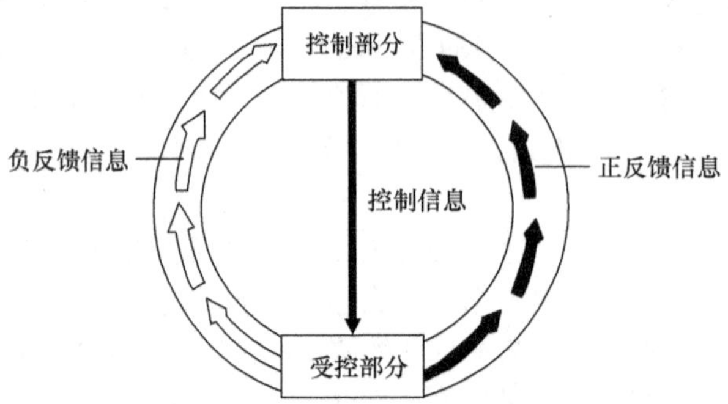

图 1-3 人体功能活动的反馈调节

实心箭头表示促进或加强，空心箭头表示抑制或减弱

正反馈是指反馈信息与控制信息作用一致的反馈。反馈信息对控制部分有促进或加强作用，从而使受控部分的作用再加强。如排尿反射就是一种正反馈控制，在排尿过程中，排尿中枢发出控制信息，使膀胱逼尿肌收缩，将尿液排出体外；尿液进入后尿道时，又可刺激尿道感受器，反馈信息加强排尿中枢的活动，导致膀胱逼尿肌进一步收缩，如此反复，直到排尿过程终结。正反馈的意义在于使某种生理过程逐步加强，迅速达到并完成某种生理状态和水平。其他如射精、分娩、血液凝固等均为正反馈控制。

（考点：反射的概念及反射弧的组成；负反馈的生理意义）

自测题

A_1型题

1．人体生理学是研究（　　）

A．人体物理变化的规律

B．人体化学变化的规律

C．正常人体功能活动及其规律

D．异常人体功能活动的规律

2．内环境的稳态是指（　　）

A．维持细胞外液理化性质保持不变

B．维持细胞内液理化性质保持不变

C．维持细胞内液化学成分相对恒定

D．维持细胞内液理化性质相对恒定

E．维持细胞外液理化性质相对恒定

3．机体中细胞生活的内环境是指（　　）

A．细胞外液　　B．细胞内液

C．脑脊液　　D．组织液

E．血浆

4．刺激引起机体反应需要具备的三个基本条件分别是（　　）

A．神经调节、体液调节和自身调节

B．反应、反射和反馈

C．阈刺激、阈上刺激和阈下刺激
D．兴奋、抑制和反应
E．刺激强度、刺激作用的时间和刺激强度–时间变化率

5．神经调节的基本方式是（　　）
A．适应　　B．反应
C．反射　　D．正反馈调节
E．负反馈调节

6．神经调节的特点是（　　）
A．调节幅度小　　B．反应速度慢
C．作用广泛和持久
D．调节的敏感性差
E．作用迅速、准确和短暂

7．神经调解和体液调节相比，下述各项中错误的是（　　）
A．神经调节发生快
B．神经调节作用时间短
C．神经调解的范围比较小
D．神经调节的基本方式反应
E．神经调节起主导作用

（柳海滨）

第2章 细胞的基本功能

第1节 细胞膜的基本功能

案例 2-1 患者，女性，32岁。因患遗传性球形红细胞增多症入院治疗，临床表现为贫血、黄疸，伴有明显脾大，溶血较正常人严重，如果加入糖和ATP可明显抑制溶血的发生。查该患者红细胞内Na^+、K^+浓度正常，细胞膜对Na^+、K^+的通透性是正常的3倍，细胞膜上的钠钾泵的水平也是正常的3倍。

问题： 1. 为什么加入糖和ATP可明显抑制溶血的发生？

2. 什么是钠钾泵？其生理意义是什么？

细胞是人体最基本的结构和功能单位。根据不同的结构与功能进行分类，人体的细胞有200多种。人体一切生命活动都是在细胞的基础上进行的。因此，了解细胞的基本功能，有助于深入认识理解人体各系统、器官生命活动的功能规律。细胞功能涉及许多方面，本章主要介绍细胞的这些具有共性的基本功能，包括细胞膜的物质转运功能、受体功能、细胞的生物电活动和肌细胞的收缩功能。

人体的每个细胞都被一层薄膜所包被，即细胞膜。细胞膜也称质膜，是细胞与周围环境之间的屏障，对维持细胞内的环境相对稳定，起着支持和保护细胞的作用。细胞膜主要由脂类和蛋白质构成，此外还含有少量糖类物质。关于细胞膜的基本结构目前普遍公认为液态镶嵌模型，即细胞膜以液态脂质双分子为基架，其间镶嵌有许多具有不同结构和功能的蛋白质分子（图2-1）。脂质主要由磷脂、胆固醇和少量糖脂组成。细胞膜的功能主要是通过膜蛋白来实现的。细胞膜具有的各种功能很大程度上取决于蛋白的功能。

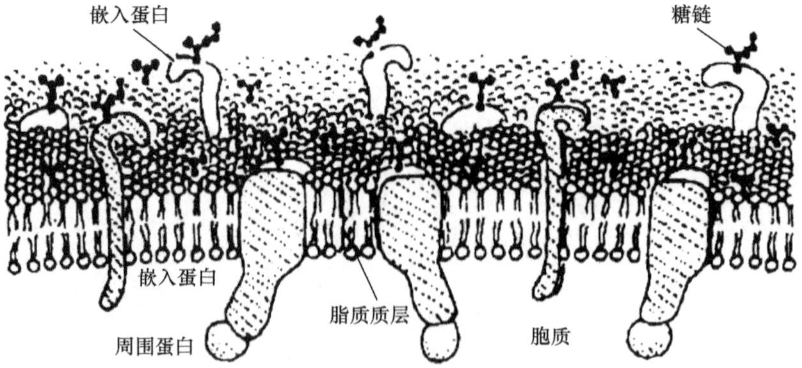

图2-1 细胞膜液态镶嵌

一、细胞膜的物质转运功能

细胞膜不仅在维持细胞正常的代谢活动中起重要的屏障作用，而且在实现膜两侧物质跨膜转运中也起重要的参与作用。细胞膜对不同理化性质的物质具有不同的转运形式。常见的细胞膜物质转运方式包括五种类型（表 2-1）。

表 2-1　细胞膜物质转运情况

转运方式	分类	转运物质	转运方向	细胞耗能	借助膜蛋白
单纯扩散		脂溶性小分子物质	顺浓度差和电位差	无	无
易化扩散	载体扩散	非脂溶性小分子物质	顺浓度差和电位差	无	载体蛋白
	通道扩散	无机离子	顺浓度差和电位差	无	通道蛋白
主动转运		小分子物质和离子	逆浓度差和电位差	有	泵蛋白
入胞	吞噬吞饮	大分子物质或物质团块	细胞外→细胞内	有	
出胞		大分子物质或物质团块	细胞内→细胞外	有	

（一）单纯扩散

单纯扩散是指脂溶性小分子物质从细胞膜的高浓度一侧向低浓度一侧扩散的过程。它是一种单纯的物理现象，是物质跨膜转运方式中最简单的一种，不需膜蛋白的帮助，不需要细胞消耗能量。扩散的方向和速度取决于该物质在膜两侧的浓度差和膜对该物质的通透性。在人体内以单纯扩散方式进出细胞的物质种类很少，比较确定的有 O_2、CO_2、N_2 等气体分子及其他脂溶性小分子物质。

（二）易化扩散

易化扩散是指非脂溶性或大部分水溶性小分子物质，借助细胞膜上特殊蛋白质的帮助从细胞膜的高浓度一侧向低浓度一侧扩散的过程。与单纯扩散不同的是，因为易化扩散被转运的物质是非脂溶性的物质，不能直接通过细胞膜，所以易化扩散需要膜蛋白质的帮助。由于是顺电化学梯度，易化扩散也不需要细胞消耗能量。根据借助膜蛋白质的种类不同，可将易化扩散分为载体扩散和通道扩散两种类型。

1．载体介导的易化扩散（即载体扩散）　借助细胞膜上载体蛋白实现的易化扩散（图 2-2）。细胞膜载体蛋白分子上有一个或数个能与某种物质相结合的位点，物质在高浓度一侧与载体蛋白的位点结合，载体蛋白发生构型改变，将物质运载到低浓度一侧，随后两者分离，载体蛋白恢复原来结构，并可反复使用。例如葡萄糖、氨基酸就是以这种方式进行跨膜转运的。载体扩散具有以下特点。①特异性：一种载体通常只能转运某种特定结构的物质，例如葡萄糖载体只能转运葡萄糖，氨基酸载体只能转运氨基酸。②饱和性：在一定范围内增加细胞外被转运物质的浓度能提高该物质的转运速度和转运量，但被转运物质浓度增加超过一定限度时，再增加该物质浓度其转运量不再随之增加，这是因为载体蛋白的数量和结合位点是有限的。③竞争性抑制：如果某一载体对两种或两种以上物质同时具有转运能力，其中一种物质浓度增加时，该物质的转运增强，其他物质的转运将减弱。

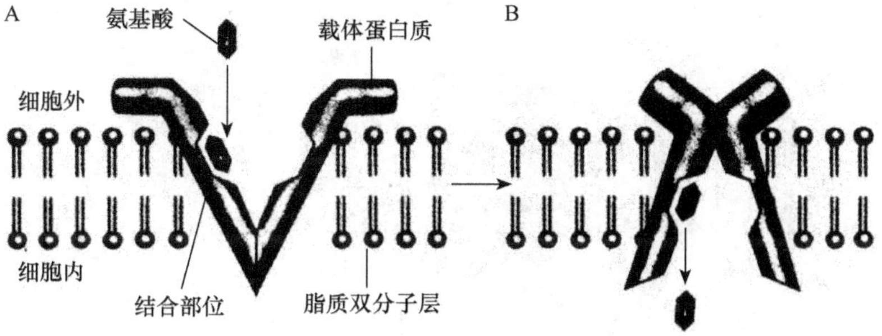

图 2-2　经载体的易化扩散

A．载体蛋白与被转运物质结合；B．载体蛋白与被转运物质分离

2．通道介导的易化扩散（即通道扩散） 借助细胞膜上通道蛋白实现的易化扩散（图 2-3）。通道蛋白贯穿于细胞膜的全层，主要转运各种离子。根据通道对离子的选择性可将通道分为钠通道、钾通道、钙通道和氯通道等。根据引起通道开闭的刺激条件不同，可将通道分为两种类型：通道的开或关由化学因素调控的称为化学门控通道；通道的开或关由细胞膜两侧电位变化调控的称为电压门控通道。

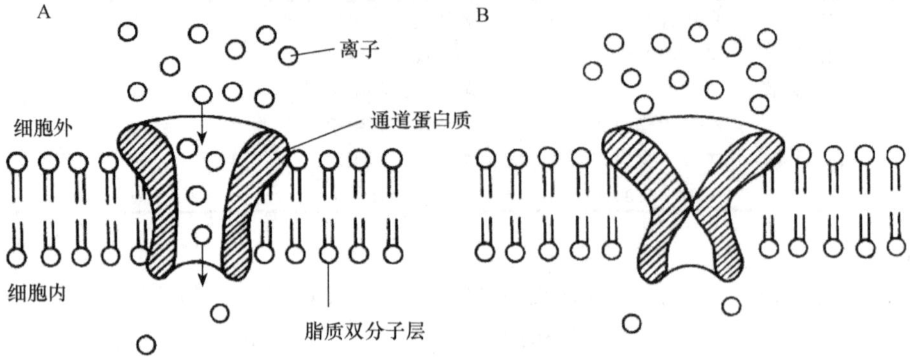

图 2-3 经通道的易化扩散
A．通道开放；B．通道关闭

通道一般有备用、激活（开放）、失活（关闭）三种功能状态。通道三种状态的转化遵循一定的规律，即由备用状态转入激活状态，激活状态转入失活状态，失活状态转入备用状态。

单纯扩散和易化扩散都是细胞膜两侧物质顺浓度梯度和（或）顺电位梯度实现的，不需要细胞自身消耗能量，故都属于被动转运。单纯扩散对机体细胞 O_2 供应、CO_2 排出十分重要；易化扩散是物质跨膜转运一种重要而普遍存在的形式，如营养物质进入细胞、细胞生物电的产生、兴奋的传导、肌肉的收缩都与易化扩散密切相关。

（三）主动转运

主动转运是指小分子物质或离子借助细胞膜上某些蛋白质由膜的低浓度和（或）低电位一侧转运到高浓度和（或）高电位一侧的耗能性的跨膜转运过程。帮助完成主动转运的膜蛋白质称为泵蛋白，也简称泵。常见的泵蛋白有钠-钾泵（简称钠泵）、钙泵、氢泵、碘泵、氯泵等。

普遍存在且目前研究最充分的是细胞膜上的钠泵，它在细胞生理活动中具有十分重要的意义。它具有 ATP 酶的活性，故也被称为 Na^+-K^+依赖式 ATP 酶。当细胞内 Na^+浓度升高或细胞外 K^+浓度升高时可激活钠泵，它可以分解 ATP 释放能量，并利用此能量，把细胞内的 Na^+逆浓度差转运到细胞膜外，同时把细胞外的 K^+逆浓度差转运到细胞膜内，一般情况下每分解 1 个 ATP 分子可将 3 个 Na^+泵出细胞膜外，同时将 2 个 K^+泵入细胞膜内（图 2-4）。通过钠泵活动形成和

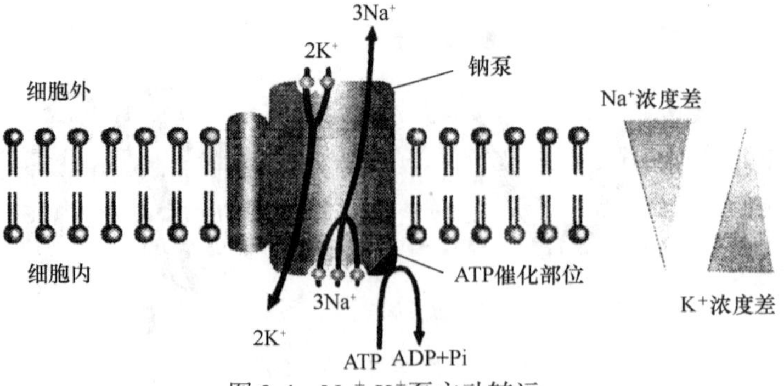

图 2-4 Na^+-K^+泵主动转运

保持了细胞膜内外 Na^+、K^+分布的不均衡状态（即细胞膜内高浓度 K^+、细胞膜外高浓度 Na^+），这是可兴奋细胞产生动作电位的基础，对维持细胞正常兴奋性具有突出的意义。

主动转运是细胞膜两侧物质逆浓度梯度和（或）逆电位梯度实现的，需要细胞自身消耗能量。

（四）入胞和出胞

大分子物质或物质团块进出细胞，由于分子量大，不能直接穿过细胞膜，必须通过细胞膜一系列复杂的变形，形成细胞膜包被的囊泡，以入胞或出胞的方式实现跨膜转运过程。

1. 入胞　是指细胞外的大分子物质或物质团块（细菌、病毒、细胞碎片等）借助细胞膜的变化进入细胞内的过程。入胞也称胞吞，根据进入的物质不同，可分为吞噬和吞饮两种形式。生理学上把固体物质进入细胞内的过程，称为吞噬，例如单核细胞、巨噬细胞和中性粒细胞吞噬细菌的过程；把液态物质进入细胞内的过程，称为吞饮，例如营养物质被小肠上皮细胞的吸收过程。

2. 出胞　是指细胞内的大分子物质或物质团块（消化酶、激素、神经递质等）借助细胞膜的变化排出细胞外的过程。出胞也称胞吐，主要见于细胞的分泌活动，如消化腺细胞分泌消化酶、内分泌腺细胞分泌激素、神经纤维末梢释放递质等。这些物质在细胞内形成后，被一层膜性物质包裹形成囊泡。囊泡向细胞膜移动，与细胞膜融合，融合处破裂，囊泡内物质一次性全部排出细胞外（图2-5）。

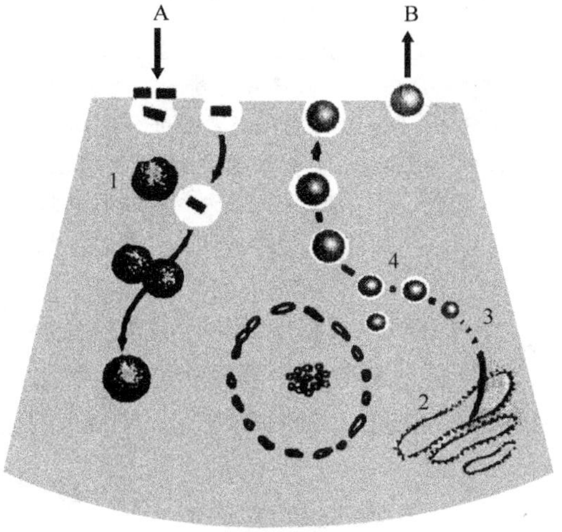

图2-5　入胞和出胞

A. 入胞；B. 出胞

1. 溶酶体；2. 粗面内质网；3. 高尔基复合体；4. 分泌颗粒

入胞和出胞的方式都属于主动转运过程，细胞需要消耗能量。

二、细胞膜的受体功能

受体是指位于细胞膜上或细胞膜内能与细胞外的某些信号分子（也称为配体，例如激素、神经递质、细胞因子、药物、抗原和病原体等）发生特异性结合，并引发细胞特定生理效应的特殊蛋白质。受体可以存在于细胞膜、细胞质和细胞核内，分别称为细胞膜受体、胞质受体和核受体。受体与配体的结合具有三个特征。①特异性：是指受体只与特定的信号分子结合，保证信息传递准确可靠，不受干扰；②饱和性：是指细胞膜受体数量有限，与信号分子结合的能力有限；③可逆性：是指受体与信号分子既可以结合，也可以解离。受体主要有两个基本作用：①具有识别与选择性结合作用；②能转导信号作用，引发细胞产生特定生理效应。

知识链接

我国学者对于膜蛋白的研究新进展

人类基因组中编码蛋白的所有基因约有30%编码膜蛋白。FDA批准上市的药物中，约50%的作用靶点为膜蛋白。因此，对膜蛋白结构与功能的研究具有极高的生物学意义及医药应用前景。其中，转运蛋白是膜蛋白的一大类，介导生物膜内外的化学物质及信号交换。因此，转运蛋白在营养物质摄取，代谢产物释放及信号转导等广泛的细胞活动中起着重要的作用。大量疾病都与膜转运蛋白功能失常有关，转运蛋白是诸如抗抑郁剂、抗酸剂等大量药物的直接靶点。

知识链接

被《自然》评价为十位"中国科学之星"之一的我国清华大学教授、博导颜宁率领的团队在世界上首次解析了人源葡萄糖转运蛋白 GLUT1 的三维晶体结构，攻克了国际上 50 年不解，最受瞩目、国际竞争也最激烈的科学难题。在已知的人类遗传疾病中，导致 GLUT1 功能异常的突变会影响葡萄糖的正常吸收，导致大脑萎缩、智力低下、发育迟缓、癫痫等一系列疾病。

第 2 节　细胞的生物电活动

案例 2-2　患者，男性，18 岁。患有原发性高血钾周期性麻痹入院治疗，临床表现为肌肉无力、周期性挛缩并伴有疼痛，随后反应迟缓，肌肉发生瘫痪。体格检查：血钾 6.8mmol/L（正常 4.5mmol/L）细胞内钾离子明显降低，症状发生时，骨骼肌细胞膜静息电位幅度降低。

问题：1. 为什么细胞内钾离子明显降低，骨骼肌细胞膜静息电位幅度降低？

2. 什么是静息电位，其形成机制是什么？

细胞在生命过程中始终伴有电变化的现象，称生物电。生物电是一切活细胞普遍存在的基本生命现象。人体许多生理活动都与生物电变化有密切关系。生物电主要发生在细胞膜两侧，因此也称为跨膜电位，简称膜电位，主要包括静息电位和动作电位。

一、静息电位及其产生原理

（一）静息电位的概念

静息电位是指细胞处于安静状态时，存在于细胞膜内外两侧的电位差。静息电位是细胞产生兴奋的基础。如图 2-6 所示，将与示波器相连的两个微电极置于安静状态下的神经纤维表面任何两点时，示波器屏幕上的光点在零电位线上横向扫描，说明细胞膜表面任何两点之间电位相等，不存在电位差。当将一个微电极尖端刺入细胞内，另一电极置于神经纤维表面对，示波器屏幕上光点迅速从零电位线下降到一定水平，说明细胞膜内电位低于细胞膜外电位，这种细胞膜外电位较高，膜内电位较低，细胞膜内、外两侧存在的相对稳定的电位差即是静息电位。如果将细胞膜外电位设定为零（细胞外的电极是接地的，电位始终为零），细胞膜内的电位则为负电位值。一般以细胞膜内负电位值来表示静息电位。不同种类的细胞静息电位的数值也有所差异。骨骼肌细胞的静息电位值为−90mV，神经细胞的静息电位值约−70mV，平滑肌细胞静息电位值约−55mV，红细胞的静息电位值约−10mV。

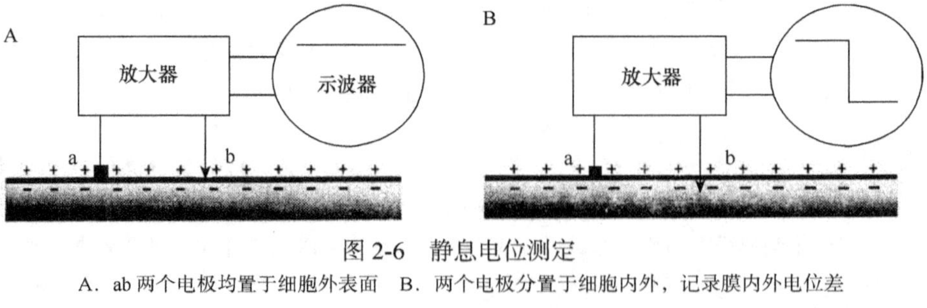

图 2-6　静息电位测定

A. ab 两个电极均置于细胞外表面　B. 两个电极分置于细胞内外，记录膜内外电位差

通常把安静状态时细胞膜外电位高于膜内电位（膜外为正，膜内为负）的状态称为极化。静息电位增大（膜内负电位值增大）的过程或状态，称为超极化；静息电位减小（膜内负电位值减

小）的过程或状态称为去极化；细胞膜去极化后，跨膜电位再向静息电位方向恢复的过程称为复极化；膜内电位高于膜外电位（膜内为正，膜外为负）的状态称为反极化或超射。

静息电位与极化状态都是细胞处于静息状态的标志，是对同一现象的两种不同的表达方式。静息电位反映的是细胞安静时膜内外的电位差值，而极化状态反映的是细胞安静时膜两侧离子电荷分布的情况。

（二）静息电位产生原理

一般用膜的离子流学说来解释静息电位产生的原理。此学说认为，静息电位的产生与细胞膜内外离子的分布不均衡和细胞膜在不同状态下对离子的通透性不同有关。细胞内带正电荷的主要是 K^+，带负电荷的主要是蛋白质分子 A^-。细胞外带正电荷的主要是 Na^+，带负电荷的主要是 Cl^-。细胞外 Na^+浓度约为细胞内的 10 倍，细胞内 K^+浓度相当于细胞外 K^+浓度的 30 倍，这是钠泵活动的结果。细胞内外存在着 K^+浓度差，这是 K^+向细胞外扩散的动力。在静息状态下细胞膜对 K^+通透性较高，对其他离子的通透性较低，这为安静时 K^+向细胞外扩散提供了可能性。

安静时，由于细胞膜内外存在 K^+的浓度差及细胞膜对 K^+通透性较大（K^+通道开放，Na^+、Cl^-通道关闭），因而 K^+顺浓度差由细胞内向细胞外扩散（K^+外流）。带正电荷的 K^+外流时必然吸引带负电荷的蛋白质 A^-同行，但由于膜对带负电荷的蛋白质分子不通透，因此这些蛋白质分子被阻隔在膜的内侧面，外流的 K^+在这些蛋白质分子的吸引下排列在膜的外侧面形成了膜内为负、膜外为正的跨膜电位差。随着 K^+的不断外流，膜外正电荷逐渐增加，由此产生阻止 K^+外流的电场力逐渐增大。当促进 K^+外流的浓度差与阻止 K^+外流的电场力达到平衡时，K^+的净外流停止。此时膜内外形成一个稳定的跨膜电位差值，即为静息电位。静息电位主要是由 K^+外流所形成的电-化学平衡电位，故又称为 K^+平衡电位。

二、动作电位及其产生原理

（一）动作电位的概念

动作电位是指细胞受到有效刺激时，在静息电位基础上，发生的一次快速的向远处可传播的膜电位变化。动作电位是细胞兴奋的共同标志。动作电位与兴奋是同义词。细胞只有先产生兴奋，然后才能表现出各自特定的生理功能，如肌肉收缩、腺体分泌。现以神经细胞为例，阐述动作电位的形态特征。

当给予神经纤维一个足够强的刺激时，示波器屏幕上即显示一个动作电位波形（图 2-7）。它由上升支和下降支两部分组成。上升支显示膜内电位由−70mV 快速上升到 0mV，说明膜内负电位值迅速减小，称为去极化过程，进而又上升为＋30mV，变为正电位，称为反极化过程；下降支显示膜内电位由＋30mV 快速下降到−70mV，说明跨膜电位向静息电位方向恢复，即恢复原来的极化状态，称为复极化过程。复极化初期速度较快，后期明显减慢，这部分称为去极化后电位（即负后电位，也称后去极化），随后出现缓慢而持续时间较长的超极化，称为超极化后电位（即正后电位，也称后超极化）。整个动作电位去极

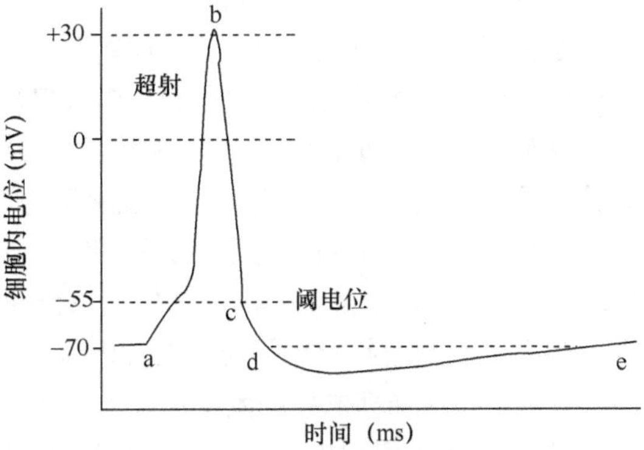

图 2-7　动作电位

ab. 动作电位上升支；bc. 动作电位下降支；cd. 负后电位；de. 正后电位

化和复极化初期电位变化迅速、历时短暂，波形尖锐，称为锋电位。动作电位包括锋电位和后电位两种电位变化。不同细胞其动作电位的形态及持续时间不尽相同。

（二）动作电位产生原理

动作电位产生的原理也是用离子流学说来解释。如前文所述，细胞外液中带正电荷的离子主要是 Na^+，带负电荷的离子主要是 Cl^-，因此，Na^+有从细胞外向细胞内扩散的趋势。以神经细胞为例：当细胞受到刺激时，细胞膜上受刺激部位先有少量 Na^+通道被激活开放，Na^+顺浓度差少量内流，引起细胞膜局部发生去极化，当去极化达到一定程度时（膜电位某一临界值），膜上大量 Na^+通道突然被激活开放，使 Na^+快速、大量内流，从而引发动作电位，细胞内正电荷迅速增加，使膜内原有的负电位迅速减小、消失，使膜电位迅速升高至 0，进而转化为正电位，出现内正外负的反极化状态，此时膜内正电位对 Na^+的继续内流形成电场阻力，当促进 Na^+内流的浓度差和阻止 Na^+内流的电场力达到平衡时，Na^+净内流停止，此时动作电位的幅值达到最大，即为 Na^+的电-化学平衡电位，至此形成动作电位的上升支。钠通道开放的时间很短，随后迅速失活关闭，这时细胞膜上 K^+通道开放，膜对 K^+的通透性增大，K^+顺浓度差和电位差向细胞膜外扩散，细胞内正电荷迅速减少，使膜内电位迅速下降，直至恢复到静息电位水平，构成复极化状态，从而形成动作电位下降支。因此可以总结为动作电位上升支是由 Na^+大量快速内流所形成的电-化学平衡电位，动作电位的下降支是由 K^+快速外流所致。

动作电位复极化结束时，细胞跨膜电位虽然基本恢复静息状态水平，但膜内外的离子分布状态并未恢复，由于膜内 Na^+浓度的增加以及膜外 K^+浓度的增加，激活了细胞膜上的钠泵，从而将膜内的 Na^+泵出，同时将膜外的 K^+泵入，导致膜内轻度超极化，这就是正后电位（超极化后电位）产生原因之一。钠泵活动的最终结果是使细胞内外 Na^+、K^+分布完全恢复到动作电位产生前的水平，维持细胞的正常兴奋性，为细胞再次兴奋做好准备。

（三）动作电位的引起和传导

1. 动作电位的引起　大量研究表明，引起细胞产生动作电位的刺激必须是使细胞膜发生去极化的刺激，而且还要有足够的强度使细胞膜去极化到一个临界电位值，从而引起膜上 Na^+通道突然大量打开，Na^+大量内流，爆发动作电位。这个能够引起细胞膜上 Na^+通道突然大量开放引发动作电位的临界膜电位值称为阈电位。能够使细胞膜发生去极化达到阈电位的刺激称为阈刺激。能引发动作电位的最小刺激强度，称为刺激的阈值。引发神经、肌肉产生动作电位需要一定的刺激强度。刺激强度达到阈值（即阈刺激）或者大于阈值（即阈上刺激）都可以使膜电位去极化到阈电位，从而引发动作电位；刺激强度较小未达到阈值（即阈下刺激）时，动作电位不会发生。细胞一旦爆发动作电位时，其幅度立即达到该细胞动作电位的最大值，即使再增加刺激强度，动作电位的幅值也不再增大。这一现象称为动作电位的“全或无”特性。

当细胞受到一个阈下刺激时，可使受刺激局部的细胞膜有少量 Na^+通道开放，引起少量的 Na^+内流，产生低于阈电位的局部轻度去极化，由于达不到阈电位水平，并不能产生动作电位。这种由阈下刺激引起的局部较小的去极化电反应称为局部电位。局部电位的特点是：①不是“全或无”式的，即局部电位的大小可随阈下刺激强度的变化而变化；②形成电紧张性扩布，不能远传，局部电流随距离加大而迅速衰减以至消失；③可以总和，如细胞膜同一部位先后或同时接受多个阈下刺激，引起的局部电位可以叠加，此称为总和。局部电位一旦叠加达到阈电位水平，即可爆发一次动作电位（图 2-8）。例如肌细胞的兴奋就是通过终板膜局部电位总和实现的。

综上所述，动作电位可以由一次阈刺激或阈上刺激引起，也可以由多个阈下刺激产生的局部

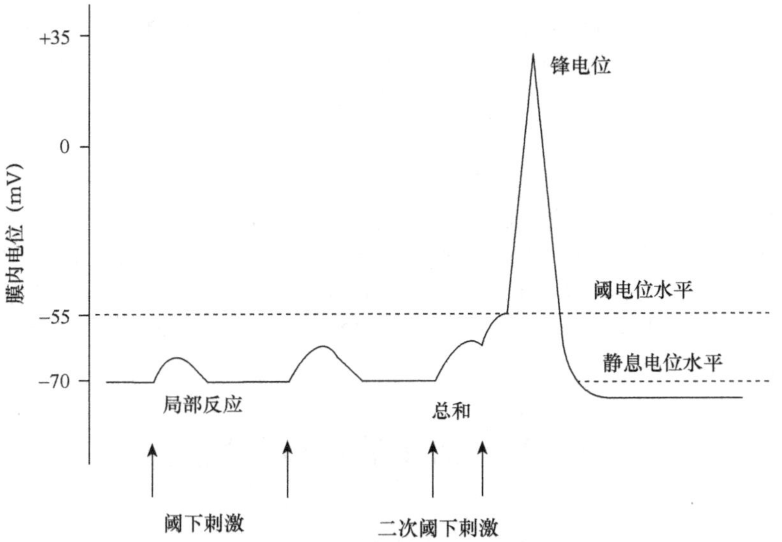

图 2-8　局部电位总和

电位的总和而引发。由此可见，能否爆发动作电位的关键在于细胞膜去极化能否达到阈电位。刺激强度达到阈值是细胞产生兴奋的外部条件，细胞膜去极化达到阈电位是细胞产生兴奋的基础。

2．动作电位的传导

（1）传导机制：动作电位一旦在细胞膜的某一点产生，就会沿着细胞膜传播，使整个细胞膜都发生动作电位。将动作电位在同一细胞膜上的传播称为传导。在神经纤维上传导的动作电位称为神经冲动。动作电位在同一细胞上的传导机制是依靠局部电流的作用实现的。

以无髓神经纤维为例，当细胞膜某一点受刺激产生兴奋时，该点跨膜电位表现为膜内变正、膜外变负的反极化状态，而临近未兴奋部位膜内为负、膜外为正，兴奋与未兴奋部位间产生电位差。由于细胞内、外液体都具有导电性，致使兴奋与未兴奋部位产生电荷移动称为局部电流。在细胞膜内，局部电流由兴奋部位流向未兴奋部位；在细胞膜外，局部电流由未兴奋部位流向兴奋部位。局部电流使邻近未兴奋部位去极化达到阈电位时，导致 Na^+通道大量开放，Na^+迅速内流，爆发新的动作电位，从而转变为新的兴奋部位。这样的接力式的过程沿着细胞膜进行下去，实现了动作电位在整个细胞膜上的传导。可见，这种传导是以局部电流的方式形成有效刺激沿着细胞膜不断产生新的动作电位的过程。

在有髓神经纤维，髓鞘有绝缘性，不允许离子跨膜移动，动作电位只能在郎飞结处发生，因此动作电位从一个郎飞结跳跃到下一个郎飞结，这种传导称为跳跃传导。由于钠泵活动只发生在郎飞结处，所以有髓神经纤维不仅比无髓神经纤维传导速度快得多，而且节能（图 2-9）。

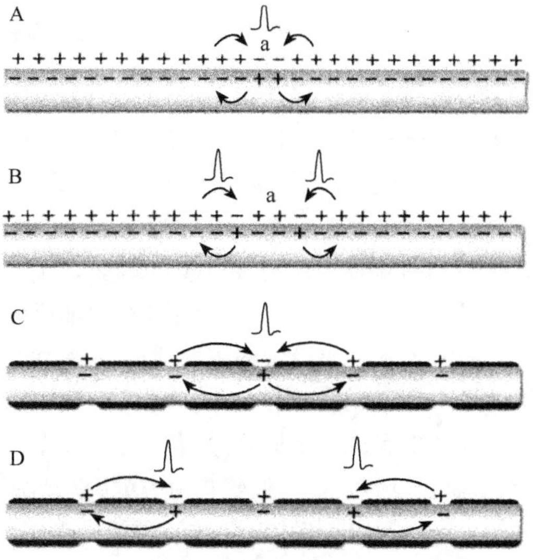

图 2-9　动作电位在神经纤维上的传导

A 和 B．动作电位在无髓神经纤维上的依次传导；

C 和 D．动作电位在有髓神经纤维上跳跃式传导

（2）传导特点：①不衰减性。动作电位一旦爆发，其幅值保持不变，不会随传导距离的增加而减小。②脉冲式传导。连续刺激产生的多个动作电位不会融合，总是有一定的间隔，从而动作电位的传播呈现脉冲式。

知识链接

生物电的广泛应用生物电现象目前已为人们所熟知，人体许多生理活动都与生物电变化有密切关系。临床医学上利用体表电极将各器官的生物电活动引导至放大器和描记装置后记录到的心电图、脑电图、肌电图，已经成为发现、诊断和估量疾病进程与治疗效果的重要手段。同样，当把一定强度、频率的电信号输到特定的组织部位，则可以影响其生理状态，如用"心脏起搏器"可使一时失控的心脏恢复其正常节律活动。

第 3 节 肌细胞的收缩功能

案例 2-3 患者，女性，35 岁。近 3 个月来感觉浑身乏力和易疲劳。近 10 天，上述症状明显加重，梳头困难并伴有上睑下垂，上楼梯时几次摔倒在地，休息后可缓解。体格检查：血清中抗胆碱能受体增多。使用新斯的明治疗后症状减轻。诊断为重症肌无力。

问题：1. 骨骼肌肉收缩原理是什么？

2. 什么是兴奋–收缩耦联，其基本过程如何？

根据肌细胞的功能特性，可将肌细胞分为骨骼肌细胞、平滑肌细胞、心肌细胞。人体各种形式的运动主要是靠肌细胞（也即肌纤维）收缩来完成的。例如躯体运动和呼吸运动是骨骼肌收缩的结果，内脏器官运动是平滑肌收缩的结果，而心脏射血是由心肌收缩完成的。

不同肌肉组织在结构和功能上各有特点，但收缩的基本原理相似。本节主要以骨骼肌为例阐述肌细胞的收缩功能。

一、骨骼肌的收缩原理

骨骼肌是由许多互相平行的肌纤维及它们所附着的肌腱构成的。每条肌纤维就是一个骨骼肌细胞，骨骼肌细胞中含有大量的肌原纤维和丰富的肌管系统，且排列规律有序，形成特殊的微细结构。光学显微镜下，肌原纤维全长呈现规则的明暗相间的条纹，故骨骼肌在形态学上也称横纹肌。在明带中央有一条暗线称为 Z 线，两条相邻 Z 线之间的区域即为一个肌小节。肌小节由中间暗带和两侧各 1/2 明带组成（图 2-10）。肌小节是肌肉收缩和舒张的最基本结构功能单位。电子显微镜下，可见肌小节由粗肌丝和细肌丝组成。

粗肌丝是形成暗带的主要成分，它主要由肌凝蛋白（也称肌球蛋白）分子组成。肌凝蛋白分子有两个球状的头部和一个长的杆部，许多肌凝蛋白杆部形成粗肌丝主干，肌凝蛋白头部形成横桥。横桥上有能与细肌丝进行可逆性结合的位点，横桥同时具有 ATP 酶的作用，一旦与细肌丝结合即可被激活而分解 ATP，为横桥摆动细肌丝滑行提供能量。细肌丝由肌纤蛋白（也称肌动蛋白）、原肌凝蛋白和肌钙蛋白三种蛋白分子组成。肌纤蛋白形成细肌丝的主干，上有与横桥结合的位点；原肌凝蛋白能够阻碍横桥与肌纤蛋白结合，起位阻效应；肌钙蛋白与 Ca^{2+}结合，可牵拉原肌凝蛋白移位，解除位阻效应，从而启动收缩过程。

肌管系统包括横管系统和纵管系统（也称肌质网）。横管走向与肌原纤维垂直，是肌细胞膜

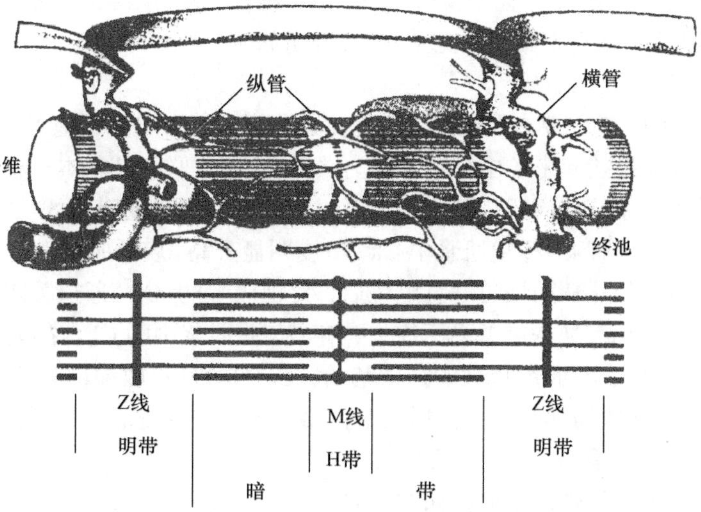

图 2-10　骨骼肌细胞的肌原纤维和肌管系统

向细胞内凹陷而形成。纵管在靠近肌小节两端横管处形成膨大，称为终池，内含大量 Ca^{2+}，又称钙池。一条横管和它两侧的纵管三部分共同组成三联管结构，它是把肌细胞膜的电变化和肌细胞的收缩过程耦联起来的关键部位。

只有当支配肌肉的神经纤维发生兴奋时，动作电位传递给肌肉，才能引起肌肉的兴奋和收缩。当运动神经纤维有神经冲动传来时，轴突末梢产生去极化，电压门控钙通道开放，细胞外液中 Ca^{2+}顺浓度差进入神经轴突末梢内，ACh 释放并与肌细胞膜（也称终板膜）上受体结合，使通道开放，主要造成 Na^+内流，引起终板膜静息电位减小，即发生去极化，称为终板电位。终板电位是一种局部电位，达到肌细胞膜阈电位时，即爆发动作电位，引起肌细胞兴奋。

（一）骨骼肌的收缩原理

骨骼肌的收缩原理可以用目前公认的肌丝滑行理论来解释。其主要内容为，骨骼肌收缩实际上是指肌小节的缩短，肌小节缩短并不是肌丝本身卷曲缩短，而是细肌丝在粗肌丝之间滑行的结果。

肌丝滑行的基本过程：肌细胞膜产生动作电位时，引起肌浆中 Ca^{2+}浓度升高，肌钙蛋白与 Ca^{2+}结合，从而肌钙蛋白构型变化，牵拉原肌凝蛋白发生位移，于是横桥与肌纤蛋白结合，同时分解 ATP 释放能量，牵拉细肌丝向肌小节中央 M 线方向滑行，肌小节缩短（图 2-11）肌细胞收缩。当肌浆中 Ca^{2+}浓度下降时，肌钙蛋白与 Ca^{2+}分离，恢复原来构型，原肌凝蛋白重新将肌

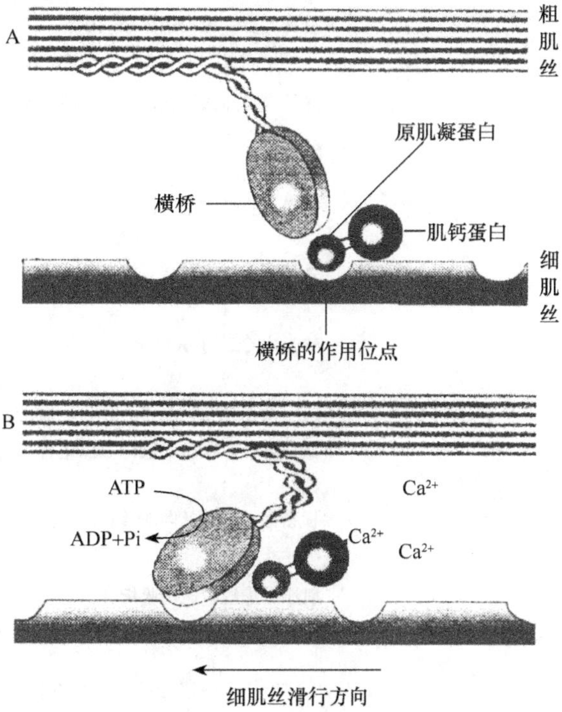

图 2-11　肌丝滑行机制

纤蛋白上的结合位点掩盖起来，阻断横桥与肌纤蛋白结合，横桥与肌纤蛋白解离，于是细肌丝从粗肌丝之间滑出，肌小节恢复原长度，表现为肌细胞舒张。

（二）骨骼肌的兴奋-收缩耦联

实现肌细胞收缩，首先要在肌细胞膜上产生动作电位，引起肌细胞兴奋。将肌细胞的电兴奋和肌细胞的机械收缩连接起来的中介过程称为兴奋-收缩耦联。其基本过程是：肌细胞膜兴奋产生的动作电位沿横管系统传向肌细胞内部，通过三联管处使终池膜上的 Ca^{2+}通道开放，终池中 Ca^{2+}顺浓度差扩散进入肌浆中，使肌浆中 Ca^{2+}浓度明显升高，启动肌丝滑行过程，引起肌肉收缩；当肌细胞膜动作电位停止从而恢复静息电位后，终池膜上的 Ca^{2+}通道关闭，同时终池膜上的钙泵被激活，将肌浆中 Ca^{2+}逆浓度差泵回终池贮存，于是肌浆中的 Ca^{2+}浓度降低，引起肌肉舒张。由此可见，三联管是兴奋-收缩耦联的结构基础，Ca^{2+}是兴奋-收缩耦联的关键物质。

综上所述，兴奋-收缩耦联过程包括三个主要步骤：①兴奋信息传到横管系统；②三联管传递信息；③终池对 Ca^{2+}释放、回收、贮存。

人体骨骼肌收缩、舒张过程概括如图 2-12。

运动神经兴奋（动作电位）
↓
Ca^{2+} 内流进入神经末梢
↓
ACh释放
↓
ACh 与肌细胞膜（终板膜）胆碱能受体结合，主要引起Na^+ 内流
↓
终板膜局部去极化，产生终板电位
↓
一旦达到阈电位
使肌细胞膜产生动作电位
↓
动作电位沿横管传入肌细胞内部
↓
终池内 Ca^{2+} 进入肌浆
↓
Ca^{2+} 与肌钙蛋白结合，牵拉原肌凝蛋白位移，横桥与肌纤蛋白结合
↓
横桥摆动细肌丝向 M 线方向滑行
↓
肌小节缩短，肌肉收缩

肌细胞膜恢复静息电位
↓
终池膜上钙泵激活
↓
将肌浆中 Ca^{2+} 泵回终池贮存
↓
肌浆中的 Ca^{2+} 浓度下降
↓
Ca^{2+} 与肌钙蛋白分离，
原肌凝蛋白复位
↓
横桥与肌纤蛋白解离
↓
细肌丝从粗肌丝之间滑出
↓
肌小节恢复原长度，肌肉舒张

图 2-12 人体骨骼肌收缩、舒张过程

二、骨骼肌的收缩形式

骨骼肌收缩是指肌肉长度的缩短和（或）肌肉张力的增加，根据肌肉负荷大小的不同，可表现为等长收缩或等张收缩，根据肌肉接受刺激频率的变化，可表现为单收缩或强直收缩。

（一）等长收缩与等张收缩

1．等长收缩　等长收缩是指肌肉收缩时，张力增加，而长度不变。等长收缩的主要作用是维持人体姿势和位置。

2．等张收缩　等张收缩是指肌肉收缩时，长度缩短，而张力不变。等张收缩的主要作用是位移物体，完成肌肉做功。

大多数情况下人体骨骼肌收缩形式是混合的，既有张力改变，又有长度变化。肌肉在收缩前遇到的负荷或阻力称为前负荷，可以使肌肉收缩前的长度（初长度）增加，进而增加肌肉的收缩力。肌肉在收缩的过程中遇到的负荷或阻力称为后负荷，可以影响肌肉的缩短速度，表现为张力首先增加来克服阻力，此时处于等长状态；当张力增加到等于或大于后负荷时，表现为肌肉缩短而张力不再增加，此时处于等张状态。

（二）单收缩与强直收缩

1．单收缩　骨骼肌受到一次短促刺激，引起一次收缩，称为单收缩。单收缩曲线分潜伏期、缩短期和舒张期。

2．强直收缩　骨骼肌受到连续刺激时，引起单收缩的复合，肌肉处于持续的收缩状态，称为强直收缩。根据刺激的频率不同，强直收缩又可分为两种类型：如果连续刺激的频率较低，后一刺激落在前一次收缩周期的舒张期内，称为不完全强直收缩；如果连续刺激的频率较高，后一刺激落在前一次收缩周期的缩短期内，称为完全强直收缩。通常所说的强直收缩是指完全强直收缩。强直收缩产生的肌张力比单收缩要大 3～4 倍，因而有更强的收缩效果。正常生理状况下，人体内骨骼肌的收缩都属于完全强直收缩，这是因为躯体运动神经传来的神经冲动总是连续的（图 2-13）。

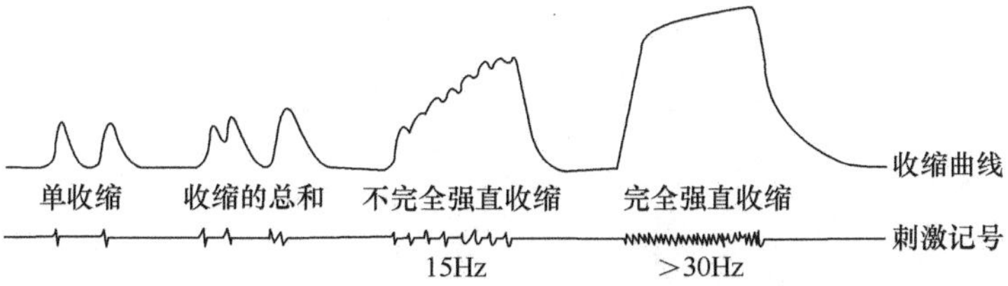

图 2-13　骨骼肌单收缩与强直收缩

自测题

$A_1/A_2/A_3$ 型题

1．O_2、CO_2 在细胞膜上的扩散方式是（　　）

A．主动转运　B．出胞和入胞
C．单纯扩散　D．易化扩散
E．以上都不是

2．引起细胞内外 Na^+ 和 K^+ 分布不均的过程是（　　）

A．单纯扩散　B．主动转运
C．易化扩散　D．出胞
E．入胞

3．某男，65 岁，既往高血压、糖尿病病史，主因头晕伴行走不稳 1 天到医院就诊，查体未见阳性体征，化验血低密度脂蛋白（LDL）升高。医生初步诊断：高胆固醇血症。若该患者缺乏 LDL 受

体，则影响的是 LDL 的（　　）

A．入胞　　B．出胞

C．易化扩散　　D．单纯扩散

E．主动转运

4．细胞膜内电位由静息电位水平−70mV 变为−30mV 时被称为（　　）

A．极化　　B．去极化

C．复极化　　D．超极化

E．反极化

5．阈电位时，神经细胞对其通透性突然增大的离子是（　　）

A．Na^+　　B．Cl^-

C．Ca^{2+}　　D．K^+

E．以上都不是

6．临床上普鲁卡因局部麻醉药的应用是由于阻断了局部神经冲动的传导，其神经细胞发生的变化是（　　）

A．细胞变性

B．结构完整性破坏

C．功能完整性破坏

D．细胞膜电压门控性钾通道破坏

E．细胞膜化学门空性钠通道破坏

7．骨骼肌兴奋–收缩耦联的结构基础是（　　）

A．横管　　B．纵管

C．肌小节　　D．终池

E．三联管

8．肌肉收缩时，与细肌丝结合的离子是（　　）

A．Na^+　　B．K^+

C．Cl^-　　D．Ca^{2+}

E．以上都不是

9．某男，18 岁，近 1 天突然头痛、眩晕、恶心、呕吐，稍后出现眼部症状，视物模糊、复视、上睑下垂，颈肌无力，头倾向一侧。因有进食可疑食物，医生初步诊断患者可能患有肉毒杆菌食物中毒。请问肉毒毒素抑制了运动神经末梢释放的神经递质是（　　）

A．去甲肾上腺素　　B．乙酰胆碱

C．5-羟色胺　　D．多巴胺

E．以上都不是

（陈　静）

第3章 血液

案例 3-1 小李，男，18岁。外伤后2小时送至医院。查体：神志尚清楚，皮肤黏膜苍白，稍冷，脉搏110次/分，收缩压80mmHg，脉压小。浅表静脉塌陷，尿少。

问题：1. 小李外伤后为什么会出现心率加快、浅表静脉塌陷、尿少？

2. 小李正常情况下的血量应该是多少？血量减少会有什么表现呢？

血液是由血浆和血细胞组成的液体组织，分布于心血管系统内，并在心血管系统内循环流动，不断地为全身组织细胞提供营养物质和氧气，并将细胞产生代谢物质通过肺、肾排出体外。血液的基本功能是运输物质。此外，血液通过缓冲物质维持和调节酸碱平衡；血液中的免疫球蛋白和白细胞参与人体免疫；在凝血系统和纤溶系统共同作用下，既可防止出血，又能防止血栓的形成；足够的血量对维持正常动脉血压，保证组织、器官正常血流量极其重要。

第1节 血液的组成和理化特性

一、血液的组成

血液作为人体内重要组织之一，具有一定的组成、量及理化特性，保证血液正常的组成和理化性对维持血液功能及机体内环境稳态具有重要的意义。

血液由血浆和血细胞组成。血细胞包括红细胞、白细胞和血小板。含有血浆中所有成分及血细胞的血液称为全血。将新采集的血液经抗凝处理后，取一定量的全血置于抗凝管内，快速离心30分钟后，可见血液分层现象：上层为淡黄色、透明的血浆，中间为一薄层灰白色的血小板和白细胞，底层为红色不透明的红细胞（图3-1）。

（考点：血液的组成）

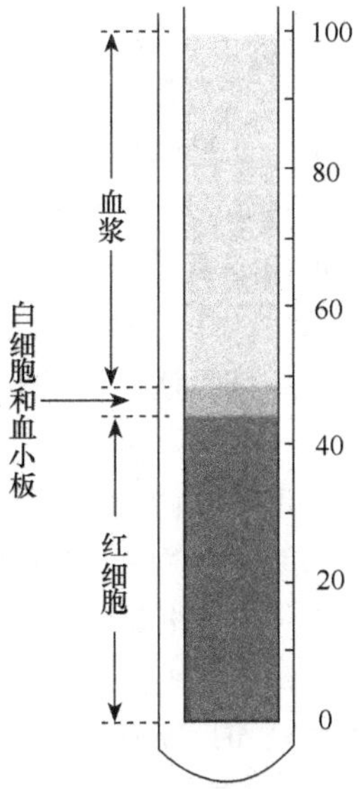

图3-1 血液的组成

血细胞在全血中所占的容积百分比，称为血细胞比容。正常成年男性为40%～50%，成年女性为37%～48%，儿童35%～49%，新生儿为43%～63%。红细胞是血细胞中数量最多、容积百分比最大的细胞，故血细胞比容主要反映血液中红细胞的相对数量。血细胞比容降低可见于贫血、急性失血（3～4 小时后）等；血细胞比容增高可见于脱水、血浆丢失过多等。

（考点：红细胞比容概念）

我们每个正常人体内都有一定的血量，如果血量不足，将导致血压下降，导致器官的血液供应不足，严重时可以危及生命。血量是指人体内血液的总量。正常成年人的血液总量相当于体重的7%～8%，每千克体重有70～80ml血液，即血量（ml）＝体重（kg）×（70～80）（ml/kg）。

在心血管系统中快速循环流动的血量称为循环血量；滞留在肝、脾、肺及静脉内，流动很慢的血量称为储存血量。剧烈运动、急性大量失血等情况下，储存血量可释放出来以补充循环血量。足够的血量对维持正常动脉血压，保证组织、器官正常血流量极其重要。创伤、手术、分娩及消化道出血等均可导致失血，失血量不超过血量的 10%，可无明显临床症状；失血量达血量的 10%～20%时，将出现无力、头晕等，但无脉搏、血压的变化；失血量达血量的 20%以上时，可有心悸、冷汗、四肢冰冷、乏力、眩晕、脉搏及心率增快；失血量达血量的 30%以上时，出现脉搏细速、血压下降、呼吸急促、神志不清等，甚至危及生命。

二、血液的理化特性

（一）血液的颜色

全血呈红色，其颜色主要取决于红细胞内血红蛋白的颜色。含氧合血红蛋白较多的动脉血呈鲜红色，而含还原血红蛋白较多的静脉血呈暗红色；血浆因含胆色素而呈淡黄色。空腹时血浆清澈透明，进食后，摄入脂类物质，小肠吸收乳糜微粒并进入血液中，可使血浆变浑浊，这会妨碍血浆中一些成分检测的准确性。因此，临床上进行某些血液指标的检测，要求空腹采血以避免食物对检测结果的影响。

（二）血液的比重

全血比重为 1.050～1.060，其高低主要取决于红细胞数量，全血比重与红细胞数量成正变关系，即红细胞越多，全血比重越高，反之越低。血浆比重为 1.025～1.030，其高低取决于血浆蛋白的含量，血浆蛋白含量越高，血浆比重越高，反之，越低。测定全血及血浆的比重可分别间接反映红细胞的多少、血浆蛋白的含量。

（三）血液的黏滞性

血液黏滞性是血液的物理特性之一，由血液中分子与分子及血细胞与血细胞之间相互摩擦而产生。如果以水的黏滞性为 1，则全血黏滞性为水的 4～5 倍，主要取决于红细胞的数量，红细胞数量越多，全血黏滞性越大；血浆黏滞性为水的 1.6～2.4 倍，主要取决于血浆蛋白的含量，血浆蛋白越多，血浆黏滞性越大。血浆中球蛋白增多和（或）血脂升高时，血液黏滞性将增大，血流阻力随之增大，血流速度将减慢。血液黏滞度与临床医学的许多疾病，如心血管疾病、血液疾病、脑部疾病、恶性肿瘤都有着密切的关系。

（四）血液的酸碱度

正常人血浆 pH 为 7.35～7.45。血浆 pH 的相对稳定有赖于血液内的缓冲物质，以及肺和肾的正常功能。血浆内的缓冲对主要有 $NaHCO_3/H_2CO_3$、蛋白质钠盐/蛋白质和 Na_2HPO_4/NaH_2PO_4 三个缓冲对，其中最重要的是 $NaHCO_3/H_2CO_3$。当血液中酸性或碱性物质增多时，血浆中的缓冲物质可有效地减轻酸性或碱性物质对血浆 pH 的影响，同时，肺和肾排出体内过多的酸或碱，防止酸碱平衡紊乱。若血浆 pH＜7.35 时，称为酸中毒，血浆 pH＞7.45 时，称为碱中毒。

（五）渗透压

渗透压是溶液的一种物理特性，是溶液中溶质颗粒产生的吸引水通过半透膜的力量。渗透压的大小与单位体积溶液中溶质颗粒数目成正比，与溶质颗粒的种类及大小无关。根据产生渗透压的物质不同，可将渗透压分为晶体渗透压和胶体渗透压。晶体渗透压是指由小分子晶体物质产生的渗透压，如溶液中小分子晶体物质葡萄糖、氯化钠、碳酸氢钠等产生的渗透压；而胶体渗透压是指由大分子胶体物质产生的渗透压，如溶液中大分子蛋白质产生的渗透压。血浆中溶质颗粒亦产生一定的渗透压。

第 2 节 血 浆

血浆是血细胞生活的内环境，是人体内环境中最活跃的部分，在沟通机体内、外环境中起着重要的作用，其理化性质的改变，常能反映机体各系统器官与组织的代谢状况，临床上通过检测血浆成分，可为某些疾病的诊断提供有价值的依据。

一、血浆的成分及其作用

血浆是血细胞的细胞外液，含有多种溶质，其中水占 91%～92%，溶质占 8%～9%。溶质主要由小分子晶体物质及大分子胶体物质组成。小分子晶体物质如 Na^+、K^+、Mg^{2+}、Ca^{2+}、Cl^-、HCO_3^-、HPO_4^-等，主要参与血浆晶体渗透压的形成及维持细胞的正常生理功能。大分子胶体物质即血浆蛋白，它是血浆中多种蛋白质的总称。血浆蛋白主要有白蛋白（清蛋白）、球蛋白和纤维蛋白原。正常人血浆蛋白含量为 60～80g/L，其中，白蛋白为 40～50g/L，球蛋白为 20～30g/L，纤维蛋白原为 2～4g/L。白蛋白与球蛋白含量的比值称为白/球比值（A/G 比值），正常值为 1.5～2.5∶1。因白蛋白主要在肝合成，故肝功能障碍时，白蛋白合成减少，血浆白蛋白减少而球蛋白相对增多，导致白/球比值下降，甚至倒置。

血浆蛋白的主要功能：①形成血浆胶体渗透压，调节血管内、外水的分布；②参与血液凝固、纤溶蛋白溶解，从而防止出血并维持血液的正常流动状态；③参与物质的运输，如作为载体运输脂质、离子、维生素、药物、代谢产物等；④与某些激素、药物结合，减慢其清除速率，延长半衰期；⑤参与体液免疫；⑥营养功能。

知识链接

血浆代用品

血浆代用品又称血浆扩容剂，分为晶体液和胶体液。常用的晶体液有生理盐水、2∶1 等张含钠液、乳酸林格液（平衡液）、醋酸林格液；胶体液有白蛋白、小分子右旋糖酐（右旋糖酐 10）、低分子右旋糖酐（右旋糖酐 40）、中分子右旋糖酐（右旋糖酐 70）、羟乙基淀粉、聚乙烯比咯酮。

血浆代用品可扩充有效循环血量，改善微循环，主要用于低血容量性休克、全血或血浆丢失。

二、血浆渗透压

血浆渗透压是指血浆中溶质颗粒所产生的渗透压，其大小为 300mOsm/L（770kPa）。护理工作中，用于稀释或溶解药物的各种注射液，其渗透压等于血浆渗透压的溶液称为等渗溶液，如 0.9%氯化钠注射液、5%葡萄糖注射液；若渗透压高于血浆渗透压称为高渗溶液，如 20%甘露醇注射液；渗透压低于血浆渗透压的溶液称为低渗溶液。

血浆渗透压包括血浆晶体渗透压和血浆胶体渗透压。血浆晶体渗透压占血浆总渗透压的 99.6%，主要由 Na^+和 Cl^-产生。Na^+、Cl^-等晶体物质不容易通过细胞膜，而水分子可自由通过细胞膜，当细胞内液与细胞外渗透压相等时，通过细胞膜进出细胞的水分子数量将达到动态平衡，若细胞膜一侧晶体渗透压增大，水分子将从晶体渗透低的一侧向渗透压高的一侧渗透（图 3-2）。例如高渗性脱水时，血浆晶体渗透压高于红细胞内晶体渗透压，水分子将从细胞内渗透至细胞外，红细胞体积缩小，甚至细胞膜皱缩，影响红细胞正常形态及功能。因此血浆晶体渗透压具有调节血细胞内外水的平衡及维持血细胞正常的形态的作用。血浆胶体渗透压占血浆总渗透压的 0.4%，主要由白蛋白产生。毛细血管管壁通透性较大，允许水分子及晶体物质自由通过，毛细血管内外两侧晶体渗透压相等，因此晶体渗透压不影响水分子在毛细血管内外的分布。但血浆蛋白分子量较大，不易通过毛细血管管壁，血浆中蛋白质较组织液中蛋白质量多，水分子将从胶体渗透压低的一侧向胶体渗透压高的一侧渗透。因此，血浆胶体渗透压对调节血管内外水的平衡和维持血容量具有重要的作用。例如肾病综合征患者，因大量蛋白尿导致血浆蛋白减少，血浆胶体渗透压下降，而水分由组织液吸收入血减少，引起水肿。

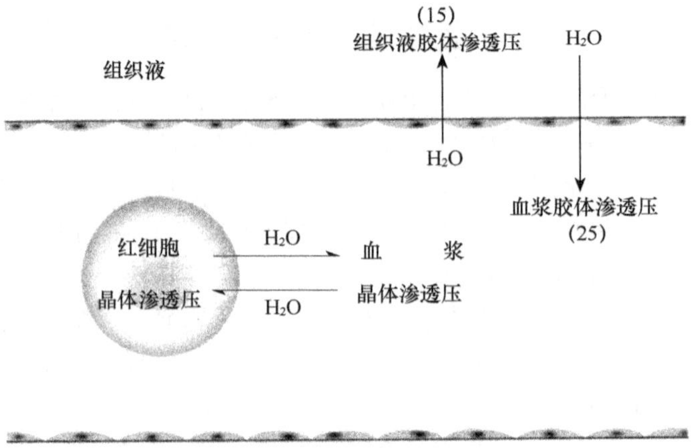

图 3-2 血浆渗透压作用

（考点：晶体渗透压和胶体渗透压生理作用）

第3节 血 细 胞

案例 3-2 王医生于医院放射科工作10余年。今晨来血液科门诊就诊，焦虑地说："我反复多次出现发热、咳嗽、咽部疼痛和鼻出血。"生命体征：体温36.0℃，脉搏85次/min，呼吸20次/min，血压98/80mmHg。查体过程中，发现王医生皮肤黏膜苍白，胸部有散在出血点，全身浅表淋巴不大，心、肺无异常，肝、脾未触及。门诊医生安排护士抽血检查血常规，检查结果为红细胞 2.5×10^{12}/L，白细胞3000/L，血小板 50×10^{9}/L，血红蛋白62g/L。

问题：1. 王医生可能患的是什么病？为什么？

2. 再生障碍性贫血的血液改变是什么？

一、红 细 胞

（一）红细胞的数量及功能

红细胞是血液中数量最多的血细胞。我国正常成年男性红细胞的数量为（4.0～5.5）$\times10^{12}$/L，女性为（3.5～5.0）$\times10^{12}$/L。红细胞内的蛋白质主要是血红蛋白。我国正常成年男性血红蛋白为120～160g/L，成年女性为110～150g/L。外周血液中红细胞数量、血红蛋白浓度低于正常值称为贫血。

红细胞的功能主要是运输 O_2 和 CO_2，该功能依靠红细胞内的血红蛋白来实现。红细胞膜破裂，血红蛋白逸出现象称为溶血，当红细胞发生溶血后，随即失去运输 O_2 和 CO_2 的功能。此外，红细胞内的缓冲物质对维持血液酸碱平衡具有一定的作用。

（二）红细胞的生理特性

红细胞的生理特性包括可塑变形性、渗透脆性、悬浮稳定性。

1. 可塑变形性 可塑变形性又称为可塑性，是指红细胞在外力作用下能发生变形，去除外力作用后又能恢复正常形态的特性。红细胞的可塑性与红细胞双凹圆碟形有关，双凹圆碟形使红细胞具有较大的表面积与体积之比，使得红细胞在受到外力时易于变形。

2. 渗透脆性 红细胞在低渗溶液中发生膨胀破裂的特性称为红细胞渗透脆性。用红细胞对低渗溶液的抵抗力大小来表示渗透脆性的大小。实验中，将红细胞悬浮于等渗的 0.9%NaCl 溶液中可保持其正常形态和大小；红细胞悬浮于低渗的 0.35%～0.42%NaCl 溶液中，部分红细胞发生溶血；红细胞悬浮于渗透压更低的 0.35%NaCl 溶液中，则全部红细胞发生溶血。这一现象表明红细胞膜对低渗溶液具有一定的抵抗力；不同红细胞对低渗溶液抵抗力不同，即抵抗力大，渗透脆性小，不易发生破裂而溶血，反之，渗透脆性大，易发生溶血。

3. 悬浮稳定性 红细胞相对稳定地悬浮于血浆中不易下沉的特性称为悬浮稳定性。通常用红细胞沉降率（ESR）衡量悬浮稳定性。红细胞沉降率简称血沉，是指红细胞下沉的速度，以单位时间内红细胞下沉的距离表示。正常成年男性红细胞沉降率为 0～15mm/h，女性为 0～20mm/h。红细胞沉降率与血浆成分、红细胞数量和形态有关，如血浆中球蛋白、纤维蛋白原及胆固醇增多、清蛋白减少、红细胞减少时，红细胞易发生叠连而致红细胞沉降率加快。

（三）红细胞生成与调节

1. 红细胞生成的过程 红骨髓内的造血干细胞首先分化成为红系定向祖细胞逐渐发育为原红细胞、早幼红细胞、中幼红细胞、晚幼红细胞和网织红细胞及成熟红细胞。在此过程中，细胞体积由大变小，细胞核也由大变小最后消失，血红蛋白从无到有，逐渐增多达到正常含量。

2. 参与红细胞生成的物质 红细胞生成过程中，需要蛋白质、铁、维生素、氨基酸、微量元素等物质的参与。

（1）铁：铁是合成血红蛋白所必需的原料。成年人每天需要 20～30mg 的铁用于红细胞生成。生成红细胞所需的铁主要来自红细胞破坏、血红蛋白分解而释放的铁。此外还可从食物中摄取铁。因铁的摄入不足或需要量增加，或丢失过多时导致人体内铁缺乏、血红蛋白合成减少，红细胞颜色变淡称为缺铁性贫血也称小细胞低色素性贫血。

知识链接

缺铁性贫血

缺铁性贫血是由于血红蛋白生成的原料—铁的缺乏引起的，属于小细胞低色素性贫血。红细胞及血红蛋白减少，红细胞体积小，中央淡染区扩大，白细胞、血小板和巨核细胞正常。

（2）叶酸和维生素 B_{12}：在维生素 B_{12} 的参与下，叶酸在体内转化为四氢叶酸，然后参与幼红细胞 DNA 的合成。维生素 B_{12} 缺乏时，叶酸利用率下降，引起叶酸相对不足。当叶酸和（或）维生素 B_{12} 缺乏，幼红细胞 DNA 的合成减少，红细胞成熟障碍，故叶酸和维生素 B_{12} 称为红细胞成熟因子，其缺乏时可导致巨幼细胞贫血。

3. 红细胞生成的调节 生理状态下，人体主要通过促红细胞生成素（EPO）和雄激素调节红细胞生成，从而维持红细胞数量能保持相对稳定。

（1）促红细胞生成素：从化学本质上，促红细胞生成素属于糖蛋白，主要由肾分泌。促红细胞生成素主要是促进骨髓中晚期红系祖细胞的增殖、分化。此外，促红细胞生成素还能加速幼红细胞的增殖和血红蛋白的合成，促进网织红细胞的成熟与释放。组织缺氧是刺激促红细胞生成素合成与分泌增多的主要因素。凡能引起组织缺氧的因素，均可促进肾合成与分泌促红细胞生成素，血浆中促红细胞生成素浓度升高，红细胞及血红蛋白生成增多，提高血液运输 O_2 和 CO_2 的能力，及时缓解组织缺氧。肾功能不全时，肾合成与分泌促红细胞生成素减少，红细胞和血红蛋白生成减少，引起肾性贫血。

（2）雄激素：雄激素主要通过刺激促红细胞生成素的产生而促进红细胞的生成。此外，雄激素还可直接刺激骨髓，促进红细胞的生成。

（四）红细胞的破坏

正常人红细胞的平均寿命为 120 天。衰老红细胞的可塑变形性下降，难以通过毛细血管及血窦，引起衰老红细胞滞留于某些器官内。滞留于肝和脾等器官内的衰老红细胞被巨噬细胞所吞噬，血红蛋白被消化，释出铁和胆红素，其中铁可再利用，而胆红素则由肝排入胆汁，随粪便或尿液排出体外。

此外，衰老红细胞在血管中受机械冲击而破损，释放出血红蛋白，血红蛋白与血浆中的触珠蛋白结合，进而被肝摄取。

（考点：贫血的临床类型和发病机制）

二、白　细　胞

（一）白细胞的分类及数量

正常白细胞为无色、有核的细胞。白细胞可分为中性粒细胞、嗜酸性粒细胞、嗜碱性粒细胞、单核细胞和淋巴细胞五类。正常成年人血液中白细胞总数为（4.0～10.0）$\times 10^9$/L，其中中性粒细胞占 50%～70%，嗜酸性粒细胞占 0.5%～5%，嗜碱性粒细胞占 0%～1%，单核细胞占 3%～8%，淋巴细胞占 20%～40%（表 3-1）。白细胞总数可随年龄和人体功能状态不同而变化，如进食、疼痛、剧烈运动、妊娠、分娩等可引起白细胞总数暂时增多。白细胞总数超过 10.0×10^9/L 称为白细胞增多；白细胞总数低于 4.0×10^9/L 称为白细胞减少。

表 3-1　白细胞正常值及主要功能

细胞分类	百分数（%）	绝对值（$\times 10^9$/L）	主要功能
中性粒细胞	50～70	2～7	吞噬功能
嗜酸性粒细胞	0.5～5	0.05～0.5	抑制嗜酸性粒细胞和肥大细胞释放过敏介质；抗蠕虫
嗜碱性粒细胞	0～1	0～0.1	参与过敏反应、释放肝素
单核细胞	3～8	0.12～0.8	吞噬功能、参与免疫反应
淋巴细胞	20～40	0.8～4	参与细胞免疫和体液免疫

（二）白细胞的功能

1. 中性粒细胞　中性粒细胞是血液中主要的吞噬细胞。当细菌侵入人体时，中性粒细胞在趋化因子作用下，迁移到炎症部位，吞噬、消化和杀灭细菌。当中性粒细胞吞噬一定数量细菌后，其本身解体，释放出各种溶酶体酶，溶解周围组织而形成脓液。急性炎症发生时，在炎症介质作用下，骨髓内储存的中性粒细胞大量释放入血液，使血液中的中性粒细胞数目显著增高，有利于更多的中性粒细胞渗出、游走并迁移至炎症区域，故中性粒细胞是急性炎症的主要反应细胞。当血液中的中性粒细胞数减少到 1.0×10^9/L 时，机体的抵抗力就会明显降低，容易发生感染。此外，中性粒细胞还可吞噬衰老的红细胞和抗原-抗体复合物等。

2. 嗜酸性粒细胞　体内嗜酸性粒细胞主要存在于组织中，其吞噬功能较弱，基本上无杀菌作用。嗜酸性粒细胞主要功能是限制嗜碱性粒细胞和肥大细胞参与的超敏反应，参与对蠕虫的免疫反应。机体发生过敏反应和寄生虫感染时，常伴有嗜酸性粒细胞增多。

3．嗜碱性粒细胞　嗜碱性粒细胞的胞质中含有较多的碱性染色颗粒，颗粒内含有肝素、组胺、嗜酸性粒细胞趋化因子等介质。嗜碱性粒细胞活化后，不仅能释放颗粒中的介质，还能合成并释放白三烯和白细胞介素等细胞因子。肝素具有抗凝血作用；组胺和白三烯可使毛细血管壁通透性增加，引起局部充血水肿，并可使支气管平滑肌收缩，从而引起荨麻疹、哮喘等过敏反应症状；嗜酸性粒细胞趋化因子可使嗜酸性粒细胞聚集于局部，以限制嗜碱性粒细胞在过敏反应中的作用。

4．单核细胞　单核细胞从骨髓进入血液后，需在血液中停留2～3天才能穿过血管壁进入组织，发育成巨噬细胞。单核-巨噬细胞具有强大的吞噬功能。此外，激活的单核-巨噬细胞能合成并释放白细胞介素、肿瘤坏死因子、干扰素等细胞因子，参与细胞活动的调控；单核-巨噬细胞还参与免疫应答的诱导和调节。

5．淋巴细胞　淋巴细胞分成T淋巴细胞、B淋巴细胞和自然杀伤细胞三大类。T细胞参与细胞免疫，B细胞参与体液免疫，而自然杀伤细胞与抗肿瘤、抗病毒感染和免疫调节有关。

三、血　小　板

（一）血小板的数量

血小板是由骨髓中成熟巨核细胞胞质脱落下来的小块胞质，无细胞核，呈圆形、椭圆形或不规则形。血小板进入血液后，其寿命为7～14天。正常成年人血小板数量为（100～300）$\times 10^9$/L。血小板数量低于100$\times 10^9$/L称为血小板减少；血小板数量高于400$\times 10^9$/L称为血小板增多。

（二）血小板的生理特性

1．黏附　血管内皮细胞受损时，血小板能黏附暴露的胶原纤维组织上。

2．聚集　血小板与血小板之间的相互黏附的现象称为血小板聚集。肾上腺素、组胺、胶原、凝血酶、ADP、细菌、病毒、免疫复合物、药物等物质可引起血小板发生聚集。如中等浓度的ADP引起血小板先发生迅速、可逆的聚集，解聚后不久，在血小板释放的ADP作用下发生缓慢而不可逆性聚集。血小板聚集是血栓形成的基础。

3．释放　血小板受刺激后能释放ADP、ATP、5-羟色胺、纤维蛋白原、β-血小板球蛋白等物质。血小板释放的许多物质又可进一步促进血小板的活化、聚集，加速止血过程。

4．吸附　血小板表面可吸附凝血因子Ⅰ、Ⅴ、Ⅺ、Ⅻ。如果血管内皮下胶原暴露，血小板与胶原发生黏附并聚集于破损的局部，使局部凝血因子浓度升高，有利于血液凝固和生理止血。

5．收缩　血小板通过其内部收缩蛋白系统的收缩作用，使血凝块回缩，形成坚实的止血栓。

（三）血小板的生理功能

1．参与生理性止血　生理性止血是指小血管受损，血液自然流出至自然停止的过程。生理性止血的基本过程包括血管收缩、血小板血栓形成和血液凝固。

（1）血管收缩：小血管受损时，血小板与暴露的胶原黏附并释放缩血管物质，如5-羟色胺、TXA_2，引起血管收缩；损伤刺激也能引起血管收缩。因血管收缩血管破口减小，甚至血管破口封闭，出血减少甚至停止。

（2）血小板血栓形成：血小板与暴露的胶原黏附后，ADP和凝血酶使血小板活化并释放ADP、TXA_2等物质，使血小板发生聚集，血小板血栓形成并封堵血管破口，出血进一步减少甚至停止。

（3）血液凝固：激活的血小板吸附凝血因子并为凝血因子的活化提供磷脂表面，参与并加速血液凝固，凝血块完全封闭血管破口，完成生理性止血。

2．维持血管内壁完整性　血小板能填补血管内皮细胞脱落而留下的空隙，并与内皮细胞融合，从而维持血管内壁的完整性。此外，血小板释放内皮生长因子等物质，促进血管壁多种细胞增殖，利于血管修复。当血小板数量低于 50×10^9/L 时，血管内壁完整性难以维持，毛细血管通透性增大，可出现引皮肤、黏膜或内脏器官出血。

3．促进血液凝固　血小板释放多种血小板因子，如纤维蛋白原激活因子、抗肝素因子等物质，使凝血酶原活化加速；血小板吸附多种凝血因子，利于凝血因子的活化，促进血液凝固。

第 4 节　血液凝固与纤维蛋白溶解

血液凝固和纤维蛋白溶解是人体对立统一的两个功能系统，它们功能之间保持动态平衡，既能实现人体有效的止血，又可防止血栓的形成，从而维持血液正常的流动状态。

一、血 液 凝 固

血液凝固是指血液从流动的液体状态转变为不能流动的凝胶状态的过程。其实质是凝血因子通过一系列酶促反应，最终实现血浆中的可溶性纤维蛋白原转变成不溶性的纤维蛋白。血液凝固后析出的淡黄色液体称为血清。血清与血浆的区别在于血清中不含纤维蛋白原及被消耗掉的某些凝血因子。

（一）凝血因子

血浆与组织中直接参与血液凝固的物质称为凝血因子。已按国际命名法命名的凝血因子有 12 种，同时按发现的先后顺序用罗马数字进行编号（表 3-2）。除因子Ⅲ、Ⅳ、Ⅴ外，其余凝血因子均可在肝脏合成；除因子Ⅳ是 Ca^{2+}外，其余凝血因子均为蛋白质；多数凝血因子以无活性的酶原形式存在，若凝血因子被激活，在凝血因子右下角加“a”表示活化的凝血因子，如因子Ⅱa、Ⅹa；除因子Ⅲ外，其他凝血因子均存在于新鲜血浆中；因子Ⅱ、Ⅶ、Ⅸ、Ⅹ的合成需要维生素 K 的参与，故上述凝血因子有维生素 K 依赖性凝血因子之称。

表 3-2　凝血因子编号及命名

编号	命名	编号	命名
Ⅰ	纤维蛋白原	Ⅷ	抗血友病因子
Ⅱ	凝血酶原	Ⅸ	血浆凝血激酶
Ⅲ	组织因子	Ⅹ	斯图亚特因子
Ⅳ	Ca^{2+}	Ⅺ	血浆凝血活酶前质
Ⅴ	前加速素	Ⅻ	接触因子
Ⅶ	前转变素	XⅢ	纤维蛋白稳定因子

（二）血液凝固的基本过程

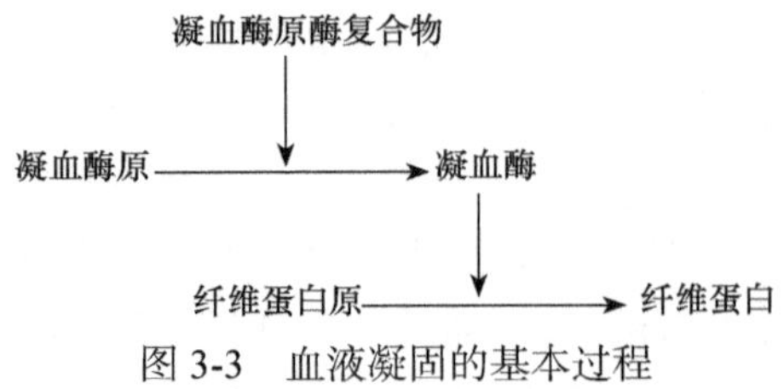

图 3-3　血液凝固的基本过程

血液凝固的基本过程包括凝血酶原激活物形成、凝血酶形成和纤维蛋白形成（图 3-3，图 3-4）。

1．凝血酶原激活物的形成　凝血酶原激活物是指因子Ⅹa、Ⅴa、Ⅳ和 PF_3 组成的复合物。该复合物的形成需要因子Ⅹ的活化，因子Ⅹa 可通过经内源性凝血途径和外源性凝血途径而生成。

（1）内源性凝血途径：因子Ⅻ接触异物表面，被激活为因子Ⅻa，因子Ⅻa 将前激肽放酶激活为激肽放酶，激肽放酶再促进因子Ⅻ的激活；因子Ⅻa 将因子Ⅺ激活为因子Ⅺa。因子Ⅺa 在 Ca^{2+}参与下将因子Ⅸ激活为因子Ⅸa。因子Ⅸa 与因子Ⅷ、Ⅳ、PF_3形成复合物，并将因子Ⅹ激活为因子Ⅹa。上述过程由因子Ⅻ启动，完全依赖凝血浆中存在的凝血因子均存来完成，故称为内源性凝血途径。

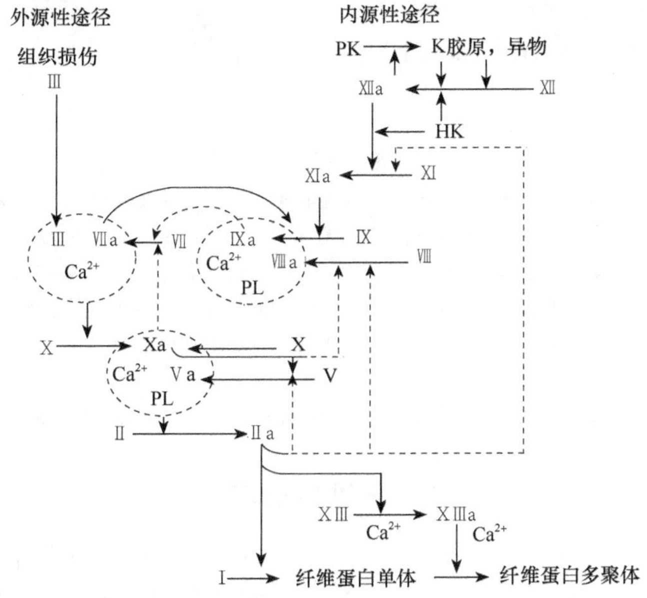

图 3-4　血液凝固全过程

（2）外源性凝血途径：组织细胞受损，释放因子Ⅲ；因子Ⅸa 和因子Ⅹa 可促进因子Ⅶ激活为因子Ⅶa。因子Ⅲ与因子Ⅶa 形成复合物，在因子Ⅳ参与下将因子Ⅹ激活为因子Ⅹa。上述过程由因子Ⅲ启动，因子Ⅲ不存在于血浆中，故称为外源性凝血途径。

因子Ⅴ在因子Ⅱa 及因子Ⅹa 作用下激活为因子Ⅴa。因子Ⅹa 与因子Ⅴa、Ⅳ和 PF_3形成凝血酶原激活物。

2．凝血酶形成　凝血酶原激活物将因子Ⅱ激活为因子Ⅱa，即凝血酶原转变为凝血酶。

3．纤维蛋白形成　在凝血酶作用下，纤维蛋白原转变纤维蛋白单体，同时将因子ⅩⅢ激活为因子ⅩⅢa。因子ⅩⅢa 再将纤维蛋白单体转变为不溶于水的多聚体。

（考点：血液凝固的三个阶段）

（三）抗凝与促凝

1．生理性抗凝物质　体内存在多种生理性抗凝物质，主要有抗凝血酶、肝素、组织因子途径抑制物。

（1）抗凝血酶：也称为抗凝血酶Ⅲ，由肝细胞和血管内皮细胞合成，是最重要的丝氨酸蛋白酶抑制物。抗凝血酶参与凝血酶、Ⅸa、Xa、Ⅺa、Ⅻa 等结合而使其失活。抗凝血酶直接抗凝作用慢而弱，与肝素结合后其抗凝作用显著增强。

（2）肝素：主要由肥大细胞和嗜碱性粒细胞产生，在肺、肝组织中最多。肝素主要通过增强抗凝血酶的活性而发挥间接抗凝作用。此外，肝素还可刺激血管内皮细胞释放组织因子途径抑制物。

2．抗凝与促凝方法　临床护理工作中，经常需要采用一些措施对抗或促进血液凝固。

（1）抗凝方法：采集血液标本时常用草酸盐和枸橼酸盐去除血浆中 Ca^{2+}，阻止血液凝固过程而发挥抗凝作用。因肝素在体内、外均有抗凝作用，故肝素既可用于体内防治血栓栓塞性疾病及弥散性血管内凝血，也可用于血液标本、血液透析、体外循环的体外抗凝。

（2）促凝方法：外科手术时常用温热盐水纱布等进行压迫止血。这主要是因为纱布属于异物，可激活因子Ⅻ和血小板；凝血过程为一系列的酶促反应，适当加温可使凝血反应加速。此外，凝血酶、维生素 K 因能促进血液凝固而用于出血性疾病的治疗。

知识链接

血 友 病

血友病是一组遗传性凝血因子异常所致出血性疾病，包括血友病 A、血友病 B 和血友病 C 3 种，其共同的特征是凝血功能障碍和出血。血友病 A（血友病甲）上因子Ⅷ缺乏所致，是一种性联隐性遗传疾病，女性传递，男性发病。血友病 B（血友病乙）是因子Ⅸ缺乏症所致，亦为性联隐性遗传疾病，其发病数量较血友病 A 少。但本型中有出血症状的女性传递者比血友病 A 多见。血友病 C（血友病丙）是因子Ⅺ缺乏所致，为常染色体不完全隐性遗传，男女均可患病，是一种罕见的血友病。

血友病中，以血友病 A 最多见，占 85%，血友病 B 占 15%，血友病 C 较罕见。

二、纤维蛋白溶解

纤维蛋白或纤维蛋白原被分解液化的过程称为纤维蛋白溶解，简称纤溶。纤溶系统主要包括纤维蛋白溶解酶原（纤溶酶原）、纤溶酶、纤溶酶原激活物与纤溶抑制物。纤溶可分为纤溶酶原的激活与纤维蛋白（或纤维蛋白原）的降解两个基本阶段（图 3-5）。

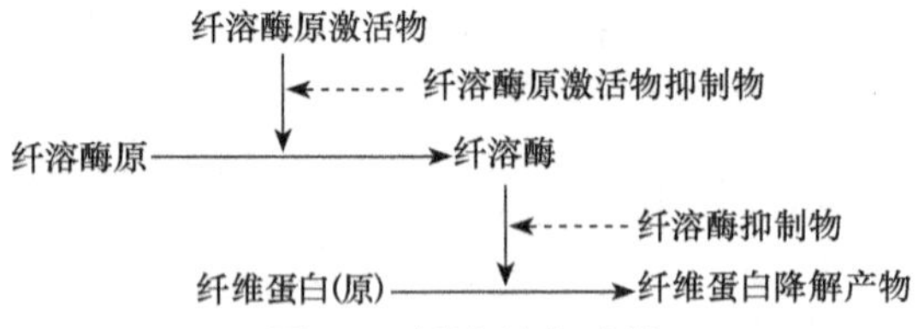

图 3-5 纤溶基本过程

（一）纤溶酶原的激活

纤溶酶原主要由肝脏产生。纤溶酶原在激活物的作用下，被激活成纤溶酶。纤溶酶原激活物按来源不同分为组织激活物、血管激活物、激肽释放酶。组织激活物广泛分布于组织细胞内，其中肺、子宫、甲状腺、前列腺等器官内组织激活物较多，故这些器官易出现术后渗血。尿液中分离出的尿激酶亦是一种作用较强的组织激活物，主要用于治疗血栓栓塞性疾病。血管激活物来至血管内皮细胞；因子Ⅻa 将前激肽释放酶激活为激肽释放酶，激肽释放酶再将纤溶酶原激活为纤溶酶。纤溶酶原激活物抑制物主要由内皮细胞产生，其通过抑制激活物活性而阻止纤溶酶原的激活。

（二）纤维蛋白或纤维蛋白原的降解

在纤溶酶作用下，纤维蛋白和纤维蛋白原水解，生成许多不再发生凝固的可溶性小肽即纤维蛋白降解产物。抗纤溶酶主要在肝脏合成，可直接抑制纤溶酶的活性而阻止纤维蛋白或纤维蛋白原的降解。

第 5 节 血型与输血

血型是指红细胞膜上特异性凝集原的类型。凝集原即为红细胞膜上特异性的血型抗原；血清中能与红细胞膜上的凝集原起反应的特异抗体则称为凝集素。自1901年奥地利科学家Landsteiner发现第一个人类血型系统（ABO血型系统）以来，至今已发现29个不同的红细胞血型系统。血型不仅与输血有密切关系，还在组织器官移植及法医学等领域具有重要意义。目前，临床上使用最多的是ABO血型系统和Rh血型系统。

一、ABO血型系统

在ABO血型系统中，有A、B两种凝集原及抗A、抗B两种凝集素。根据红细胞膜上凝集原的有无和不同，将ABO血型系统分为4种血型：红细胞膜上只有A凝集原者为A型，其血清中含抗B凝集素；红细胞膜上只有B凝集原者为B型，其血清中含抗A凝集素；红细胞膜上有A凝集原和B凝集原者为AB型，其血清中无抗A、抗B凝集素；红细胞膜上既无A凝集原，也无B凝集者为O型，其血清中含抗A、抗B凝集素（表3-3）。

表3-3 ABO血型系统的分型

分型	红细胞膜上的凝集原	血清中的凝集素
A型	A凝集原	抗B凝集素
B型	B凝集原	抗A凝集素
AB型	A凝集原、B凝集原	无
O型	无	抗A凝集素、抗B凝集素

（考点：ABO血型分型依据）

二、Rh血型系统

1. Rh血型系统分型　人类红细胞膜上有C、c、D、E、e 5种Rh血型抗原，其中D抗原的抗原性最强。凡红细胞膜上含D抗原的血型称为Rh阳性；红细胞膜上不含D抗原的血型称为Rh阴性。汉族人群中，Rh阳性占99%，Rh阴性仅占1%；但其他民族人群中Rh阴性比例较多，如苗族为12.3%。

2. Rh血型系统特点及意义　Rh血型系统的特点是血清中不含天然抗D抗体。给Rh阴性者首次输入Rh阳性的血液，不会发生凝集反应。但随红细胞进入血液中的D抗原可刺激免疫系统并产生抗D抗体，再次输入Rh阳性后将会发生凝集反应，继而发生溶血。此外，Rh阴性的女性第1次妊娠Rh阳性的胎儿时，D抗原可随红细胞于妊娠晚期或分娩时进入母体内，刺激母体产生IgG型抗D抗体；若第2妊娠Rh阳性的胎儿，母体内抗D抗体经胎盘屏障进入胎儿血液，使胎儿红细胞发生凝集反应，将导致流产、死胎或新生儿溶血症。

三、输血原则

输血已经成为治疗某些疾病、抢救伤员生命和保证一些手术得以顺利进行的重要手段。但是如果输血不当，发生差错，就会给患者造成严重的损伤，甚至死亡。为了保证输血的安全和提高输血效果，必须遵守输血的原则，注意输血的安全、有效和节约。

首先进行血型鉴定，保证供血者与受血者ABO血型相合。

一定要避免出现红细胞凝集反应，一旦出现红细胞凝集反应就会导致溶血现象的出现，直接危及病人的生命。

1．红细胞凝集反应　红细胞膜上凝集原与相应凝集素相遇时，将通过特异性抗原-抗体反应使红细胞聚集成团的现象，这一现象称为凝集反应。在补体的作用下，引起发生凝集反应的红细胞破裂而溶血。

2．输血原则　输血时应以红细胞不发生凝集反应为原则，紧急情况下，至少要保证供血者的红细胞不被受血者的血清所凝集。

3．血型鉴定　利用抗原-抗体反应原理，用已知的凝集素检测未知的凝集原，根据红细胞膜血型抗原的不同和有无确定血型。

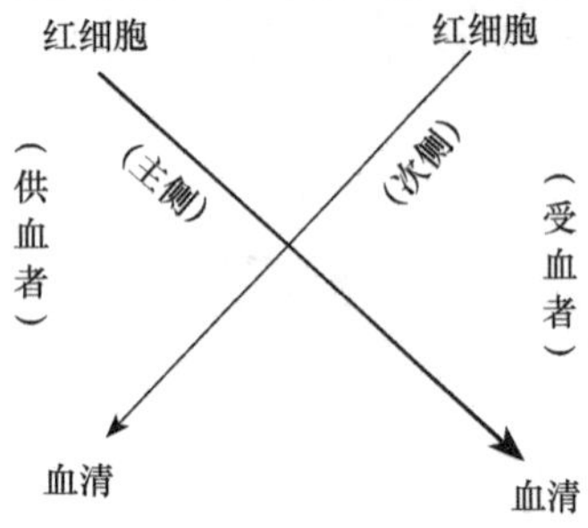

图 3-6　交叉配血试验

4．交叉配血试验　输血前，在血型鉴定的基础上，还必须进行交叉配血试验（图 3-6）。即将供血者的红细胞与受血者的血清混合，作为试验的主侧；受血者的红细胞与供血者的血清混合，作为试验的次侧。若主侧、次侧均不发生凝集反应，称为配血相合，可以输血；主侧不发生凝集反应，次侧发生凝集反应称为配血基本相合，紧急情况下可少量、缓慢输血；主侧发生凝集反应，次侧发生或不发生凝集反应称为配血不合，禁止输血。

（考点：输血原则）

自测题

A_1 型题

1．一个体重为 60kg 的人，其血量约为（　　）
A．4000ml　B．4200～4800ml
C．5000ml　D．6000ml
E．7000ml

2．血细胞比容是指血细胞（　　）
A．在血液中所占的重量百分比
B．占血液中所占的容积百分比
C．与血浆容积的百分比
D．与白细胞容积的百分比
E．与血管容积的百分比

3．正常人的血浆 pH 为（　　）
A．6.8～7.0　B．7.0±0.05
C．7.2±0.05　D．7.0～7.4
E．7.4±0.05

4．下列哪种缓冲对决定着血浆的 pH（　　）
A．$KHCO_3/H_2CO_3$
B．Na_2HPO_4/NaH_2PO_4
C．$NaHCO_3/H_2CO_3$
D．血红蛋白钾盐/血红蛋白
E．蛋白质钠盐/蛋白质

5．机体调节酸碱平衡最迅速的一条途径是（　　）
A．肾的调节　B．血液缓冲系统
C．肺的调节　D．神经-内分泌调节
E．细胞外离子交换

6．血浆蛋白质中含量最多的是（　　）
A．清蛋白　B．α_1 球蛋白
C．α_2 球蛋白　D．β 球蛋白
E．γ 球蛋白

7．与血液凝固密切相关的成分是（　　）
A．白蛋白　B．球蛋白
C．纤维蛋白原　D．肾素
E．NaCl

8．血浆无机盐的生理作用不包括（　　）
A．形成血浆晶体渗透压
B．形成血浆胶体渗透压

C. 维持酸碱平衡
D. 参与血液凝固
E. 维持肌肉兴奋性

9. 下列属于等渗溶液的是（ ）
A. 0.9%NaCl B. 0.85%葡萄糖
C. 1.9%尿素 D. 5%NaCl
E. 10%葡萄糖

10. 形成血浆胶体渗透压的物质主要是（ ）
A. NaCl B. 葡萄糖
C. 清蛋白 D. 球蛋白
E. 纤维蛋白原

11. 成年女性血红蛋白正常参考值范围是（ ）
A. 100～140g/L B. 110～150g/L
C. 120～160g/L D. 140～170g/L
E. 170～200g/L

12. 成年男性血红蛋白正常参考值范围为（ ）
A. 100～140g/L B. 140～170g/L
C. 110～150g/L D. 170～200g/L
E. 120～160g/L

13. 维生素 B_{12} 和叶酸缺乏引起的贫血是（ ）
A. 再生障碍性贫血
B. 缺铁性贫血
C. 巨幼细胞贫血
D. β-型铁蛋白生成障碍性贫血
E. 恶性贫血

14. 小细胞低色素性贫血的原因是（ ）
A. 缺乏 Fe^{2+} B. 缺乏叶酸
C. 内因子缺乏 D. 骨髓破坏
E. 缺乏维生素 B_{12}

15. 促红细胞生成素（EPO）的产生部位主要是（ ）
A. 肝 B. 肾
C. 脾 D. 骨髓
E. 血液

16. 白细胞分类计数，中性粒细胞，包括杆状核、分叶核，正常应占（ ）
A. 0.5%～1% B. 50%～75%
C. 3%～8% D. 80%～85%
E. 20%～40%

17. 血小板减少性紫癜是由于血小板（ ）
A. 不易黏附血管内膜
B. 使血块回缩出现障碍
C. 释放血管活性物质不足
D. 不能修复和保持细胞内皮的完整性
E. 不能使血细胞聚集

18. 血清与血浆的主要区别在于血清缺乏（ ）
A. 纤维蛋白 B. 纤维蛋白原
C. 血小板 D. 钙离子
E. 凝血因子

19. 内源性凝血的始动因素是（ ）
A. 凝血因子Ⅳ被激活
B. 因子Ⅻ被激活
C. 血小板破裂
D. 凝血酶的形成
E. 因子Ⅲ被激活

20. 外源性凝血系统的作用起始于（ ）
A. 组织受伤后释放组织因子Ⅲ
B. 凝血酶的形成
C. 第Ⅻ因子被激活
D. 血小板第Ⅲ因子的释放
E. 第Ⅹ因子被激活

21. 凝血过程中，内源性凝血与外源性凝血的区别在于（ ）
A. 凝血酶原激活物形成的始动过程不同
B. 凝血酶形成过程不同
C. 纤维蛋白形成过程不同
D. 因 Ca^{2+} 是否起作用而不同
E. 因 PF_3 是否起作用而不同

22. 血液凝固的本质是（ ）
A. 凝血酶原激活物的形成
B. 凝血酶的形成
C. 抗凝血酶与肝素结合
D. 纤维蛋白的形成
E. 血小板磷脂的形成

23. 血液中最重要的抗凝物质是（ ）
A. 尿激酶 B. 组织激活物
C. 蛋白质 D. 激肽释放酶
E. 抗凝血酶Ⅲ和肝素

24. 通常所说的 ABO 血型是指（　　）
A. 红细胞膜上的特异凝集素的类型
B. 红细胞膜上的特异凝集原的类型
C. 红细胞膜上特异受体的类型
D. 血浆中特异凝集素的类型
E. 血浆中特异凝集原的类型

25. A 型血红细胞膜上含有的凝集原是（　　）
A. A 凝集原
B. B 凝集原
C. A 凝集原和 B 凝集原
D. 无 A 凝集原和 B 凝集原
E. D 抗原

26. B 型血红细胞膜上含有的凝集原是（　　）
A. A 凝集原
B. B 凝集原
C. A 凝集原和 B 凝集原
D. 无 A 凝集原和 B 凝集原
E. D 抗原

27. AB 型血红细胞膜上含有的凝集原是（　　）
A. A 凝集原
B. B 凝集原
C. A 凝集原和 B 凝集原
D. 无 A 凝集原和 B 凝集原
E. D 抗原

28. O 型血红细胞膜上含有的凝集原是（　　）
A. A 凝集原
B. B 凝集原
C. A 凝集原和 B 凝集原
D. 无 A 凝集原和 B 凝集原
E. D 抗原

29. AB 血型人的红细胞膜上和血清中分别含(　　)
A. A 凝集原和抗 A、抗 B 凝集素
B. B 凝集原和抗 B 凝集素
C. A 凝集原和抗 B 凝集素
D. B 凝集原和抗 A 凝集素
E. A、B 凝集原，不含抗 A 凝集素和抗 B 凝集素

30. Rh 阳性血红细胞膜上含有的凝集原是（　　）
A. A 凝集原
B. B 凝集原
C. A 凝集原和 B 凝集原
D. 有 A 凝集原和无 B 凝集原
E. D 抗原

31. 输血时主要考虑供血者的（　　）
A. 红细胞不被受血者的红细胞所凝集
B. 红细胞不被受血者的血浆所凝集
C. 红细胞不发生叠连
D. 血浆不与受血者的血浆发生凝固
E. 血浆不被受血者的红细胞凝集

32. 异型输血一般一次不超过（　　）
A. 100ml　　B. 200ml
C. 300ml　　D. 400ml
E. 500ml

33. 在异型输血中，严禁（　　）
A. A 型血输给 B 型人
B. B 型血输给 AB 型人
C. O 型血输给 A 型人
D. O 型血输给 B 型人
E. A 型血输给 AB 型人

A_2 型题

34. 引起婴幼儿缺铁性贫血的原因是（　　）
A. 体内贮铁不足
B. 铁的摄入不足
C. 铁丢失过多
D. 生长发育快，需铁量增加
E. 某些疾病的影响

35. 某患者未受明显创伤皮肤却经常出现大片青紫色瘀斑，可能是（　　）
A. 红细胞减少
B. 中性粒细胞减少
C. 血小板减少
D. 凝血因子缺乏
E. 白细胞减少

36. 严重肝脏疾病患者手术前，最需要补充的维生素是（　　）
A. 维生素 A　　B. 维生素 B
C. 维生素 C　　D. 维生素 K
E. 维生素 E

37. 女性患者，甲状腺术后伤口不断渗血，考虑可

能是（ ）

A. 缺乏 Fe^{2+}　B. 纤溶活跃

C. 抗纤溶活跃　D. 缺乏因子Ⅲ

E. 缺乏血小板

38. 血型不合输血后，患者出现严重溶血反应，实验室检查的重要依据是（ ）

A. 含铁血黄素尿　B. 血尿

C. 血红蛋白尿　D. 网织红细胞增高

E. 尿胆原

（提拉古丽·米吉提）

第4章

血液循环

血液在心血管系统里周而复始的循环流动过程称为血液循环。在这个过程中心脏有节律地收缩和舒张提供动力，血液由心室射出进入动脉、经毛细血管和静脉构成的血管系统再返回心房。血液在循环流动过程中完成各种功能。本章主要内容包括心脏生理、血管生理及心血管活动的调节。

第1节　心脏生理

案例 4-1　校医室来了一位学生，面红目赤，精神萎靡。问其哪儿不舒服，称头晕、头热、心慌，晚上没休息好。后经医生检查发现其扁桃体充血肿大明显，体温39.6℃，心率110次/分。医生根据情况给予相应的治疗。

问题：1. 这位学生为何会有心慌的感觉？

2. 正常人在安静时感觉不到心脏活动而运动后会感觉到心跳，为什么？

心脏是由心肌构成的中空器官，有四个腔室，包括左、右心室和左、右心房。心室内血液通过心室肌的收缩被射出进入动脉，同时获得循环流动的能量。因为要克服阻力，从动脉经毛细血管流回大静脉的血液能量接近为零，此时心室肌舒张则把低能的静脉血液抽吸回心脏，心室肌再次收缩射血，这个过程周而复始，实现血液的循环流动。这种工作原理类似水泵，所以心脏也被称为“心泵”。心脏泵血主要靠心室完成，心房起辅助作用。

一、心脏的泵血功能

（一）心动周期与心率

1. 心动周期　心脏收缩和舒张一次构成一个活动周期，称为心动周期。心房、心室心动周期均分收缩期和舒张期。心室在心脏泵血中起主要作用，所以心动周期通常是指心室的活动周期。在1个心动周期中，左、右心房先同步收缩，然后舒张。在心房开始舒张时，左、右心室同时收缩，继而舒张（图4-1）。

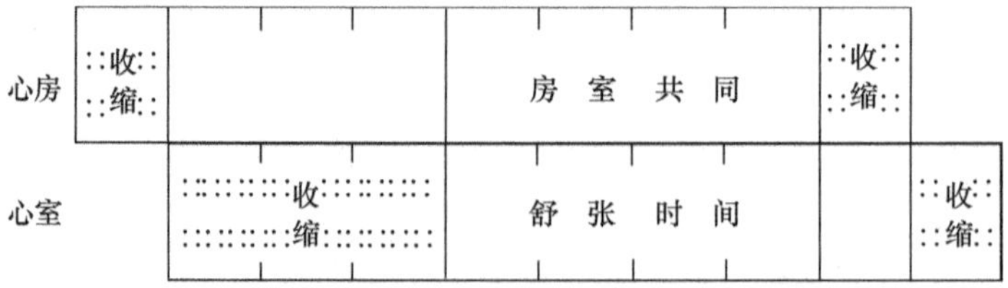

图4-1　心动周期中心房、心室活动的顺序和时间关系

2. 心率　每分钟心跳的次数。正常成年人安静状态下，心率为60～100次/分，平均约为75次/分。在不同的生理条件下，如年龄、性别不同心率可以发生较大的变动。年龄越小心率越快，

随年龄增长心率逐渐减慢，至青春期接近成年人水平。成年女性的心率比男性稍快。经常进行体力劳动和体育锻炼的人，平时心率较慢。同一个体，安静或睡眠时心率较慢，运动或情绪激动时心率加快。

（考点：心动周期与心率概念、正常值）

3．心动周期与心率的关系　心动周期持续的时间与心率有关。如成年人心率 75 次/分，则每个心动周期持续 0.8 秒。其中心房收缩期持续约 0.1 秒，舒张期持续约 0.7 秒；心房收缩结束继而舒张时，心室开始收缩，持续约 0.3 秒，随后进入舒张期占时约 0.5 秒。心室舒张的前 0.4 秒期间，心房也处于舒张期，这一时期称为全心舒张期。心室和心房的心动周期中，收缩期比舒张期持续的时间短。心率加快时，心动周期缩短，收缩期和舒张期都缩短，而舒张期缩短的程度更大。这样心肌收缩的时间相对延长，而舒张的时间相对缩短，对于心脏的持久活动是不利的。

（二）心脏的泵血过程

心脏泵血主要由心室肌节律性收缩、舒张，引起室内压周期性升高、降低，同时心瓣膜规律性开、闭，从而完成把血液射入动脉继而静脉血液被抽吸回心脏，实现按一定方向流动的血液循环（图 4-2）。左、右心室泵血活动基本相同，现以左心室为例说明一个心动周期中心室射血和充盈过程（表 4-1）。

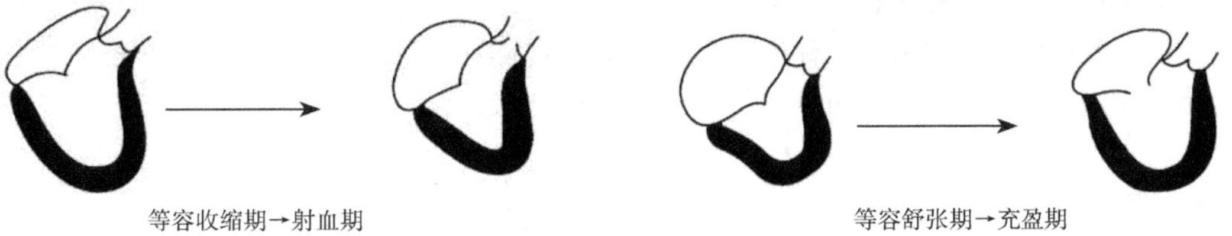

图 4-2　心脏泵血过程

表 4-1　心动周期中心腔内压力、瓣膜、血流方向及容积变化比较

心动周期	心腔内压力升降比较	房室瓣	动脉瓣	血流方向	心室容积
等容收缩期	房内压＜室内压＜动脉压	关闭	关闭	无血液进出	不变
射血期	房内压＜室内压＞动脉压	关闭	开放	心室→动脉	减小
等容舒张期	房内压＜室内压＜动脉压	关闭	关闭	无血液进出	不变
充盈期	房内压＞室内压＜动脉压	开放	关闭	心房→心室	增大
心房收缩期	房内压＞室内压＜动脉压	开放	关闭	心房→心室	增大

1．心室收缩期　心室收缩期可分为等容收缩期和射血期两个时相，占时 0.3 秒。

（1）等容收缩期：心室收缩前，室内压低于主动脉和心房内压，此时主动脉瓣关闭而房室瓣处于开放状态，血液不断从静脉和心房流入心室。心室收缩开始后，室内压迅速升高。当室内压高于房内压时，心室内血液推动房室瓣使其迅速关闭，防止血液倒流入心房。此时心室内压尚低于主动脉压，主动脉瓣仍处于关闭状态。从房室瓣关闭直到主动脉瓣开放之前，心室容积暂时不会发生改变，称为等容收缩期，持续约 0.05 秒。此期长短与心室肌收缩力强弱、血压高低有关。

（2）射血期：心室继续收缩使室内压升高超过主动脉压时，主动脉瓣开放，心室内血液被快速射入动脉，心室容积缩小，为射血期，持续约 0.25 秒。

2．心室舒张期　心室舒张期可分为等容舒张期、充盈期、心房收缩期，占时约 0.5 秒。

（1）等容舒张期：心室收缩结束转为舒张，室内压下降，当低于主动脉压时，动脉瓣关闭。但此时的室内压仍高于房内压，房室瓣处于关闭状态，无血液进出心室，心室容积不变，故称为等容舒张期。

（2）充盈期：心室继续舒张，室内压下降，当室内压低于心房内压时，房室瓣开放，血液快速流入心室称为充盈期。

（3）心房收缩期：心室舒张期最后 0.1 秒为心房收缩期，心房收缩将血液推送入心室。

整个充盈期心室舒张抽吸血量约占总充盈量的 70%，其余 10%～30%的充盈量由心房收缩实现。

（考点：心脏泵血过程与机制）

（三）心脏泵血功能的评价

心脏的主要功能是泵血，在实际工作中对其泵血能力的评价常用下列两组指标。

1．每搏输出量和射血分数　一侧心室每次收缩所射出的血量称为每搏输出量，简称搏出量。正常成年人安静状态下搏出量为 60～80ml，平均约 70ml。搏出量占心室舒张末期容积的百分比称为射血分数。成年人安静时左心室舒张末期的容积约为 125ml，收缩末期容积约为 55ml，即心室射血量约 70ml。正常成年人安静状态射血分数介于 55%～65%之间。

2．每分输出量和心指数　一侧心室每分钟射出的血量，称为每分输出量，简称心输出量。心输出量等于搏出量和心率的乘积。按心率 75 次/分计算，正常成年人安静状态下心输出量为 4.5～6.0L/min，平均约 5L/min。心输出量与机体的新陈代谢水平相适应，与体表面积成正比，以单位体表面积计算的心输出量，称为心指数。成年人体表面积为 1.6～1.7m^2，安静空腹的情况下心指数为 3.0～3.5L/（min·m^2），此也称为静息心指数。

（考点：心输出量的概念）

（四）影响心输出量的因素

心输出量等于搏出量与心率的乘积，因此凡是影响搏出量和心率的因素都可影响心输出量。在心率不变的情况下，搏出量的大小又受心肌的前负荷、后负荷及心肌收缩力影响。

1．心肌的前负荷　心室舒张末期容积相当于心肌的前负荷，其大小取决于心室舒张末期充盈量。在一定范围内，前负荷增大使心肌初长度增加，心肌收缩力增强搏出量增加，心输出量增多。但心肌前负荷过大时心肌收缩力反而减弱以致心输出量减少。心室舒张末期充盈量是静脉回心血量和射血后心室内剩余血量之和，而静脉回心血量的多少是决定心室前负荷大小的主要因素。所以临床工作中，输液量不可过多、输液速度不可过快，以免诱发心力衰竭。

2．心肌的后负荷　大动脉压是阻碍心室射血的阻力，为心肌的后负荷。在心肌前负荷、心肌收缩力及心率都不变的情况下，如果动脉压增高，心肌后负荷增大，就会导致等容收缩期延长，射血期相应缩短从而搏出量减少，心输出量减少。反之，动脉压降低则有利于心室射血，使心输出量增多。

3．心肌收缩力　心肌收缩力是指由心肌内在功能状态决定，而与心肌前负荷、后负荷无关的调节机制，神经、体液、药物等因素可改变心肌细胞的收缩能力，从而影响搏出量。如儿茶酚胺、甲状腺素、体育锻炼等都可使心肌收缩能力增强，心输出量增多。

4．心率　在一定范围内，心率加快可使心输出量增加，心率减慢则心输出量减少。但如果心率过快，超过 160～180 次/分后，心室舒张期明显缩短，造成心室充盈的血量减少致搏出量减少，而搏出量减少心输出量必然减少。

（考点：心输出量的影响因素）

（五）心音

在心脏泵血过程中，心音是由心肌舒缩、瓣膜开闭、血液流动等因素引起的机械振动产生的，用听诊器在胸壁一定部位可以听到。一个心动周期正常可以听到两个心音，即第一心音和第二心音。第一心音发生在心室收缩期，是心室收缩的标志。第二心音发生在心室舒张期，是心室舒张的标志（表 4-2）。

表 4-2　第一心音、第二心音比较

	第一心音	第二心音
发生时期	心室收缩期	心室舒张期
声音来源	主要由房室瓣关闭引起	主要由动脉瓣关闭引起
听诊特点	音调较低、响度大、持续时间长	音调高较、响度较小、持续时间短

由表 4-2 可以看出：第一心音主要是房室瓣关闭及血液对大动脉管壁的冲击引起，听诊时音调较低、响度大、持续时间较长。可以反映心肌收缩能力的强弱及房室瓣的功能；第二心音主要由动脉瓣关闭及血液对大动脉根部的冲击引起，听诊时音调较高、响度小、持续时间较短，其与动脉血压的高低及动脉瓣的功能有关。

案例 4-2　患者，男性，76 岁。有慢性支气管炎、肺气肿病史 20 余年。因受凉而咳嗽、咳痰，近几日出现腹胀、食欲缺乏，活动后气喘且夜间不能平卧。检查发现下肢水肿、肝脾大，胸片示肺纹理增多紊乱、心影增大。诊断为支气管感染、肺源性心脏病、心力衰竭。给予抗炎、止咳化痰，利尿，正性肌力，血管紧张素转换酶抑制药（ACEI）等对症支持治疗。

问题： 1. 心力衰竭主要的危害是什么？

2. 治疗过程中哪些方法是降低后负荷、前负荷？

二、心肌细胞的生物电活动

心脏是血液循环的动力器官，而其泵血活动的实现是以心肌细胞的生物电活动为基础的。根据组织学和生理学特点，心肌细胞分为两类：非自律细胞和自律细胞。非自律细胞就是普通的心肌细胞，包括心室肌和心房肌，具有收缩能力，也称工作细胞。自律细胞组成心脏的特殊传导系统，主要包括窦房结细胞和浦肯野细胞。它们具有自动发生节律性兴奋的特性，有自律性，无收缩性。其主要功能是产生和传导兴奋，控制整个心脏的节律性活动。自律细胞和非自律细胞的生物电活动存在不同特点，下面就以心室肌细胞和窦房结细胞、浦肯野细胞为例分别说明。

（一）心室肌细胞的生物电现象

1. 静息电位　心室肌细胞安静时静息电位约为−90mV，其产生的原理基本上与神经纤维相同。主要是由于安静状态下，细胞内高浓度的 K^+ 向膜外扩散，而形成的电-化学平衡电位。

2. 动作电位　心室肌细胞动作电位的产生过程比神经纤维动作电位复杂、持续的时间也长。其去极化和复极化过程分为 0、1、2、3、4 期，共计五个时期（图 4-3）。其中，心室肌复极化过程分为四个时期。

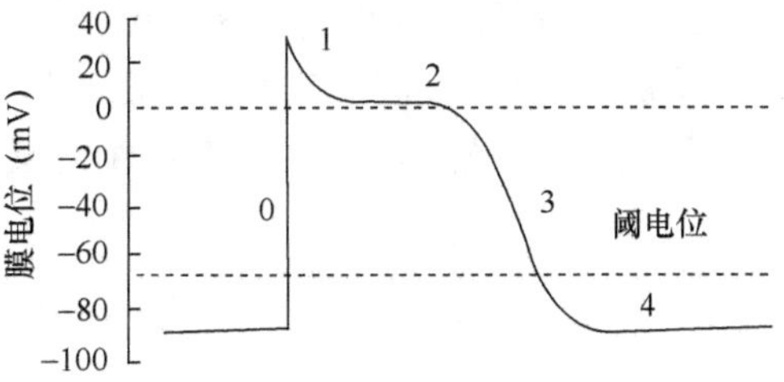

图 4-3　心室肌细胞动作电位

（1）0 期（去极化期）：此期产生的原理与神经纤维的去极化相似。当心室肌细胞受刺激，膜电位去极化达阈电位时，膜上钠通道全部开放，Na^+ 快速、大量内流，膜电位迅速上升至约＋30mV，达到电-化学平衡电位，构成动作电位的上升支。

（2）1 期（快速复极化初期）：心室肌细胞在复极化开始，膜电位由去极化峰值快速下降到

0mV 左右。形成的原因是 Na^+通道失活，Na^+内流停止，而同时膜上 K^+通道激活，膜内的 K^+快速外流引起，历时约 10ms。

（3）2 期（缓慢复极期）：也称平台期，此期膜电位保持在零电位水平复极化过程缓慢。平台期是心室肌细胞动作电位的主要特点。平台期形成的原理是膜电位复极化达到 0mV 左右时 Ca^+通道被激活，Ca^{2+}缓慢内流而同时仍有 K^+外流 ，两种带相同电荷的离子流动方向相反，从而使复极化过程减缓，历时 100～150ms。

（4）3 期（快速复极末期）：此期心室肌细胞快速复极化，膜电位迅速下降至静息电位水平（−90mV）。快速复极末期产生的原理是 Ca^{2+}通道失活，Ca^{2+}内流停止同时 K^+外流速度增加，因而膜电位复极化加快，历时 100～150ms。

（5）4 期（静息期）：静息期是膜电位复极化完毕恢复至静息电位水平的时期。心室肌细胞膜电位虽然基本稳定于静息电位水平（−90mV），但离子的跨膜转运仍在活跃进行。因为在发生动作电位过程中，改变了细胞内外离子分布，因此细胞需要排出 Na^+和 Ca^{2+}，并摄入 K^+，以恢复细胞内外各种离子的正常浓度，保持心肌的正常兴奋性。

（二）窦房结细胞和浦肯野细胞的生物电现象

窦房结中自律细胞和浦肯野细胞为自律细胞。自律细胞生物电的突出特点是没有静息电位，只有动作电位，且动作电位 4 期膜电位不稳定，会自动缓慢地去极化。自律细胞的 4 期自动去极化是产生自律性的基础，也是自律细胞与非自律细胞动作电位的主要区别。

1. 窦房结细胞动作电位分为 0、3、4 共三个期。0 期为去极化期，去极化速度较慢，幅度较小，此期是由 Ca^{2+}内流所致。窦房结细胞动作电位复极化过程无明显 1、2 期，主要表现为 3 期，该期是由 K^+迅速外流所致。在 3 期末复极化达到最大舒张电位后，细胞膜对 K^+通透性逐渐降低，K^+外流减少。而此时 Ca^{2+}和 Na^+内流增多使膜电位慢慢升高出现缓慢自动去极化，去极化达到阈电位便爆发一次动作电位（图 4-4）。

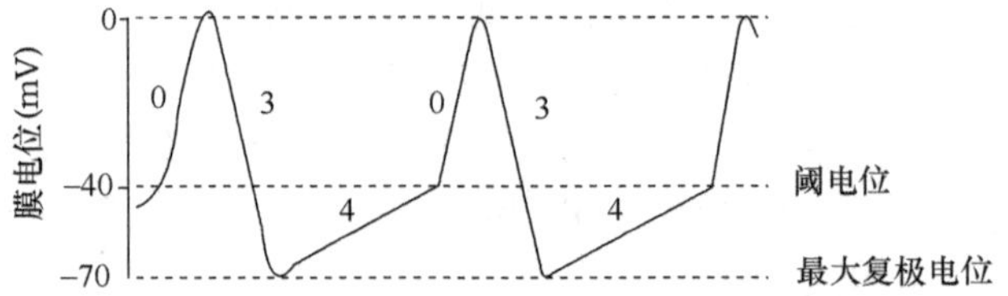

图 4-4　窦房结细胞的动作电位

2. 浦肯野细胞动作电位分为 0、1、2、3、4 共五个期（图 4-5）。除 4 期外，其他 4 期成因与心室肌细胞基本相同。浦肯野细胞动作电位 4 期也会自动去极化，所以浦肯野细胞也具有自律性，但其自动去极化速度比窦房结细胞慢，因此自律性比窦房结低。

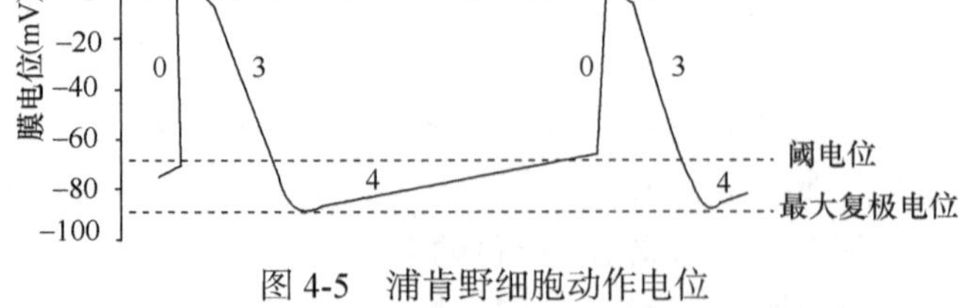

图 4-5　浦肯野细胞动作电位

三、心肌细胞的生理特性

心肌细胞的生理特性包括自动节律性、传导性、兴奋性和收缩性。收缩性是指心肌能在肌细胞膜动作电位的基础上触发收缩，是心肌的机械特性，而自律性、传导性、兴奋性都是以心肌细胞生物电活动为基础的，属电生理特性。

（一）自动节律性

心肌组织能够在离体或没有外来刺激的情况下，自动地产生节律性兴奋的特性称为自动节律性，简称自律性。心肌自律性来自于自律细胞，心脏的特殊传导系统主要由自律细胞构成的（图 4-6），但是特殊传导系统不同部位的心肌自律性高低不一样。窦房结细胞自律性最高（约 100 次/分），房室交界次之（50 次/分），浦肯野细胞最低（25 次/分）。正常心脏的节律性活动的兴奋来源于窦房结，因此窦房结是心脏产生兴奋和收缩的正常起搏点。以窦房结为起搏点的心脏节律称为窦性节律。特殊传导系统的其他部位的自律性不能表现出来，称为潜在起搏点。在一些病理的情况下（如窦房结的兴奋因传导阻滞不能控制其他自律组织的活动或窦房结以外的自律组织自律性增高）潜在起搏点的自律性就可表现出来，称为异位起搏点。由异位起搏点引起的心脏活动称为异位心律。

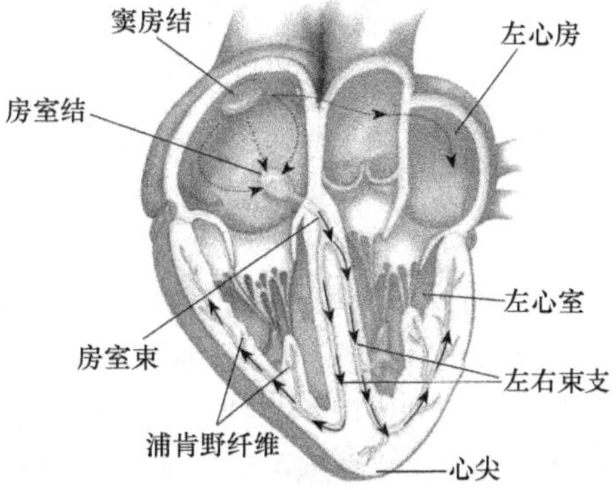

图 4-6 心脏特殊传导系统

（二）传导性

心肌细胞都具有传导兴奋的能力包括非自律细胞和自律细胞。心脏内兴奋的传播是通过特殊传导系统进行有序的扩布。正常窦房结发出的兴奋通过心房肌传播到整个右心房和左心房，同时沿着心房肌组成的“优势传导通路”迅速传到房室交界区，再经房室束和左、右束支传到浦肯野纤维网引起心室肌兴奋（图 4-7）。

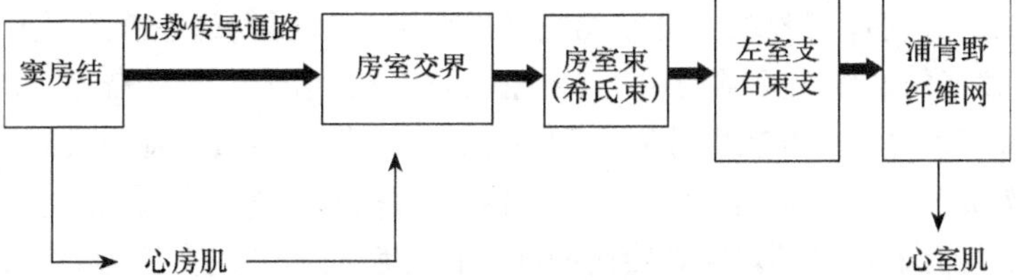

图 4-7 心脏内兴奋传播的途径

不同心肌细胞的传导性不同，因此兴奋在心脏各个部分传播的速度是不同的，以浦肯野纤维传导速度最快，房室交界区细胞（特别是结区）最慢。房室交界是兴奋由心房传入心室的唯一通道，而房室交界区兴奋扩布缓慢，占时约 0.1 秒，因此兴奋由心房传至心室要经过一段延搁，这种现象称为房-室延搁。由于房-室延搁的存在，使得心室的收缩必定发生在心房收缩结束后，而不会出现心室和心房同时收缩的现象，这对于心室充盈和射血具有十分重要的生理意义。

（三）兴奋性

兴奋性是指心肌细胞对到刺激发生反应的能力。而心肌细胞兴奋后产生动作电位的过程中，其兴奋性会发生周期性变化，需经过有效不应期、相对不应期和超常期等三个阶段才能恢复正常兴奋性（图 4-8）。

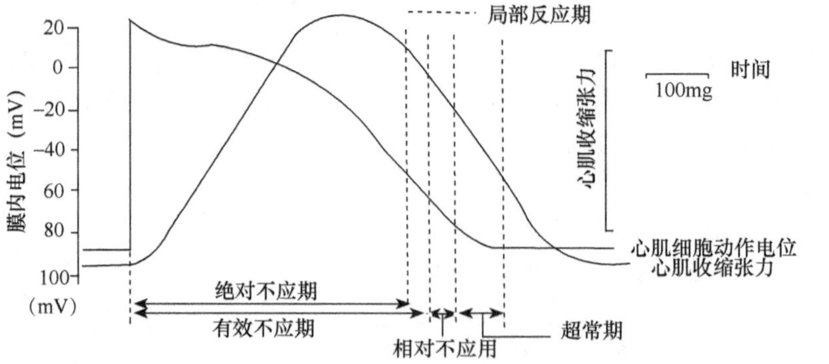

图 4-8 心室肌细胞动作电位、收缩曲线与兴奋性的周期性变化

1. 有效不应期　心肌细胞受刺激发生兴奋时，从动作电位的 0 期去极化开始到 3 期复极化至−55mV 这段时间内心肌细胞的兴奋性完全丧失，即对任何强度的刺激都不会产生去极化反应。这个时期称为绝对不应期。3 期复极化由−55mV 继续恢复到约−60mV 的这段时间内，给予足够强度的刺激，肌细胞可以出现局部的去极化反应，但仍不能发生动作电位。这段时期称为局部反应期。由于从 0 期开始到 3 期复极化至−60mV 这段时间内，心肌细胞不能产生新的动作电位（即暂时无兴奋性），因此将这段时期称为有效不应期。

2. 相对不应期　有效不应期后膜电位由−60mV 复极化至−80mV 这段时期，给予心肌阈刺激或阈下刺激，仍不能产生动作电位。心肌细胞若接受阈上刺激，则可以产生一次新的动作电位。说明心肌细胞在此期兴奋性已有所恢复，但仍低于正常水平，故称为相对不应期。

3. 超常期　相对不应期后，膜电位继续从−80mV 复极化至−90mV 这段时期内，给心肌细胞阈下刺激也会引起一个新动作电位，表明心肌细胞的兴奋性已高于正常，所以称为超常期。心肌细胞复极化完成后，膜电位恢复到静息电位，其兴奋性也恢复至正常水平。

与骨骼肌和神经细胞相比，心肌细胞兴奋后的有效不应期特别长，相当于整个收缩期和舒张早期。在这段时间内任何强度的刺激都不会引起心肌细胞再次兴奋，因此心肌不会像骨骼肌那样产生完全强直收缩，始终保持收缩、舒张相交替的活动，从而实现心脏的泵血功能。

4. 期前兴奋和代偿间歇　正常情况下，心脏是按窦房结传出的兴奋进行活动的。如果在窦房结兴奋的有效不应期之后，下次窦性兴奋到达之前，心肌受到额外刺激或异位起搏点传来的刺激，将会产生一次提前出现的兴奋和收缩。分别称为期前兴奋、期前收缩，期前收缩也称早搏。期前兴奋也有自己的有效不应期。当紧接在期前兴奋之后的窦性兴奋传到心肌，如果落在期前兴奋的有效不应期内，则不能引起心室的兴奋和收缩，从而导致一次兴奋和收缩的“脱失”，必须等到再下一次窦房结的兴奋传来时才能引起兴奋和收缩。所以在一次期前收缩之后往往会出现一段比较长的心室舒张期，称为代偿间歇（图 4-9）。

（四）收缩性

心肌细胞在兴奋后，通过兴奋-收缩耦联机制触发心肌细胞收缩，收缩原理与骨骼肌相似。由于心肌细胞的组织结构和电生理特性与骨骼肌存在差异，因而心肌的收缩具有自己的特点。

1. 不发生强直收缩　心肌细胞兴奋后有效不应期特别长，相当于整个收缩期和舒张早期，此期内任何刺激都不会引起心肌兴奋而收缩。所以心肌不会发生完全强直收缩，利于心脏完成泵血功能。

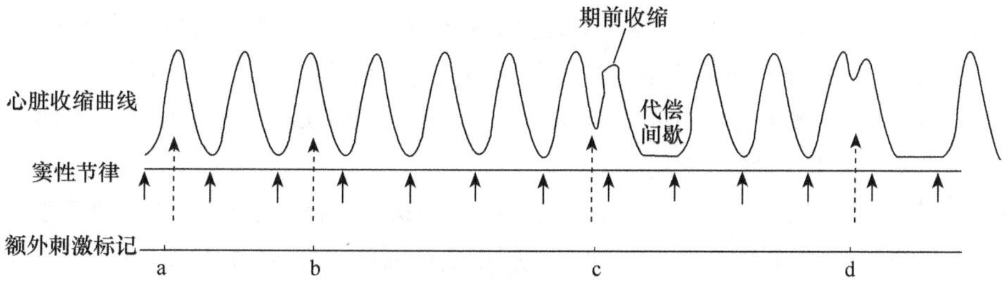

图 4-9 期前收缩和代偿间歇

2. 对细胞外 Ca^{2+} 依赖性较大　心肌细胞内肌质网不发达，终池贮存的 Ca^{2+} 少，在收缩过程中有赖细胞外 Ca^{2+} 的内流，因此心肌收缩 对细胞外液的 Ca^{2} 依赖性较大。

3. 同步收缩　心肌细胞之间的闰盘结构电阻小，容易传导兴奋。所以窦房结兴奋传到心房，所有心房肌细胞会同步兴奋、收缩。当兴奋由房室交界传到心室，所有心室肌细胞同样会同步兴奋、收缩。这种同步性收缩可以提高心脏泵血效率。

（考点：心肌的生理特性及影响因素）

四、体表心电图

正常人体内，由窦房结发出的兴奋按一定途径依次传向心房和心室，引起整个心脏兴奋。心脏各部分在兴奋过程中会出现生物电活动，而心脏周围的组织和体液可以把这些电位波动传到体表。把测量电极放置在体表一定部位，可以记录到心脏兴奋过程中发生的电变化，所记录的图形称为心电图（图 4-10）。电极放置部位和连线方式不同（即不同导联）记录的心电图波形也不一样，但是不同导联记录的心电图都包含几个基本的波形。心脏每次兴奋过程中都会相继出现一个 P 波、一个 QRS 波群和 T 波及连接这些波的线段。

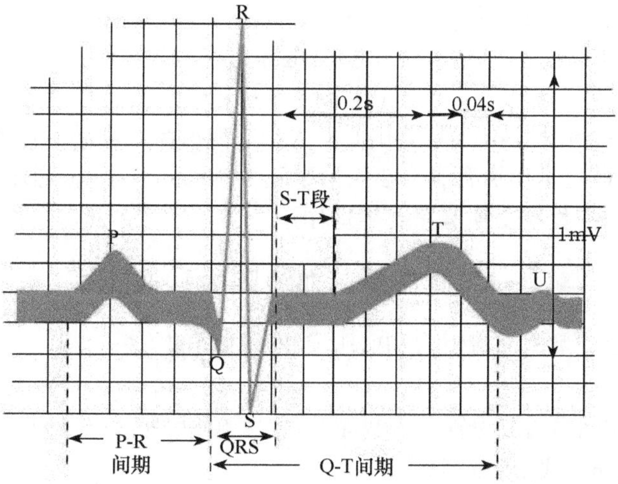

图 4-10 正常人心电图

1. P 波　心电图中的 P 波反映左右两心房的去极化过程的电位变化。P 波较小、呈圆屋顶形，占 0.08～0.11 秒，幅度不超过 0.25mV。

2. QRS 波群　QRS 波群反映左右两心室的去极化的电位变化。包括三个紧密相连的电位波动，先是向下的 Q 波接着是向上的高而尖的 R 波，最后是向下的 S 波。整个波群占时 0.06～0.1

秒，波幅不同导联变化较大。在心室肥厚或心室内传导异常时，QRS 波群将发生改变。

3. T 波 T 波反映两心室肌复极化过程的电位变化。正常 T 波方向与同导联的 R 波一致，波幅为 0.1～0.8mV，一般不低于同导联的 R 波的 1/10，历时 0.05～0.25 秒。当心肌损伤、缺血或离子浓度改变时，T 波将发生变化。

4. P-R 间期 是指从 P 波起点到 QRS 波群起点的这段时间。它代表窦房结产生的兴奋，经过心房、房室交界、房室束及其束支传到心室所需要的时间。正常为 0.12～0.2 秒。若 P-R 间期过长超出正常范围，表示有房室传导阻滞。

5. Q-T 间期 是指从 QRS 波群的起点到 T 波终点之间的这段时间。它反映了心室肌从去极化开始到复极化结束所需要的时间，正常为 0.36～0.44 秒。临床 Q-T 间期延长可见于心肌炎、心功能不全及低血钙等。

6. S-T 段 指 QRS 波群终点至 T 波起点之间的线段。正常情况下 S-T 段与基线平齐，一般上移不超过 0.1mV，下移不超过 0.05mV。它反映了在这期间心室肌细胞处于去极化状态，还没有开始复极化，心室肌细胞之间没有电位差。在心肌缺血、损伤等情况下，S-T 段就会偏离基线向上或向下。

第 2 节 血管生理

案例 4-3 高血压病（原发性高血压）是一种常见病、多发病，目前我国患病人数至少 1 亿人以上。高血压诊断标准为：成年人安静状态下收缩压≥140mmHg、舒张压≥90mmHg。其危害是发病缓慢、渐进症状不明显，患者治疗的依从性较差。长期高血压会引起心肌肥厚、心脏扩大最终导致心力衰竭；还会造成全身小动脉病变：脑内微动脉瘤致脑出血、脑动脉硬化致脑血栓、脑小动脉闭塞性病变至脑梗死，肾内小动脉硬化致肾衰竭等严重并发症。所以患者必须长期把血压维持在正常水平才能防止并发症的发生。

问题： 1. 如何在日常生活、工作中积极宣传高血压的危害及防治知识？

2. 根据所学知识想一想控制血压有哪些基本治疗方法？

在血液循环过程中，心脏提供动力，由心室射出的血液流经动脉、毛细血管和静脉构成的血管系统再返回心房。在此过程中血管具有参与形成和维持动脉血压、输送血液和分配器官血流量、以及实现血液与细胞间的物质交换等重要生理作用。

一、血流量、血流阻力和血压

血流动力学涉及血流量、血流阻力和血压及相互之间的关系。

（一）血流量

血流量是指单位时间内通过血管某一截面的血量。单位时间内流经某器官的血量称为器官血流量。单位通常以 ml/min 或 L/min 表示。

（二）血流阻力

血液在血管中流动时遇到的阻力称为血流阻力。血流阻力来自于血液成分之间及血液与血管壁之间的摩擦力。血流阻力的大小与血管口径、血管长度、血液黏滞性等因素有关。正常生理情况下，血管长度和黏滞性变化很小，因此血管口径是影响血流阻力的主要因素。小动脉和微动脉口径小，因而产生的血流阻力也最大，这部分血流阻力也称为外周阻力。

（三）血压

流动的血液对单位面积血管壁的侧压力，称为血压。在不同血管段的血压分别称为动脉血压、毛细血管血压和静脉血压。习惯上把动脉血压简称为血压。计量单位是 mmHg 或 kPa（1mmHg=0.133kPa）。在心血管系统中，血压有以下几个特征：①整个血管系统存在压力差，即动脉血压＞毛细血管血压＞静脉血压，而这个压力差是推动血液循环的动力；②动脉血压在一个心动周期中呈周期性波动，心室收缩期血压上升，心室舒张期血压下降；③心室收缩做功把血液射入动脉使其获得流动的能量，在向外周流动过程中要克服阻力消耗能量，当血液流经各级血管最终回到腔静脉时，血液流动的能量接近为零。血压实际是血液流动能量的一种表现形式。

血流动力学遵循一般流体力学的原理，血流量、血流阻力、血压三者之间的关系：血流量（Q）与该段血管之间的压力差（ΔP）成正比，与血管内血流阻（R）成反比。即：$Q \propto \Delta P/R$。在体循环中 ΔP 为主动脉压（P）与右心房压之差，而右心房压为零，所以 ΔP 接近于主动脉压（P）。因此上式可以写成 $Q=P/R$。

二、动脉血压与动脉脉搏

（一）动脉血压的概念

动脉血压是指在动脉内血液对单位面积血管壁产生的侧压力（压强），简称血压。动脉血压一般指主动脉压，实际工作中通过测肱动脉压代表主动脉压。每一个心动周期中，血压会随心脏活动而发生周期性变化。在心室收缩期动脉血压升高到最高值称为收缩压；心室舒张期动脉血压下降到最低值称为舒张压。收缩压与舒张压之差称为脉搏压或脉压，脉压反映了一个心动周期中血压波动的幅度。一个心动周期中动脉血压的平均值称为平均动脉压。心动周期中心舒期长于心缩期，所以平均动脉压接近于舒张压，约等于舒张压加 1/3 脉压。

（二）动脉血压正常值及相对稳定的意义

健康成年人安静状态下收缩压为 100～120mmHg，舒张压 60～80mmHg，脉压为 30～40mmHg，平均动脉压 100mmHg。动脉血压的高低存在个体差异，另外年龄、性别等因素也有影响。正常成年人安静时血压比较稳定，波动幅度很小。动脉血压保持相对稳定具重要生理意义。一定高度的动脉血压是维持血液循环、保证各器官组织有足够的血液供应的基本条件。

（三）动脉血压的形成

封闭的心血管系统内充足的血量是动脉血压形成的前提。在这个前提条件下，当动脉血量增多则动脉血压升高，反之则动脉血压下降。

血压实际是血液流动能量的一种表现形式，形成血压的能量来源是心室肌的收缩射血。心室肌收缩所释放的能量分为两部分：一部分转化为血液的动能，推动血液循环流动；另一部分转化为血液对血管壁的侧压力，使动脉血管扩张贮存血液，形成血管壁的势能即动脉血压。外周阻力是形成动脉血压的另一基本条件。如果没有外周阻力，心室肌收缩释放的能量将全部转化为血液动能，推动血液向外周流动，而不会对动脉血管壁产生侧压力，动脉血压就不能形成。因此心室肌收缩射血和外周阻力是形成动脉血压的两个根本条件。正常情况下，心室收缩射出的血液，由于外周阻力的存在，只有约 1/3 流出大动脉，约 2/3 暂时贮存在大动脉内。至心室舒张期，大动脉管壁弹性回缩推动暂时贮存的血液向外流动。因此心室收缩期动脉血压升高而舒张期动脉血压下降。总之，封闭的心血管内足够的血量充盈是动脉血压形成的前提，而心脏射血和外周阻力是形成动脉血压的根本条件。大动脉管壁的弹性对缓冲收缩压和维持舒张压具有重要意义。

（四）影响动脉血压的因素

凡是与动脉血压形成有关的因素都能影响动脉血压。动脉血压在一个心动周期中会发生波动，收缩期升高、舒张期下降与动脉血管内血量变化有关。

1. 搏出量　当搏出量增多时收缩压升高，舒张压同样升高，但是收缩压升高幅度大于舒张压升高的幅度，所以脉压增大。这是因为收缩压升高可使动脉中血流速度加快，因此至心舒期末动脉内存留的血量与搏出量增加前相比较增加并不多，所以舒张压升高不明显。同理，搏出量减少时以收缩压下降明显，脉压减小。收缩压的高低可衡量搏出量的多少。

2. 心率　其他因素不变，在一定范围内心率加快，舒张压升高，脉压减小。因为心率加快会使心动周期变短，尤其是舒张期缩短明显。所以舒张期末存留在大动脉内的血量增多，导致舒张压升高较多，收缩压升高不明显。当心率减慢时，舒张压下降，脉压增大。

3. 外周阻力　其他因素不变，外周阻力增大收缩压和舒张压均升高，舒张压升高的幅度比收缩压大，故脉压减小。因为阻力增大造成从大动脉流出的血量减少，存留的血量增多。特别是心舒末期存留在大动脉内的血量增加更多，所以舒张压升高明显。外周阻力减小，舒张压降低得比收缩压明显。舒张压高低主要反映外周阻力大小，小动脉和微动脉痉挛、硬化导致外周阻力增大是原发性高血压的重要病因之一。

4. 大动脉管壁的弹性贮器作用　大动脉管壁的弹性具有两个意义：一是在心室收缩期通过弹性扩张缓冲收缩压，使收缩压不至于过高；二是在心室舒张期因弹性回缩维持舒张压，使舒张压不至过低，并使心室间断射出的血液在动脉内变为连续血流（图 4-11）。老年人大动脉的弹性降低，缓冲作用减弱致使收缩压升高；同时老年人的小动脉、微动脉多有硬化，使得外周阻力增加，舒张压也不同程度升高，但幅度不如收缩压明显，因此老年人脉压较大。

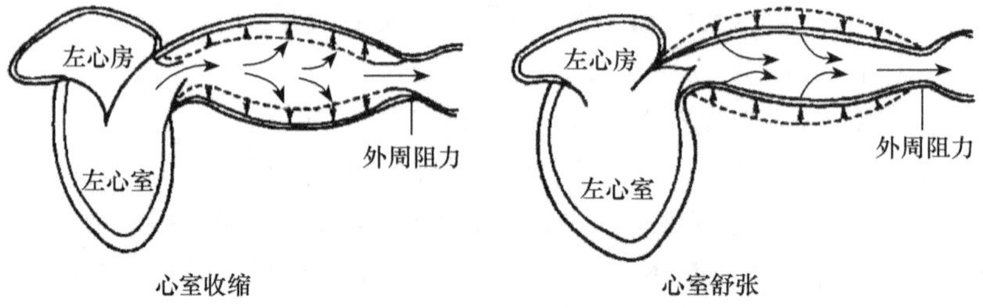

图 4-11　大动脉管壁弹性的作用

5. 循环血量与血管容积　循环血量与血管容积保持恰当比以维持循环系统的基本充盈压，这是形成动脉血压的前提。循环血量减少、血管容积不变或循环血量不变而血管容积增大，都会导致动脉血压下降。如大出血患者会因为循环血量不足而出现低血压甚至休克。

（考点：动脉血压概念、正常值、形成机制及影响因素）

（五）动脉脉搏

在每个心动周期中，动脉血压发生周期性波动，这种波动的血压变化会引起动脉血管发生搏动，即动脉脉搏。脉搏起始于主动脉，心室收缩射血引起主动脉管壁扩张；心室舒张主动脉管壁回缩。主动脉管壁随着心室的缩舒而扩张、回缩的搏动会沿着动脉管壁向外周传播，用手指可以在一些浅表的动脉部位触摸到脉搏。正常情况，脉搏的频率、节律与心跳频率、节律是一致的，脉搏的强弱与心肌收缩力大小有关。因此脉搏可以用来了解心血管功能的状态。

三、静脉血压与静脉血流

静脉系统的功能一方面作为血液回流入心脏的通道，另一方面其容量大在体内起着血液贮存库的作用。正常循环血量的 60%～70%存在于静脉系统中，静脉可以通过改变血管容量有效地调节回心血量和心输出量。

（一）静脉血压与中心静脉压

静脉血压低于毛细血管血压，当体循环血液经毛细血管汇集到小静脉时，血压为 15～20mmHg。到了下腔静脉只有 3～4mmHg，至右心房时压力接近 0（大气压）。

1．中心静脉压　通常把右心房和胸腔内大静脉的血压称为中心静脉压（CVP），正常变动范围为 4～12cmH_2O。中心静脉压的高低与心脏射血能力和静脉回心血量有关。如果心脏射血能力强，能及时将回流入心的血液射入动脉，中心静脉压就较低。反之，心脏射血能力减弱时，中心静脉压就升高。另外，如果静脉回流速度加快，中心静脉压也会升高。所以中心静脉压可以作为观察心血管功能以及临床控制补液速度、补液量的一个指标。

（考点：中心静脉压概念及意义）

2．外周静脉压　各器官、肢体的静脉血压称为外周静脉压，其压力高于中心静脉压。人体平卧时肘静脉压为 5～14cmH_2O。心功能差时，中心静脉压升高导至静脉回流减慢，血液滞留于外周静脉内使外周静脉压增高。因此外周静脉压也可作为判断心功能的参考指标。

（二）影响静脉回流的因素

单位时间由静脉流回心脏的血量称为静脉回流量。外周静脉压与中心静脉压之间的压力差是静脉血回流的动力，此压力差的大小会影响静脉回流量的多少。

1．循环系统平均充盈压　实验证明血管系统血液充盈程度越高，静脉回心血量也越多。当血量增加或容量血管收缩时平均充盈压升高，静脉回心血量增加。而当血量减少或容量血管舒张时，充盈压降低，静脉回心血量减少。

2．心肌的收缩力　心肌收缩力强，心室射血量越多，舒张期心室内压就越低，对心房和大静脉内的血液抽吸力越大，静脉回心血量越多。而心肌收缩力减弱，则静脉回心血量减少。如右侧心力衰竭时，右心室射血能力下降，心舒期右心室内压较高引起血液淤积在右心房和大静脉内，中心静脉压升高，静脉回心血量减少。患者会出现体循环静脉淤血的各种表现：颈静脉怒张、肝脾大、下肢水肿等。同样，左侧心力衰竭时会出现肺循环静脉淤血、肺淤血、肺水肿等。

3．重力和体位　由于静脉血管结构特点，管壁薄、管壁张力低、易扩张且静脉血压也低，所以静脉血流受体位影响很大。如人体由平卧位变为直立位时，因重力作用引起身体低垂部位的静脉血管扩张而容量增大，导致静脉回心血量减少，同时心输出量也减少。特别是长期卧床或体弱多病的人，因静脉管壁紧张性低可扩张性高，下肢骨骼肌收缩力弱等因素，体位由卧位突然变为直立位时，可因大量血液淤积在下肢，回心血量过少继而心输出量减少，造成脑供血不足而出现眩晕、眼前发黑甚至晕厥。

4．骨骼肌的挤压作用　人体在直立位时，下肢骨骼肌收缩对肌肉内和肌肉之间的静脉血管产生挤压，使静脉血流加快。另外，静脉血管内有瓣膜存在，保证了静脉内的血液只能向心脏方向流动而不能倒流，因此骨骼肌收缩时促进静脉血回流。骨骼肌舒张时，静脉内压力降低，有利于微静脉和毛细血管内的血液流入静脉。骨骼肌和静脉瓣一起，对静脉回流起着“泵”的作用，称为“静脉泵”或“肌肉泵”。特别是下肢肌肉进行节律性舒缩活动时，这种肌肉泵的作用更明显。

5．呼吸运动　正常胸内压为负压（低于大气压），吸气时胸内压更低，所以胸腔内大静脉和右心房因周围低压而扩张使中心静脉压较低，促进静脉血液回流，回心血量增加。呼气时相反，胸内压增高，静脉回流减少。

四、微　循　环

微循环是指微动脉和微静脉之间的血液循环。微循环最重要的功能是完成血液与组织液之间的物质交换。

（一）微循环的组成

不同组织、器官的微循环结构存在差异。典型的微循环是由微动脉、后微动脉、毛细血管前括约肌、真毛细血管网、通血毛细血管、动-静脉吻合支和微静脉七部分组成（图4-12）。

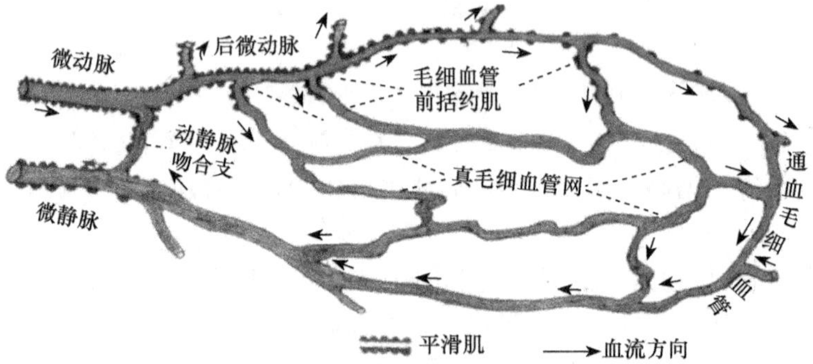

图4-12　微循环的组成

（二）微循环的血流通路和功能

微循环最基本的功能是实现血液与组织细胞之间的物质交换，其次是调节组织器官血流量、参与维持动脉血压及影响毛细血管内外体液分布。微循环有3条血流通路，分别是迂回通路、直接通路和动-静脉短路。三条血流通路各有不同功能（表4-3）。

表4-3　微循环三条血流通路及生理作用

血流通路	血流特点	生理作用
迂回通路	交替开放，真毛细血管数量多、壁薄、血流慢	物质交换的场所
直捷通路	经常开放，通血毛细血管分支少、血流快	使血液快速回流
动-静脉短路	通常不开放，无血流通过	参与体温调节

1．迂回通路　血液由微动脉流入微循环，经后微动脉、毛细血管前括约肌进入真毛细血管网最后回到微静脉。真毛细血管交织成网，迂回曲折，穿行于细胞之间，血流缓慢。另外真毛细血管壁结构简单，通透性大。所以这条通路是血液与组织之间进行物质交换的主要场所，也称营养通路。

2．直捷通路　血液由微动脉流入，经后微动脉、通血毛细血管回到微静脉。这条通路的血管经常处于开放状态且血流速度快，不利于血液与组织的物质交换。其重要意义在于使部分血液快速通过微循环由静脉引流回心。

3．动-静脉短路 血液经微动脉、动-静脉吻合支回到微静脉。这条通路在皮肤和皮下组织较多，且吻合支结构类似微动脉。所以动-静脉短路的功能不是进行物质交换，而是在体温调节中发挥作用。环境温度较高时，这条通路开放增多，皮肤血流量增加，皮肤温度上升，有利于散失体热。反之，这条通路开放减少，有利于保暖。

（三）微循环血流的调节

微动脉是血流进入微循环的入口，控制着微循环的血流量，所以是微循环的“总闸门”。后微动脉和毛细血管前括约肌调控微循环内各条通路的血量分配，称为微循环的“分闸门”。微静脉管理着微循环血液的流出，因此称为微循环的“后闸门”。微动脉受交感神经和体液因素的调节，微动脉收缩微循环血流量减少，舒张则血流量增多。后微动脉和毛细血管前括约肌在全身性缩血管物质的作用下收缩（如肾上腺素、去甲肾上腺素、血管紧张素），与其相连的毛细血管无血液通过。而局部代谢产物可使其舒张（如乳酸、CO_2、组胺等），毛细血管血流量增多，从而实现物质交换带走这些代谢产物。

五、组织液生成与淋巴循环

组织液和淋巴液都属于细胞外液，组织液分布于组织间隙，绝大部分呈胶冻状，不具流动性，因而重力因素不会对其分布产生影响。除蛋白质含量低外，其成分基本与血浆相同。血液与组织细胞之间的物质交换是通过组织液而实现的，组织液不断生成，又不断回流使得组织液得到更新，内环境才能够保持相对稳定。

（一）组织液的生成和回流

毛细血管壁结构简单、通透性大是组织液生成的基础，组织液是血浆从毛细血管滤出而形成的。血浆中除了大分子蛋白质以外，其他成分都可以通过毛细血管壁滤出，同时组织液又不断回流毛细血管内（图 4-13）。组织液是生成还是回流取决于有效滤过压，而有效滤过压又受毛细血管血压、组织液胶体渗透压、血浆胶体渗透压和组织液静水压等因素影响。其中前两种因素是促进组织液生成的力量，后两种因素是促使组织液回流的力量。计算有效滤过压公式如下。

有效滤过压＝（毛细血管血压＋组织液胶体渗透压）－（血浆胶体渗透压＋组织液静水压）

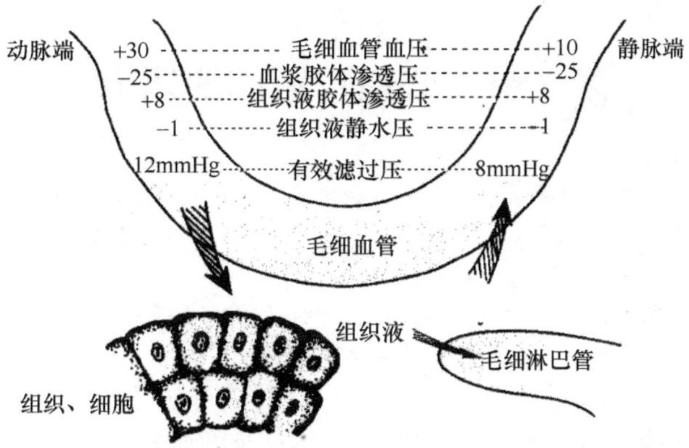

图 4-13 组织液生成与回流

毛细血管动脉端的血压平均为 30mmHg（4.0kPa），组织液胶体渗透压约为 15mmHg（2.0kPa），血浆胶体渗透压约为 25mmHg（3.33kPa），组织液静水压约为 10mmHg（1.33kPa）。由此可以算出毛细血管动脉端的有效滤过压约为 10mmHg（1.33kPa），说明滤出的力大于回流力，所以在毛细血管动脉端会不断产生组织液。当血液由毛细血管动脉端流到静脉端时，毛细血管血压下降为12mmHg（1.6kPa），其他三个因素变化不大，因此静脉端的有效滤过压约为-8mmHg（-1.07kPa）。这说明回流力大于滤出力，所以在毛细血管静脉端大部分组织液不断回流入毛细血管内，另一小部分组织液进入组织间隙中的毛细淋巴管，形成淋巴液。

（二）影响组织液生成与回流的因素

正常情况下，组织液的生成量与回流量始终保持着动态平衡。如果组织液生成量大于回流量或者回流量减少等都会导致组织间隙组织液过多，形成水肿。影响组织液生成、回流的因素主要有以下几个方面，也是引起水肿的常见原因。

1. 毛细血管血压　毛细血管血压是组织液生成的主要动力，当微动脉舒张或静脉回流受阻均可使毛细血管血压增高，有效滤过压增大，组织液生成增多，引起水肿。如炎症引起的局部水肿，右侧心力衰竭出现的下肢水肿等。

2. 血浆胶体渗透压　血浆胶体渗透压是促使组织液回流的因素，任何原因引起的血浆胶体渗透压下降都会造成组织液回流减少，形成水肿。血浆胶体渗透压主要由血浆蛋白质形成的，当营养不良蛋白质合成减少或肾脏病变丢失太多蛋白质都会出现水肿。

3. 淋巴回流　生成的组织液约有 10%经淋巴系统回流，当淋巴管回流受阻，同样会出现水肿。

4. 毛细血管壁通透性　正常情况下血浆蛋白质难以通过毛细血管壁，而且血浆胶体渗透压比组织液胶体渗透压高。在过敏、烧伤等病理情况下，局部释放大量的组织胺、缓激肽等生物活性物质引起毛细血管壁通透性增大，部分血浆蛋白质渗出血管进入组织间隙，从而造成局部水肿。

（考点：组织液生成的机制及其影响因素）

（三）淋巴循环的生理意义

大约 10%的组织液进入毛细淋巴管形成淋巴液。淋巴液经淋巴管道最终引流回静脉血管，参与维持血管内外体液平衡。由于毛细淋巴管壁通透性比毛细血管壁大，所以毛细淋巴管可以回收由毛细血管壁逸出血浆蛋白质。消化系统吸收的大部分脂肪是通过淋巴液运输，另外淋巴液流经淋巴结时其中的细菌、异物可被吞噬、清除，对机体有重要的防御作用。淋巴结产生的淋巴细胞具有免疫功能。

第 3 节　心血管活动的调节

案例 4-4　在学校运动会赛场上，运动员和拉拉队队员们个个情绪高涨、斗志昂扬。特别是在百米赛道起点的同学更是全神贯注、精神紧张，准备奋力一搏。虽然还没有起跑，但此时的运动员们心跳加快、呼吸急促、血压升高。

问题： 1. 为什么还没有运动，运动员的心跳、呼吸已经发生反应？

2. 运动员的心率加快、血压升高是如何调节的？

心血管系统的主要功能是为机体各组织器官提供充足的血液，以维持正常新陈代谢的需求。人体在不同功能状态下，可以通过神经、体液机制对心血管活动进行调节，以满足各组织器官在不同情况下的需要。

一、神经调节

（一）心血管的神经支配及其作用

心脏接受心交感神经和心迷走神经双重支配。大部分血管只接受交感缩血管神经支配，仅小部分器官的血管受交感或副交感舒血管神经支配。

1. 心交感神经及作用　心交感神经节前纤维起自胸髓1～5节灰质侧角，节后纤维支配窦房结、房室交界、房室束、心房肌以及心室肌。节后纤维末梢释放的递质为去甲肾上腺素，与心肌细胞膜上β_1受体结合，对心肌细胞具有兴奋作用（使心肌自律性提高、传导性加快、收缩性增强）。从而心率加快、收缩力增强、心输出量增多、血压上升。

2. 心迷走神经及作用　心迷走神经节前纤维起自延髓，节后纤维支配窦房结、心房肌、房室交界、房室束及分支，还有少量心室肌细胞。节后纤维末梢释放乙酰胆碱与心肌细胞膜上M受体结合，对心肌起抑制作用。使心率减慢、心肌收缩力减弱，心输出量减少、血压下降。

3. 血管的神经支配

（1）大部分血管只接受交感缩血管神经支配，安静状态下这种神经持续发放低频神经冲动，使血管平滑肌维持一定程度的收缩状态。其发放的神经冲动频率增高时，血管平滑肌收缩性增强，口径变小而血流阻力增大，血压增高。反之，则血压下降。

（2）交感舒血管纤维分布于骨骼肌血管，在情绪激动、恐慌或准备做剧烈运动时可使骨骼肌血管舒张、血流量增多。

（3）副交感舒血管神经纤维主要分布于脑、唾液腺、外生殖器等部位的血管，可使局部血管舒张、血流量增多。

（二）心血管中枢

在中枢神经系统内，调节心血管活动有关的神经元相对集中的部位称为心血管中枢，广泛分布于脑和脊髓中。其中位于延髓的心血管中枢为基本中枢。包括心血管交感中枢和心迷走中枢，分别通过心交感神经、交感缩血管神经和心迷走神经调节心血管活动。心交感中枢与心迷走中枢具有一定的紧张性，持续发放低频神经冲动作用于心脏且作用相反。正常人安静状态下，心迷走中枢紧张性较高，因此心脏活动相对稳定。当情绪激动或劳动、运动时，心血管的交感中枢紧张性增强，从而使心率加快、心肌收缩力增强。同时在这种情况下，交感缩血管神经传出冲动增多，血管壁平滑肌收缩性增强，血流阻力增大、血压升高。

（考点：心血管神经支配的特点、作用）

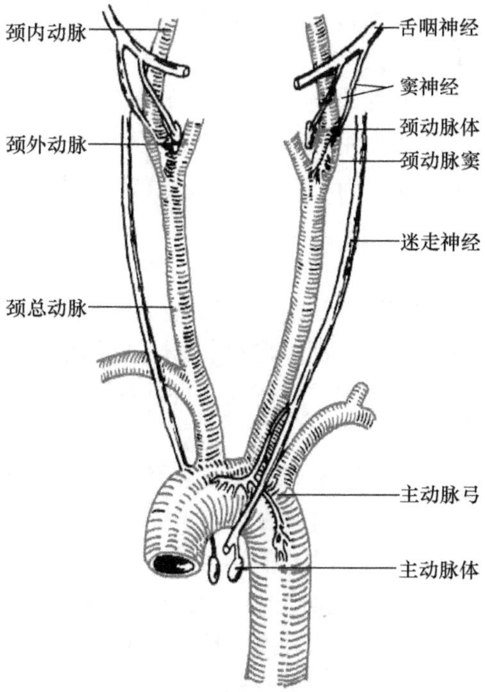

图4-14　颈动脉窦、主动脉弓的压力感受器和化学感受器

（三）心血管活动的反射性调节

主要包括颈动脉窦、主动脉弓压力感受性反射和颈动脉体、主动脉体化学感受性反射。

1. 颈动脉窦、主动脉弓压力感受性反射　颈动脉窦、主动脉弓的壁内存在压力感受器（图4-14），可以感受血压的波动。当血压突然升高时，颈动脉窦、主动脉弓压力感受器受到的刺激增强，通过窦神经和主动脉神经传入延髓的神经冲动增多，使心迷走中枢的紧张性增高，同时心血管交感中枢紧张性降低；心迷走中枢通过心迷走神经使心脏活动减弱（心率减慢、心肌收缩力减弱）心输出量减少，血压下降，此反射也称为减压反射。反之，当动脉血压突然降低时，由颈动脉窦和主动脉弓压力感受器传入的冲动减少，心迷走中枢的紧张性降低，心交感中枢紧张性增强，最终血压升高（图 4-15）。减压反射是一种负反馈调节，具双向作用，其重要意义是维持血压相对稳定。颈动脉窦、主动脉弓压力感受器只对突然变化的血压敏感能产生相应的调节，以保持血压相对稳定。对持续的高血压或低血压不具调节作用。

（考点：颈动脉窦和主动脉弓压力感受性反射的过程及其生理意义）

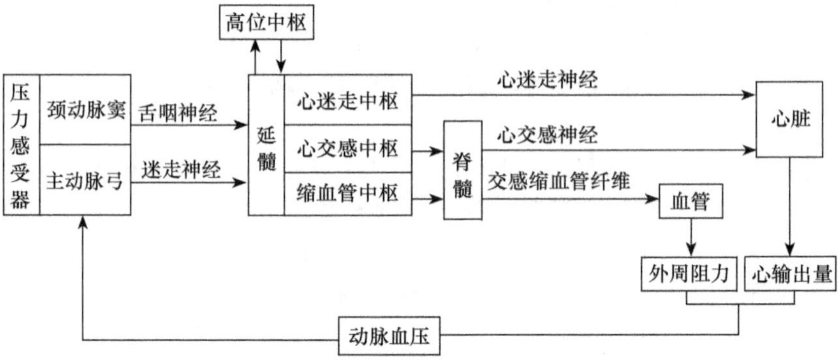

图 4-15 颈动脉窦、主动脉弓压力感受性反射

2. 颈动脉体、主动脉体化学感受性反射 在颈动脉窦和和主动脉弓附近存在着化学感受器，可以感受血液中某些化学物质的变化，称为颈动脉体、主动脉体化学感受器。在缺氧、血液中 CO_2 增多及 H^+浓度增高时化学感受器受刺激、传入延髓的神经冲动增多，以兴奋呼吸中枢，引起呼吸功能改变为主。同时也使交感缩血管中枢紧张性提高，血管收缩、外周阻力增大，血压升高。这种作用也称化学感受性升压反射，其意义在于，当机体缺氧、窒息、酸中毒等情况下，使血管收缩、升高血压及血量重新分配，以保证心、脑等重要器官的血液供应。

二、体 液 调 节

体液调节是指血液和组织液中一些化学物质对心脏、血管功能产生的调节作用，包括对心血管系统产生广泛影响的全身性体液调节和对局部血管作用的局部性体液调节。组织细胞产生的生物活性物质以及代谢废物主要对局部组织中微血管产生影响（如 CO_2、乳酸、H^+、组织胺、激肽等）。

（一）肾上腺素和去甲肾上腺素

血液中的肾上腺素和去甲肾上腺素主要来自于肾上腺髓质，两者对心血管系统能产生广泛影响，有相似作用也有不同。

1. 肾上腺素 其对心脏的作用比去甲肾上腺素强，可使心率增快、心肌收缩力增强，心输出量增多、血压升高。肾上腺素还可使皮肤、腹腔内脏器官的血管收缩，而冠状血管、骨骼肌的血管舒张，所以外周阻力变化不大。临床工作中，肾上腺素常用作强心药。

2. 去甲肾上腺素 其对血管的作用比肾上腺素强，具有强烈的缩血管作用（冠状血管例外），使外周阻力增大、动脉血压升高。临床工作中，去甲肾上腺素用作缩血管的升压药。

（考点：肾上腺素和去甲肾上腺素对心血管活动的调节）

（二）血管升压素

又称抗利尿激素，生理浓度的血管升压素与体内水平衡有关，超生理剂量时能引起全身血管平滑肌收缩，血压升高。临床上常用来收缩血管作为止血剂。

（三）血管紧张素

血液中血管紧张素有三种：血管紧张素Ⅰ、Ⅱ、Ⅲ。血管紧张素Ⅰ无活性，血管紧张素Ⅲ收缩血管的作用较弱，能刺激肾上腺皮质分泌醛固酮。血管紧张素Ⅱ对心血管系统作用较强，能使全身小动脉、微动脉收缩，外周阻力增大；使静脉收缩、回心血量增多。

（四）心房钠尿肽

是心房肌细胞分泌的激素，具有强大的利钠、利尿作用。能使血管舒张、外周阻力降低，还具有减慢心率等作用，因此心房钠尿肽有较强的降压作用。

自测题

A_1/A_2型题

1．关于心动周期，下列说法错误的是（　　）

A．心动周期分为心房和心室的心动周期

B．心房周期比心室周期长

C．心动周期时间长短与心率成反比

D．心房、心室先后收缩

E．心室收缩期短于舒张期

2．下列说法正确的是（　　）

A．心动周期与心率没有关系

B．心房、心室同时收缩

C．心动周期与心率成反比

D．心率增快，舒张期增长

E．心率减慢，收缩期缩短

3．在射血期，关于室内压叙述正确的是（　　）

A．房内压＜室内压＞动脉压

B．房内压＞室内压＞动脉压

C．房内压＜室内压＜动脉压

D．房内压＞室内压＜动脉压

E．以上都不对

4．心动周期中，从动脉瓣关闭到房室瓣开放之前的时期为（　　）

A．等容收缩期　　B．等容舒张期

C．射血期　　D．充盈期

E．心房收缩期

5．心动周期中，从房室瓣关闭到动脉瓣开放之间属于下列哪期（　　）

A．心房舒张期　　B．等容收缩期

C．射血期　　D．等容舒张期

E．充盈期

6．动脉瓣关闭，房室瓣开放属于下列哪期（　　）

A．射血期　　B．充盈期

C．等容收缩期　　D．等容舒张期

E．以上都不对

7．心肌的前负荷是（　　）

A．静脉回心血量

B．搏出量

C．心室射血后剩余血量

D．心室舒张末期容积

E．都不对

8．心肌的后负荷是指（　　）

A．外周阻力　　B．心室舒张末期充盈量

C．动脉血压　　D．静脉血压

E．毛细血管血压

9．关于心输出量，错误的说法是（　　）

A．主要受搏出量和心率的影响

B．在一定范围内，前负荷增大心输出量增多

C．心肌收缩力增强、心输出量增多

D．后负荷增大、心输出量减少

E．心率越快心输出量越多

10．心室肌细胞动作电位的主要特征是（　　）

A．0 期去极化期　B．1 期快速复极初期
C．2 期平台期　D．3 期快速复极末期
E．4 期静息期

11．自律细胞动作电位最突出的特点（　　）

A．去极化期　B．复极化期
C．有静息电位　D．4 期自动除极化
E．复极化初期

12．心脏正常起搏点（　　）

A．窦房结　B．房室交界
C．房室束及其束支　D．浦肯野细胞
E．心室肌细胞

13．房-室延搁发生在（　　）

A．窦房结　B．房室交界
C．房室束及其束支　D．浦肯野细胞
E．心室肌细胞

14．房-室延搁重要生理意义是（　　）

A．左右心房同步收缩
B．左右心室同步收缩
C．使心房和心室不会同时收缩
D．心房和心室同步收缩
E．左心和右心同步收缩

15．心室肌细胞有效不应期特别长的意义是（　　）

A．使心肌发生强直收缩
B．保证心肌不发生强直收缩
C．利于心肌细胞兴奋性提高
D．利于心肌细胞的同步收缩
E．不利于心肌细胞的同步收缩

16．自律性最高的组织是（　　）

A．心室肌　B．心房肌
C．窦房结　D．房室交界
E．浦肯野纤维

17．心肌细胞自律性高低取决于（　　）

A．0 期去极化速度　B．1 期复极化速度
C．2 期复极化速度　D．3 期复极化速度
E．4 期自动去极化速度

18．老年人脉压差增大的主要原因是（　　）

A．搏出量增大　B．心率减慢
C．外周阻力降低　D．心动周期变长
E．大动脉管壁弹性降低

19．中心静脉压错误的描述是（　　）

A．低于外周静脉压
B．中心静脉压接近为零
C．心脏射血能力越强中心静脉压越高
D．静脉回心血量过多中心静脉压升高
E．外周静脉压与中心静脉压差是静脉血液回心的动力

20．血液与组织液之间物质交换发生在（　　）

A．微动脉　B．微静脉
C．直捷通路　D．迂回通路
E．动-静脉短路

21．心交感神经兴奋引起的变化是（　　）

A．心率增快
B．心率减慢
C．心肌收缩力增强、心率增快
D．心输出量减少
E．心肌收缩力减弱

22．心迷走神经兴奋的表现为（　　）

A．心率增快
B．心肌自律性提高
C．心肌收缩力增强
D．心输出量减少
E．心肌传导性增快

23．管理心血管活动的基本中枢位于（　　）

A．大脑皮质　B．中脑
C．小脑　D．延髓
E．脊髓

24．评价心脏泵血功能的常用指标是（　　）

A．心脏射出的血量
B．心脏每次射出的血量
C．心脏每分钟射出的血量
D．一侧心室每分钟射出的血量
E．两侧心室每分钟射出的血量

25．用扩张血管的药物治疗高血压的原理是（　　）

A．减少搏出量　B．抑制心肌收缩力
C．降低外周阻力　D．降低心率
E．降低血量与血管容积比

26. 关于肾上腺素对心血管系统的作用，错误的说法是（　　）
A. 心率增快　　B. 心肌收缩力增强
C. 骨骼肌血管收缩　D. 冠状血管舒张
E. 皮肤、内脏血管收缩

27. 关于去甲肾上腺素作用错误的选项是（　　）
A. 在完整的机体内对心率增快作用不明显
B. 对离体的心脏具有兴奋作用
C. 具有强大的升压作用
D. 使全身大部分血管收缩
E. 收缩冠状血管减少心肌供血

28. 关于减压反射错误的说法是（　　）
A. 感受器位于颈动脉窦、主动脉弓
B. 对维持血压稳定具有重要意义
C. 是一种负反馈调节
D. 只具有降压作用
E. 既具有降压作用，也能升压

29. 患者，男性，56 岁。因心前区压榨性疼痛数小时入院。患者烦躁不安、面色苍白、皮肤湿冷、大汗淋漓。检查发现收缩压 70mmHg，心电图提示为大面积心肌梗死。及时给予治疗包括镇痛，疼痛缓解后，患者仍处于低血压状态，其原因是（　　）
A. 心输出量过低　B. 心率减慢
C. 外周阻力降低　D. 大出血
E. 静脉血管扩张

30. 患者，男性，60 岁。患有原发性高血压 10 余年，治疗不规范，经常忘记服用药物，血压控制不理想。最近检查发现左心室扩大，其主要原因是（　　）
A. 心肌前负荷过大　B. 心肌后负荷过大
C. 外周阻力过大　D. 循环血量过多
E. 心率过快

31. 心内科一心肌梗死患者突发心搏骤停，检查无心音、无脉搏，血压测不出。给予紧急施行心肺复苏、建立静脉通道等处理。心搏骤停患者测不出血压的主要原因是（　　）
A. 血量减少　B. 血管容积增大
C. 无心脏泵血　D. 外周阻力降低
E. 动脉壁弹性降低

（张在平）

第5章

呼　吸

案例 5-1　在一个寒冷的早晨，一位55岁的男子在车库给小汽车加温，顺便在车库后部整理架子上的物品。约30分钟后，女主人发现他坐在车库里面靠近车尾部的地上，意识模糊，呼吸急促，立即拨打“120”。很快送到急救中心，立即给予纯氧吸入。患者动脉血生化指标测验结果如下：PO_2（动脉血氧分压）660mmHg，PCO_2（动脉血 CO_2 分压）36mmHg，pH为7.43，Hb氧饱和度60%。这个案例说明了什么？

问题： 1. 你知道人的呼吸是怎样完成的吗？

2. O_2 与 CO_2 是怎样进行交换和运输的？

3. 严重的煤气中毒会导致人体死亡，你知道是什么原因吗？

机体细胞与外界环境之间的气体交换过程，称为呼吸。通过呼吸，机体从外界环境摄取新陈代谢所需要的 O_2，排出代谢所产生的 CO_2。呼吸的全过程由三个环节组成（图 5-1）：①外呼吸，指外界环境与肺毛细血管血液之间的气体交换过程，包括肺通气和肺换气；②气体在血液中的运输；③内呼吸，主要指组织毛细血管血液与组织细胞之间的气体交换过程，也称组织换气。呼吸的三个环节相互衔接并同时进行。

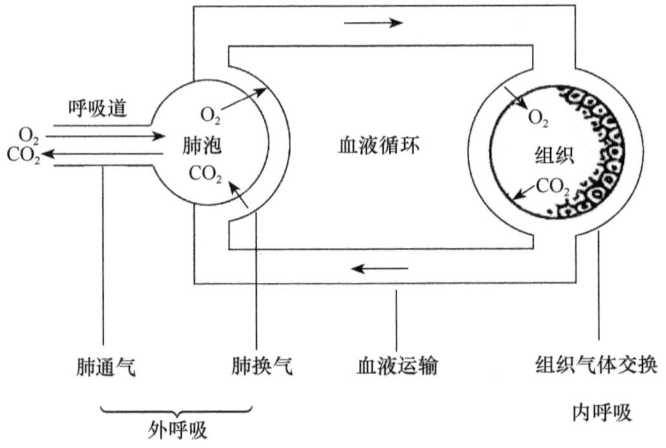

图 5-1　呼吸过程

呼吸的生理意义主要在于维持机体内环境中 O_2 和 CO_2 含量的相对稳定，从而满足细胞代谢的需要。因此，呼吸是维持机体生命活动所必须的基本生理过程之一，呼吸一旦停止，生命也将终结。

第1节　肺　通　气

肺通气是外界气体经呼吸道进出肺的过程。实现肺通气的主要结构包括呼吸道、肺泡、胸廓等。呼吸道不仅是气体进出肺的通道，而且对吸入气体具有加温、加湿和过滤清洁等作用；肺泡是肺泡气与血液进行气体交换的场所；胸廓的节律性扩大和缩小则是实现肺通气的动力。

气体进出肺的过程中，既受推动气体流动的动力作用，又受阻止气体流动的阻力作用，动力必须克服阻力，方能实现肺通气。

一、肺通气的动力

肺内压与大气压之差是肺通气的直接动力，肺内压的高低取决于肺的扩张和缩小，但肺自身并不具备自主扩张和缩小的能力，其扩张和缩小依赖于呼吸肌的收缩和舒张引起的胸廓运动，呼吸肌的收缩和舒张所引起的呼吸运动是肺通气的原动力。

（一）呼吸运动

呼吸肌的收缩和舒张引起的胸廓节律性扩大和缩小称为呼吸运动，包括吸气运动和呼气运动。主要吸气肌为膈肌和肋间外肌，主要呼气肌为肋间内肌，此外还有胸部、颈部和腹部的一些辅助呼吸肌。在不同功能状态下，参与呼吸运动的呼吸肌也不相同。

1．平静呼吸和用力呼吸　平静呼吸由膈肌和肋间外肌的收缩和舒张引起。吸气时，膈肌收缩，膈顶下降，胸廓上下径增大，同时肋间外肌收缩，肋骨和胸骨上举，肋骨下缘向外侧偏转，胸廓前后径和左右径均增大；胸廓扩大，肺随之扩张，肺内容积增大，肺内压降低；当肺内压低于大气压时，气体进肺，完成吸气。呼气时，膈肌和肋间外肌舒张，膈顶、肋骨和胸骨均回位，使胸廓和肺容积缩小，肺内压升高；当肺内压高于大气压时，气体出肺，产生呼气。平静呼吸的特点是吸气是主动过程，而呼气是被动过程。

用力吸气时除膈肌和肋间外肌加强收缩外，辅助吸气肌（胸锁乳突肌、斜角肌等）也参与收缩，使胸廓和肺的容积进一步扩大，更多的气体被吸入肺内；用力呼气则除膈肌和肋间外肌舒张外，还有肋间内肌和辅助呼气肌（腹部肌等）参与收缩，使胸廓和肺容积更加缩小，呼出更多的气体。因此，用力呼吸时吸气和呼气都是主动过程。

2．胸式呼吸和腹式呼吸　由肋间外肌的收缩和舒张引起的呼吸运动，主要表现为胸廓的张缩，称为胸式呼吸；以膈肌收缩和舒张引起的呼吸运动，主要表现为腹壁的起伏，称为腹式呼吸。正常成年人为混合型呼吸。在妊娠后期或有腹水、腹腔肿瘤时，可呈胸式呼吸；胸膜炎或胸腔积液等疾病时，呈腹式呼吸。

3．呼吸频率　每分钟呼吸运动的次数，称为呼吸频率。正常成年人安静状态下呼吸频率为12～18 次/分，可因年龄、性别、机体功能状态而异。

（考点提示：肺通气的原动力是呼吸运动，肺通气的直接动力是肺内压与大气压之差。）

（二）肺内压及其周期性变化

肺内压是指肺泡内的压力。在呼吸过程中，肺内压呈周期性变化。平静吸气初，肺内压比大气压低 1～2mmHg，空气顺压力差进入肺泡，肺内压逐渐升高，至吸气末，肺内压等于大气压；平静呼气初，肺内压比大气压高 1～2mmHg，肺泡内气体顺压力差被排出，肺内压逐渐降低，至呼气末，肺内压又等于大气压。正是由于呼吸过程中，肺内压呈现的周期性升降，造成肺内压与大气压之间的压力差，成为实现肺通气的直接动力。

（三）胸膜腔及胸膜腔负压

在肺和胸廓之间存在一个潜在的密闭的胸膜腔，由紧贴于肺表面的胸膜脏层和紧贴于胸廓内壁的胸膜壁层所构成。胸膜腔内没有气体，仅有少量浆液。浆液分子的内聚力使两层胸膜贴附在一起可以相互滑动而不易分开，就如同两片用水粘起来的玻璃，故使肺能随胸廓的张缩而张缩。

胸膜腔内的压力称为胸膜腔内压，简称胸内压。平静呼吸时，胸内压始终低于大气压为负压，并随呼吸运动而发生周期性波动。平静呼气末为-3～-5mmHg；平静吸气末为-5～-10mmHg。

胸膜壁层由于受到坚实胸廓的支持和保护，可以忽略外力的作用，而胸膜脏层受到两种力的作用，一是使肺泡扩张的肺内压，二是使肺泡缩小的肺的回缩力。胸内压正是这两种方向相反的力的代数和（图 5-2），即胸膜腔内压＝肺内压-肺的回缩力。在吸气末或呼气末，肺内压等于大气压，因此胸膜腔内压＝大气压-肺的回缩力。

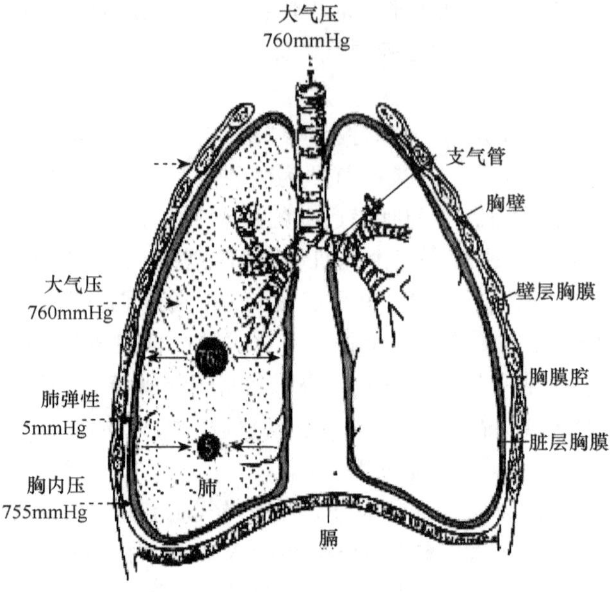

图 5-2 胸膜腔内负压产生原理

若以大气压为 0，则胸膜腔内压＝-肺的回缩力。可见，胸膜腔负压主要由肺的回缩力形成。吸气时，肺扩张的程度增大，肺的回缩力增大，胸膜腔负压增大；呼气时，肺扩张的程度减小，肺的回缩力减小，胸膜腔负压减小。胸膜腔内负压具有重要生理意义：①保持肺处于扩张状态，并使肺跟随胸廓的运动而舒缩；②促进血液及淋巴液的回流。胸膜腔内负压作用于胸腔内静脉血管、淋巴管，使其扩张，胸膜腔内负压具有“抽吸”作用，促进血液、淋巴液向心脏方向流动。

（考点：胸膜腔的密闭性是形成胸膜腔负压的前提，胸膜腔内压＝-肺弹性回缩力）

知识链接

气 胸

如果胸膜受损，胸膜腔的封闭性遭到破坏，气体顺压力差进入胸膜腔，这种状态称为气胸。外伤导致胸壁破损，胸膜腔与大气直接相通，称为开放性气胸。这时胸膜腔负压减小，甚至消失，肺因回缩而塌陷，不仅肺通气功能出现障碍，血液和淋巴液回流也将减少，严重气胸可因呼吸和循环功能障碍而危及生命，必须紧急处理。

二、肺通气的阻力

肺通气的阻力包括弹性阻力和非弹性阻力。前者约占 70%，后者约占 30%。

（一）弹性阻力

弹性组织对抗外力作用所引起变形的力，称为弹性阻力。肺和胸廓均为弹性组织，也具有弹性阻力，其弹性阻力的大小可用顺应性来表示。顺应性是指外力作用下弹性组织可扩张的难易程度。容易扩张者，顺应性大，弹性阻力小；反之，不易扩张者，顺应性小，而弹性阻力大。可见顺应性与弹性阻力成反变关系。肺的弹性阻力即是肺的回缩力，由肺组织弹性纤维的回缩力和肺泡表面张力共同构成。

1. 肺泡表面张力　在肺泡内表面覆盖一层稀薄的液体，与肺泡气之间形成液-气界面，因为液体分子之间相互吸引力远大于气体分子之间的吸引力，致使液体表面趋于缩小，具有使肺泡缩小的作用，即形成肺泡表面张力。

2. 肺泡表面活性物质　该物质是由肺泡Ⅱ型细胞合成并分泌的脂蛋白混合物，主要成分是二棕榈酰卵磷脂，以单分子层排列在液体分子层表面，主要作用是降低肺泡表面张力，减低其弹性阻力，增大其顺应性。因肺炎、肺栓塞等疾病时，肺泡Ⅱ型细胞功能受损，肺泡表面活性物质减少，此时，患者的肺弹性阻力增大，顺应性减小，肺不易扩张，表现为吸气困难。

知识链接

新生儿呼吸窘迫综合征

新生儿呼吸窘迫综合征主要发生在早产儿，由于缺乏肺泡表面活性物质，使肺回缩力过大导致肺泡不能被充分扩张，逐渐形成肺不张。主要临床表现为出生后不久出现进行性呼吸困难和呼吸衰竭。主要病理表现为肺不张及液体滤入肺泡内形成一层“透明膜”，故又称新生儿肺透明膜病，严重阻碍气体交换。

临床常抽取羊水检查，如果检测出肺泡表面活性物质缺乏，可采取延长妊娠时间或用药物促进其合成等措施，预防其发生。

（二）非弹性阻力

非弹性阻力主要来自气道阻力，是指气体流经呼吸道时产生的摩擦阻力，占非弹性阻力的80%～90%。影响气道阻力的主要因素是气道口径，气道阻力与气道半径的 4 次方成反比。其次是气流速度，流速快则阻力大；流速慢则阻力小。

三、肺通气功能的指标

（一）肺容量

肺容纳气体的量，称为肺容量。在肺通气的过程中，肺容量随着气体的吸入或呼出而发生变化（图 5-3）。

1. 潮气量　每次呼吸时吸入或呼出的气体量，称为潮气量。平静呼吸时正常成年人的潮气量为 400～600ml，平均约 500ml。

2. 补吸气量　平静吸气末，再尽力吸气所能吸入的气体量，称为补吸气量。正常成年人为1500～2000ml。

3. 补呼气量　平静呼气末，再尽力呼气所能呼出的气体量，称为补呼气量。正常成年人为900～1200ml。

4. 余气量和功能余气量　最大呼气末肺内存留的气体量，称为余气量，正常成年人为 1000～1500ml。平静呼气末肺内存留的气体量，称为功能余气量，功能余气量等于余气量与补呼气量之

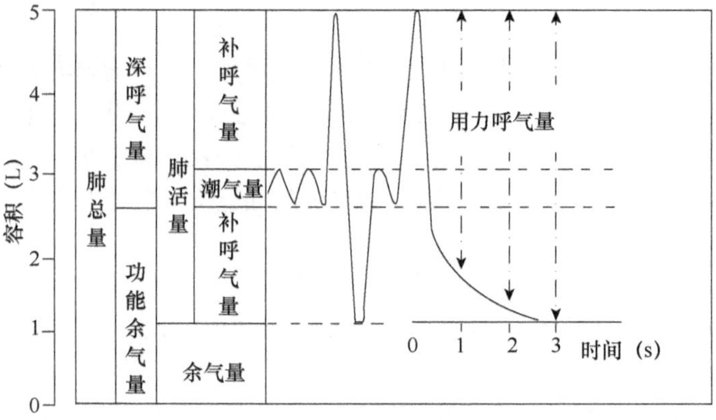

图 5-3 肺容量与肺总量

和，正常成年人约 2500ml。肺气肿时患者的功能余气量将增大，肺实质性病变时则减小。

5. 肺活量和用力呼气量 一次最大吸气后再尽力呼气所能呼出的气体量，称为肺活量，是潮气量、补吸气量和补呼气量之和。肺活量有很大个体差异，与性别、年龄、身材大小、呼吸肌强弱等有关。由于测定肺活量时不限制呼气的时间，在某些肺组织弹性降低或呼吸道狭窄的患者，通气功能已受到损害，但如果延长呼气时间，所测肺活量仍可能在正常范围，因而提出了用力呼气量的概念，曾称为时间肺活量。用力呼气量是指一次最大吸气后，以最快速度尽力呼气，同时记录第 1、2、3 秒末所呼出的气体量占肺活量的百分比。正常成年人第 1、2、3 秒末呼出的气体量分别占肺活量的 83%、96%、99%。其中第 1 秒末的用力呼气量意义最大。肺弹性降低或阻塞性肺疾病，用力呼气量可显著降低，是评价肺通气功能的较好指标。

6. 肺总量 肺所能容纳的最大气体量称为肺总量。肺总量等于肺活量与余气量之和，成年男性平均约为 5000ml，成年女性平均约为 3500ml。

（二）肺通气量和肺泡通气量

1. 肺通气量 每分钟吸入或呼出肺的气体总量，称为肺通气量。肺通气量等于潮气量与呼吸频率的乘积。正常成年人平静呼吸时，肺通气量为 6～9L。从事重体力劳动或剧烈运动时可达 70L 以上。最大限度地进行深、快呼吸时，每分钟吸入或呼出的最大气体量，称为最大通气量。它能反映肺通气功能的最大潜力，是估计一个人能进行多大运动量的生理指标之一。一般只测 10s 或 15s 的吸入或呼出气量，再换算成每分钟的最大通气量，正常成年男性平均约为 104L，成年女性平均约为 82L。

2. 无效腔和肺泡通气量 每分钟吸入肺泡并能与血液进行气体交换的新鲜空气量称为肺泡通气量。留在上呼吸道与终末细支气管之间的气体，不能参与气体交换，属于解剖无效腔，其容积约为 150ml。此外，进入肺泡内的部分气体，也可因血流在肺内分布不均匀，不能进行有效的气体交换，称为肺泡无效腔。解剖无效腔与肺泡无效腔合称生理无效腔。健康人平卧时，肺泡无效腔接近零，生理无效腔接近或等于解剖无效腔。由于无效腔的气体不参与气体交换，因此，计算有效的肺泡通气量时，必先减去无效腔气量，即：

肺泡通气量＝（潮气量−无效腔气量）×呼吸频率

正常情况下，无效腔气量无较大变化。肺泡通气量主要取决于呼吸深度与呼吸频率。同样的肺通气量，深慢呼吸时的肺泡通气量大于浅快呼吸时的肺泡通气量（表 5-1）。可见，对肺换气而言，浅而快的呼吸是不利的，深而慢的呼吸可增加肺泡通气量，对机体是有利的。

（考点提示：时间肺活量是评价肺通气功能的较好指标，肺泡通气量是衡量呼吸效率的指标）

表 5-1 不同情况下肺通气量和肺泡通气量的变化

	潮气量（ml）	无效腔气量（ml）	呼吸频率（次/分）	肺通气量（ml/min）	肺泡通气量（ml/min）
平静呼吸	500	150	12	6000	4200
浅快呼吸	250	150	24	6000	2400
深慢呼吸	1000	150	6	6000	5100

第 2 节 气体的交换和运输

肺泡与肺毛细血管血液之间的气体交换，称为肺换气，组织毛细血管血液与组织、细胞之间进行的气体交换，称为组织换气。气体在血液中的运输是沟通内、外呼吸的环节。

一、气体的交换

（一）气体交换的动力

气体分子总是从分压高处向分压低处扩散，气体的分压差是气体交换的动力。混合气体中，某种气体的压力称为该气体的分压。溶解于液体中的气体分压，又称为气体张力。肺泡气、血液和组织内 O_2 和 CO_2 的分压见表 5-2。

表 5-2 肺泡气、血液及组织内 O_2 和 CO_2 的分压（mmHg（kPa））

	肺泡气	静脉血	动脉血	组织
O_2	102	40	100	30
CO_2	40	46	40	50

（考点：气体交换的动力是气体分压差）

（二）气体交换的过程

1. 肺换气　来自肺动脉的静脉血流经肺毛细血管时，由于静脉血中的 O_2 分压总是低于肺泡气内 O_2 分压，而静脉血中的 CO_2 分压总是高于肺泡气的 CO_2 分压，于是，在分压差作用下，O_2 由肺泡向静脉血中扩散，CO_2 由静脉血向肺泡内扩散。结果静脉血变成了动脉血（图 5-4）。

2. 组织换气　在组织中，由于细胞的新陈代谢，O_2 被利用，并产生 CO_2，使组织中的 O_2 分压总是低于动脉血中的 O_2 分压，CO_2 分压总是高于动脉血中的 CO_2 分压。当组织毛细血管的动脉血流经组织时，在分压差作用下，O_2 由动脉血向组织内扩散，CO_2 由组织向动脉血扩散。结果动脉血变成了静脉血（图 5-4）。

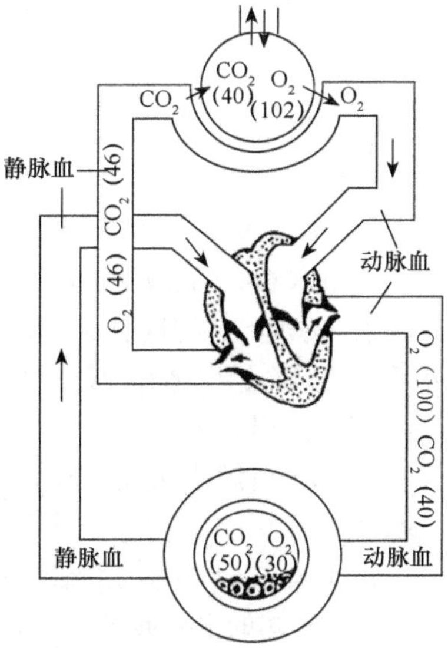

图 5-4 气体交换

（三）影响肺泡气体交换的因素

1. 气体扩散速度　气体扩散速度越快，肺泡气体交换效率越高。气体扩散速度受多种因素影响，与气体的分压差和溶解度成正比，与气体分子量的平方根成反比。在呼吸膜两侧，O_2 分压差约为 CO_2 分压差的 10 倍，CO_2 在血浆中的溶解度约为 O_2 的 24 倍，CO_2 与 O_2 分子量的平方根之比为 1.14∶1，故 CO_2 的扩散速度是 O_2 的 2 倍。肺换气功能障碍时，缺 O_2 比 CO_2 潴留更常见。

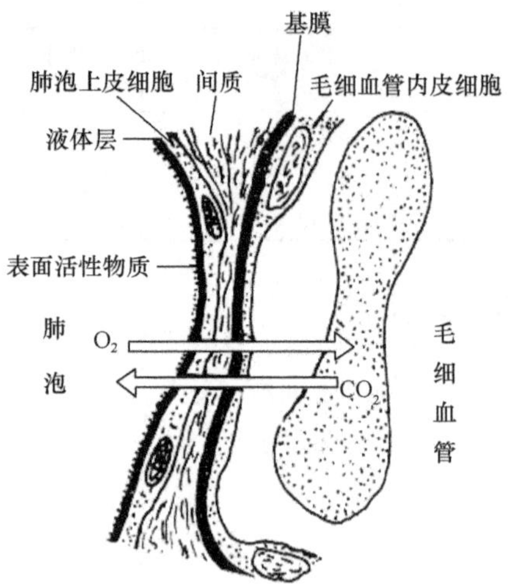

图 5-5 呼吸膜的结构

2．呼吸膜的厚度和面积 肺泡气必须通过呼吸膜才能与血液进行气体交换。呼吸膜由 6 层结构组成（图 5-5），正常情况下，呼吸膜很薄，总厚度不到 1μm，对气体通透性极大。气体交换速度与呼吸膜的厚度成反比。肺水肿、肺纤维化等时，呼吸膜增厚，气体交换速度减慢。气体交换速度与呼吸膜的面积成正比。正常成年人在平静呼吸状态下，呼吸膜的扩散面积约 40m^2，运动时可达 70m^2。肺不张、肺气肿等可造成呼吸膜面积减少，影响肺换气。

3．通气/血流比值 通气/血流比值是指每分钟肺泡通气量与每分钟肺血流量的比值。正常成年人安静时，肺泡通气量为 4.2L/min；肺血流量即心排血量，约为 5L/min，通气/血流比值为 0.84。此比值肺换气效率最高，表示流经肺毛细血管的血液与肺泡气可进行最充分的气体交换。如果比值增大，意味着通气过多或血流不足，部分肺泡气体未能与血液气体交换，致使肺泡无效腔增大；反之，若比值减小，意味着通气不足或血流过多，部分静脉血流经通气不良的肺泡，气体得不到充分交换，犹如发生了功能性动-静脉短路（图 5-6）。可见，不论比值增大或减小，均可引起肺换气效率降低。

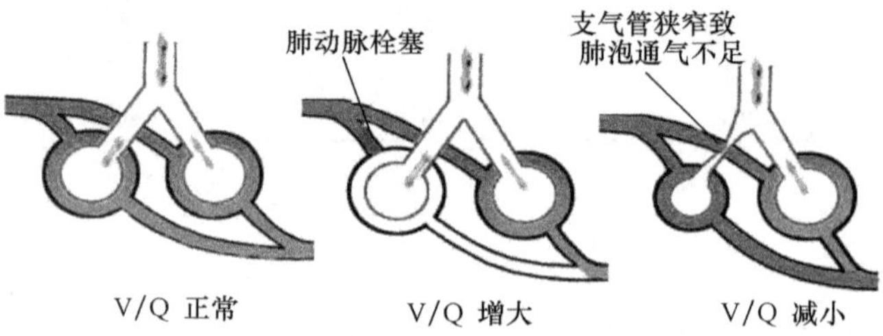

图 5-6 通气/血流比值及其变化

二、气体在血液中的运输

O_2 和 CO_2 在血液中运输的形式有两种，即物理溶解和化学结合。气体主要以化学结合的形式运输，物理溶解的量很少，但它是化学结合或释放的先决条件。进入血液的气体必须首先溶解，然后才能结合；气体释放时也必须从结合状态解离成溶解状态，才能离开血液。

（一）氧的运输

1．物理溶解 O_2 在血液中溶解的量极少，每升血液中仅溶解 3ml，约占血液运输 O_2 总量的 1.5%。

2．化学结合 O_2 与红细胞内的血红蛋白（Hb）结合，形成氧合血红蛋白（HbO_2）。它是 O_2 在血液中运输的主要形式，占血液运输 O_2 总量的 98.5%。血红蛋白与 O_2 的结合反应快、可逆、不需酶的参与。血红蛋白与 O_2 的结合和解离主要取决于 O_2 分压。当血液流经 O_2 分压高的肺部时，血红蛋白迅速与 O_2 结合形成大量的 HbO_2；当血液流经 O_2 分压低的组织时，HbO_2 迅速解离释放出 O_2，以供组织细胞利用，成为去氧血红蛋白。可用下式表示：

$$Hb + O_2 \underset{O_2\text{分压低（组织）}}{\overset{O_2\text{分压高（肺）}}{\rightleftharpoons}} HbO_2$$

氧合血红蛋白（HbO_2）呈鲜红色，而去氧血红蛋白呈暗红色。当毛细血管血液中的血红蛋白含量达 5g/100ml 以上时，皮肤、黏膜或甲床等部位可呈现暗紫色，称为发绀。出现发绀常表示机体缺 O_2，但也有例外，如红细胞增多症患者，可出现发绀而机体不一定缺 O_2；相反，严重贫血或 CO 中毒时，机体虽然缺 O_2 却无发绀发生。

知识链接

CO 中毒

CO 是无色、无味的气体。由于 CO 与 Hb 结合的能力是 O_2 的 210 倍，吸入体内的 CO 与 Hb 结合成一氧化碳血红蛋白（HbCO）。HbCO 呈樱桃红色，且不易解离，故 CO 中毒时，Hb 失去结合 O_2 的能力，造成组织缺 O_2。CO 中毒患者常出现头痛、头晕、恶心、呕吐、四肢无力等症状，严重者可导致意识障碍，甚至死亡。但患者无发绀表现，皮肤、黏膜常呈樱桃红色。

（二）二氧化碳的运输

1．物理溶解　CO_2 在血液中的溶解度比 O_2 大，每升血液中可溶解 30ml，约占血液运输 CO_2 总量的 5%。

2．化学结合　CO_2 的化学结合形式有两种，一是碳酸氢盐形式，约占总量的 88%；二是氨基甲酸血红蛋白形式，约占总量的 7%。

（1）碳酸氢盐：从组织扩散进入血液的 CO_2 首先溶解于血浆，然后大部分扩散入红细胞，红细胞内含有丰富的碳酸酐酶，在碳酸酐酶的催化下，CO_2 和 H_2O 迅速结合生成 H_2CO_3，H_2CO_3 再解离成 H^+ 和 HCO_3^-（图 5-7）。当红细胞内 HCO_3^- 的浓度升高时，HCO_3^- 极易透过红细胞膜向血浆扩散。HCO_3^- 小部分在红细胞内与 K^+ 生成 $KHCO_3$，大部分在血浆中与 Na^+ 生成 $NaHCO_3$。因为红细胞膜不允许正离子自由通过，而允许小的负离子通过，所以 Cl^- 便由血浆扩散进入红细胞，以维持细胞内外的电位平衡，这一现象称为 Cl^- 转移。上述反应中产生的 H^+，大部分与血红蛋白结合而被缓冲。在肺部，以上反应向相反方向进行，CO_2 释放入肺泡并排出体外。

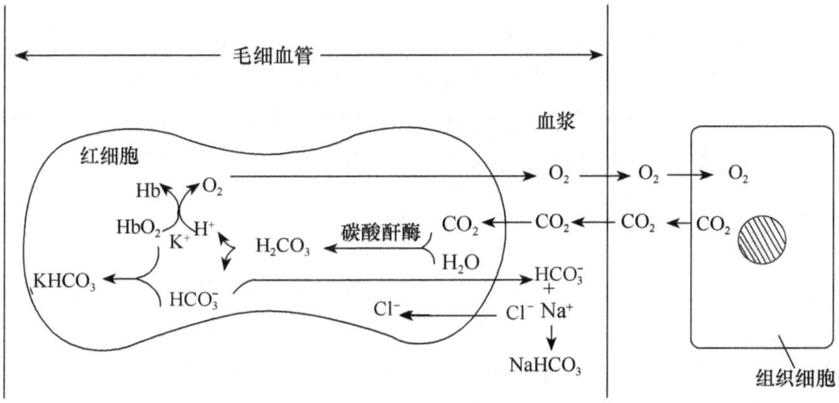

图 5-7　二氧化碳在血液中的运输

（2）氨基甲酸血红蛋白：在红细胞内，一部分 CO_2 与血红蛋白的氨基结合，生成氨基甲酸血红蛋白，这一反应无需酶的催化，而且迅速、可逆，如下式所示：

$$HbNH_2O_2 + CO_2 \underset{CO_2\text{分压低（肺）}}{\overset{CO_2\text{分压高（组织）}}{\rightleftharpoons}} HbNHCOOH + O_2$$

CO_2与血红蛋白的结合较为松散。在外周组织CO_2分压较高，反应向右侧进行；在肺泡，CO_2分压较低，反应向左侧进行。

（考点：O_2主要运输形式是氧合血红蛋白，CO_2主要运输形式是碳酸氢盐）

第3节 呼吸运动的调节

呼吸运动是一种节律性的活动，并且呼吸的频率和深度还能随内、外环境的变化而改变，使肺通气量与机体代谢相适应，这主要是依靠神经系统的调节来实现的。

一、呼吸中枢

中枢神经系统内产生和调节呼吸运动的神经元群，称为呼吸中枢，分布于大脑皮质、脑干和脊髓等部位，对呼吸运动发挥着不同的调节作用。

（一）脊髓

支配呼吸肌的运动神经元位于脊髓前角，发出膈神经和肋间神经来调节膈肌和肋间肌的活动。实验证明，在脊髓与延髓之间横断时，动物的呼吸立即停止并不能再恢复。说明呼吸节律的产生不在脊髓，脊髓只是联系高位中枢与呼吸肌活动的中继站和整合某些呼吸反射的初级中枢。

（二）延髓

研究发现，延髓中存在与呼吸有关的不同类型的神经元，如吸气神经元和呼气神经元，主要集中在腹侧和背侧的两组神经核团内，吸气、呼气神经元分布无明显差异，其轴突纤维与脊髓前角的呼吸肌运动神经元发生联系，以控制吸气肌和呼气肌的活动。如果在延髓与脑桥之间横切，保留延髓和脊髓的动物，节律性呼吸仍存在，但表现为呼吸不规则，呈现喘息样呼吸，说明延髓是产生节律性呼吸的基本中枢。

（三）脑桥

实验发现，在脑桥上、中部之间横切后，动物呼吸变慢变深，如果再切断两侧迷走神经，吸气大大延长，称为长吸式呼吸。现又发现脑桥上部背外侧的一些神经核团，主要含有吸气-呼气神经元，其作用是抑制吸气，促进吸气向呼气转化，可防止过深过长的吸气，称为呼吸调整中枢，该中枢的神经元与延髓呼吸中枢之间有双向联系。目前认为，正常呼吸节律是脑桥和延髓呼吸中枢共同活动形成的。

（四）高位中枢

脑桥以上的高位中枢，如下丘脑、边缘系统、大脑皮质等对呼吸也有调整作用。如当体温升高时，呼吸常变浅变快是因为血液温度升高，刺激下丘脑体温调节中枢，再通过脑干呼吸中枢来改变呼吸运动。在一定范围内加深加快呼吸或随意屏气，如说话、唱歌等，可由条件反射或情绪改变而引起呼吸变化，这些都是在大脑皮质的控制下进行的。

二、呼吸运动的反射性调节

(一)化学感受性反射

动脉血或脑脊液中的 O_2、CO_2 与 H^+ 的浓度发生变化时，可通过化学感受性反射调节呼吸运动，而机体又可通过呼吸运动调节血液中 O_2、CO_2 与 H^+ 的浓度，从而维持内环境的相对稳定。

调节呼吸运动的化学感受器，依据存在部位不同，分为外周化学感受器和中枢化学感受器。外周化学感受器主要是指颈动脉体和主动脉体，兴奋时冲动经窦神经和主动脉神经传入延髓呼吸中枢，反射性地引起呼吸加深加快；中枢化学感受器位于延髓腹外侧浅表部位，能感受脑脊液中 H^+ 的刺激，并通过神经联系，兴奋呼吸中枢，使呼吸加强加快。

1. CO_2 对呼吸运动的调节　CO_2 是调节呼吸运动的最重要的生理性化学因素。当动脉血 CO_2 分压降到很低水平时，可出现呼吸暂停。因此，动脉血中一定水平的 CO_2 分压对维持呼吸中枢的基本活动是必需的。当吸入气中 CO_2 含量增加到 1%时，呼吸开始加深，增至 4%时，呼吸频率也加快，肺通气量可增加 1 倍以上。但当超过 7%时，通气量不再增大，导致血液中的 CO_2 明显增加，呼吸中枢抑制，出现呼吸困难、头痛、头晕，严重时昏迷甚至死亡。

CO_2 对呼吸运动的调节作用是通过刺激外周化学感受器和中枢化学感受器两条途径兴奋呼吸中枢实现的，且以后者为主，约占总效应的 80%。对中枢化学感受器的有效刺激因素不是 CO_2 本身，而是 CO_2 通过血-脑屏障进入脑脊液后，与 H_2O 生成 H_2CO_3，由 H_2CO_3 解离出 H^+ 而发挥调节作用。(考点提示：CO_2 是维持呼吸中枢兴奋性所必需的生理性刺激物，为调节呼吸最重要的体液因素)

2. 低 O_2 对呼吸运动的调节　动脉血中 O_2 分压降低时，一方面直接抑制呼吸中枢；另一方面又通过外周化学感受器，间接兴奋呼吸中枢。实验发现，切断动物外周化学感受器的传入神经或摘除颈动脉体和主动脉体后，低 O_2 对呼吸的兴奋作用消失，出现呼吸抑制，表明低 O_2 对呼吸的兴奋效应完全是通过外周化学感受器实现的。

低 O_2 对呼吸的影响取决于低 O_2 的程度。机体处于轻度低 O_2 状态时，低 O_2 通过外周化学感受器对呼吸中枢的兴奋作用占主导地位，呼吸加深加快；在严重低 O_2 时，外周化学感受器的反射效应不能对抗低 O_2 对呼吸中枢的直接抑制作用，可导致呼吸减弱，甚至呼吸停止。

3. H^+ 对呼吸运动的调节　动脉血中 H^+ 浓度升高时，主要刺激外周化学感受器，反射性地引起呼吸加深加快。因血液中的 H^+ 不易通过血-脑屏障，对中枢化学感受器的刺激作用较小。

知识链接

吸 氧 疗 法

一般情况下，血液 CO_2 增加比缺 O_2 的刺激作用更强，但在一些严重的慢性呼吸功能障碍患者，如严重慢性支气管炎、肺源性心脏病(简称肺心病)、慢性阻塞性肺气肿时，既有缺 O_2 又有 CO_2 潴留，由于血中长期保持高浓度的 CO_2，呼吸中枢对 CO_2 刺激的敏感性降低，此时低氧刺激所引起的外周化学感受性反射，已成为维持呼吸中枢兴奋性的重要因素，对这种患者不宜吸入高浓度氧，也不可快速给氧，应采取低浓度持续给氧，以免突然解除低氧刺激作用，导致呼吸抑制。

(二)肺牵张反射

肺扩张时引起吸气被抑制和肺缩小时引起吸气的反射，称为肺牵张反射，包括肺扩张反射和肺缩小反射。当吸气时，肺扩张到一定程度，刺激位于气管到细支气管平滑肌内的肺牵张感受器，传入冲动沿迷走神经传入延髓，抑制吸气中枢，使吸气终止转为呼气。在动物这一反射较明显。

如果切断动物的两侧迷走神经，动物出现吸气延长，呼吸变深变慢。肺扩张反射存在明显的种属差异，兔的最强，人的最弱。正常人在平静呼吸时，该反射不参与呼吸调节，只有在病理情况下，才参与呼吸调节，使呼吸变浅变快。

肺缩小反射对平静呼吸的影响不大，可能在阻止呼气过深和肺不张时起一定的作用。

（三）防御性反射

1．咳嗽反射　当机械性或化学性刺激作用于喉、气管和支气管黏膜时，可引起咳嗽反射，能将呼吸道内的异物或分泌物排出，具有清洁、保护和维护呼吸道通畅的作用。

2．喷嚏反射　当刺激作用于鼻黏膜时，则可引起喷嚏反射，其作用在于清除鼻腔中的刺激物。

自测题

A_1/A_2型题

1．肺通气的原动力是（　　）

A．气体分压差　B．肺内压的变化

C．胸内压的变化　D．肺本身的舒缩活动

E．呼吸机的舒缩活动

2．有关胸内压的叙述，正确的是（　　）

A．胸膜腔内有少量气体

B．呼气时胸内压等于大气压

C．用力吸气时胸内压是正压

D．气胸时胸内压为负压

E．胸内压的大小由肺回缩力决定

3．肺通气的直接动力是（　　）

A．呼吸肌的舒缩活动

B．肺内压与大气压之差

C．肺内压与胸内压之差

D．肺的弹性回缩

E．气体的分压差

4．评价肺通气功能较好的指标是（　　）

A．最大通气量　B．肺活量

C．用力肺活量　D．每分通气量

E．肺泡通气量

5．CO_2分压由高至低的顺序是（　　）

A．静脉血、肺泡、组织细胞

B．静脉血、组织细胞、肺泡

C．肺泡、组织细胞、静脉血

D．组织细胞、静脉血、肺泡

E．组织细胞、肺泡、静脉血

6．决定肺泡气体交换方向的主要因素是（　　）

A．气体分压差　B．气体分子量

C．气体溶解度　D．呼吸膜厚度

E．绝对温度

7．通气/血流比值是指（　　）

A．肺通气量与每分肺血流量之比

B．肺泡通气量与每分肺血流量之比

C．肺泡通气量与每分肺毛细血管血流量之比

D．最大通气量与每分肺血流量之比

E．肺活量与每分肺毛细血管血流量之比

8．CO_2在血液中运输的主要形式是（　　）

A．$KHCO_3$　B．$NaHCO_3$

C．H_2CO_3　D．HbNHCOOH

E．物理溶解

（李　琳）

第6章 消化和吸收

人体生命活动过程中不仅仅要从外界摄取足够的O_2，还必须从食物中摄取足够的营养物质。食物中的主要营养物质有蛋白质、脂肪、糖类、维生素、水和无机盐。其中，糖类、蛋白质和脂肪是结构复杂的大分子物质，不能直接被人体细胞利用，其必须在消化道内被分解成小分子物质并进入血液和淋巴液进而进入细胞才能被充分利用。

消化是食物在指消化道内被分解成可被吸收的小分子物质的过程。吸收是指被消化后的小分子营养物质以及水、无机盐等，通过消化道黏膜进入血液和淋巴液的过程。消化是吸收的前提，吸收是消化的目的，两者相辅相成、紧密联系。两个过程完成后，食物中未被消化和吸收的食物残渣，形成粪便后排出体外。

（考点：消化和吸收的概念）

食物的消化方式有两种：机械性消化和化学性消化。机械性消化是指通过消化道的肌肉活动，将食物磨碎，同时与消化液充分混合，并将食物不断地向消化道远端推送的过程；化学性消化是指通过消化腺分泌的各种消化酶的化学作用，将大分子营养物质进行化学分解，使之变成可吸收的小分子物质的过程。这两种消化方式在体内同时进行、相互配合，共同完成对食物的消化。

第1节 消化道各段的消化功能

案例6-1 2岁男性患儿，便泌，腹胀伴食欲缺乏19天。检查见患儿呈营养不良及贫血貌，腹部高度膨胀，并可见宽在肠型。直肠指诊：直肠壶腹部空虚不能触及粪便，超过痉挛段到扩张肠段内方可触及大便。腹部立位X平片显示低位结肠梗阻。钡剂灌肠显示典型的痉挛肠段和扩张肠段，排钡功能差，24小时后仍有钡剂存留。距肛门4cm以上直肠壁组织活检，在黏膜下层及肌层未见神经节细胞。入院后经灌肠或服泻药后能排出大便。诊断：先天性巨结肠症。

问题：1. 消化道肌肉运动对食物的消化有何作用？

2. 正常人食物是如何消化和吸收的？

一、口腔内消化

消化过程从口腔开始。在口腔内食物被咀嚼而被磨碎，并伴随舌的搅拌，经与唾液充分混合，形成食团，通过吞咽经食管进入胃。虽然食物在口腔内停留时间短暂，只有15～20s，但通过食物对口腔的刺激可反射性引起胃肠活动增强和消化液分泌增加。

（一）口腔内化学性消化——唾液

唾液是口腔内三对大唾液腺，即腮腺、舌下腺、下颌下腺和口腔黏膜的小唾液腺分泌的混合液。健康成年人每日分泌唾液量为1～1.5L。

1. 唾液的成分及其作用　唾液是无色、无味、近于中性（pH 6.6～7.1）的低渗液体。其中水分约占99%，有机物和无机物仅占1%。唾液中的有机物主要包括唾液淀粉酶、溶菌酶、黏蛋白、球蛋白等，无机物包括 Na^+、K^+、Ca^{2+}、Cl^-、HCO_3^-等。

唾液的主要作用有：①湿润口腔和溶解食物，有利于咀嚼、吞咽和引起味觉。②清除口腔内食物残渣，起到清洁和保护口腔的作用。唾液不仅可以稀释、中和有害物质，其中的溶菌酶和免疫球蛋白还具有杀菌和杀病毒作用。③唾液淀粉酶可将淀粉分解成麦芽糖。④排泄功能。进入体内的铅、汞等物质可随唾液排出体外。

（考点：唾液成分和主要作用）

2．唾液分泌的调节　唾液分泌的调节属于反射性调节，包括非条件反射和条件反射。当进食时食物对口腔产生机械、化学和温度等刺激时引起唾液分泌属于非条件反射；而当食物的性状、颜色、气味、进食环境及有关语言等引起唾液分泌属于条件反射，如“望梅止渴”。

知识链接

“金津玉液”——唾液

德国某皮肤病医院，用乳牛的舌头舔患者皮肤，治疗神经性皮炎和头皮癣等。美国科恩博士研究发现这是因为唾液中有两种蛋白质：表皮生长因子（EGF）和神经生长因子（KGF）。前者能促进细胞增殖分化，具有加速皮肤和黏膜创伤的愈合、防止溃疡等作用；后者则具有促进神经生长的功能，把离断的神经“焊接”起来，使受伤的皮肤恢复感觉和运动功能。科恩为此荣获 1986 年度诺贝尔生理医学奖。

（二）口腔内机械性消化——咀嚼与吞咽

1．咀嚼　咀嚼是由咀嚼肌群协调而顺序收缩完成的复杂的反射性动作，这种对食物进行处理的咀嚼运动受大脑意识控制。咀嚼的作用在于：①切割和磨碎食物；②经舌的搅拌使食物与唾液充分混合形成食团，便于吞咽；③使食物与唾液淀粉酶充分混合，有利于淀粉的消化；④加强食物对口腔内各种感受器的刺激，反射性地引起胃液、胰液、胆汁的分泌，为食物的进一步消化做好准备。

2．吞咽　吞咽是指食物由口腔经过咽、食管进入胃的过程，这是一种复杂的、高度协调的神经反射性动作。根据食团在吞咽时所经过的部位，可将吞咽动作分为三个阶段（图 6-1）。

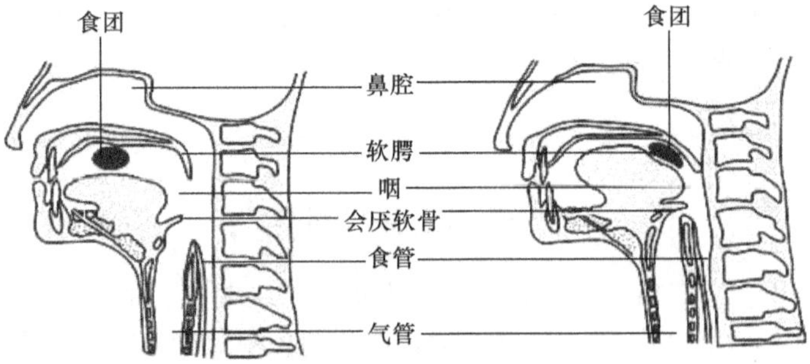

图 6-1　吞咽的过程

第一阶段：由口腔到咽。在此阶段，舌和下颌舌骨顺序收缩，把食团推向软腭至咽部，该过程受大脑皮质的随意控制。

第二阶段：由咽到食管上端。在此阶段，软腭上举、咽后壁前压，封闭鼻咽通道，喉头上升贴紧会厌，封闭气管开口，食管上口张开，咽与食管通道随即开放，食团即从咽被推入食管。

第三阶段：由食管下行至胃。在此阶段，食管蠕动将食团经贲门送入胃。食管的蠕动，即食管平滑肌顺序收缩，表现为食团上端的环形肌收缩形成收缩波，食团下端的环形肌舒张形成舒张波，收缩波和舒张波顺序进行，推送食团沿食管下行。与此同时，食团对食管壁产生刺激，反射性地引起食管下括约肌的舒张，以此把食团顺利送入胃中。

二、胃 内 消 化

胃具有暂时储存食物和初步消化食物的功能，是消化道内最膨大的部分，一般成年人胃容量为 1～2L。食物进入胃后受到胃液的化学性消化和胃壁肌肉的机械性消化后，蛋白质初步被分解，且食团形成食糜，然后逐渐地、分批进入十二指肠。

（一）胃的化学性消化——胃液

胃液是由胃腺（贲门腺、泌酸腺、幽门腺）和胃黏膜上皮细胞分泌的无色、强酸性液体，pH 为 0.9～1.5。正常成年人每日分泌 1.5～2.5L。胃液中除大量水分外，主要成分有盐酸、胃蛋白酶原、内因子和黏液。

1．盐酸　也称胃酸，由胃腺壁细胞分泌。胃液中盐酸包括大部分的游离酸和小部分与蛋白质结合的结合酸，两者在胃液中的总浓度称为胃液的总酸度。正常人空腹时盐酸排出量称为基础酸排出量，为 0～5mmol/h。在食物或某些药物等因素刺激下，盐酸排出量可高达 20～25mmol/h，其分泌量男性＞女性，50 岁后分泌量逐渐下降。

胃液中 H^+的最大浓度可达 150mmol/L，比血液中 H^+的浓度高 300 万～400 万倍，由此可见，壁细胞分泌 H^+是逆着巨大浓度差进行的，需要消耗大量能量，是一种主动分泌的过程。实际上，胃液中 H^+的分泌是靠细胞顶膜的质子泵，即 H^+，K^+-ATP 酶实现的。质子泵是一种镶嵌于膜内的转运蛋白，具有转运 H^+、K^+和水解 ATP 的功能，其每水解一分子 ATP 可驱使一个 H^+分泌到胃腔内，同时从胃腔内换回一个 K^+。已经证实，质子泵是各种因素引起胃酸分泌的最后通路，抑制质子泵的药物（如奥美拉唑）在临床上已广泛用于消化性溃疡的治疗。

盐酸的主要作用：①杀灭随食物进入胃内的细菌，对维持胃和小肠内的无菌状态有重要意义；②激活胃蛋白酶原，使其转变为胃蛋白酶，同时提供胃蛋白酶作用的适宜酸性环境；③促使食物中蛋白质变性，易于水解；④盐酸进入小肠后可促进钙、铁的吸收；⑤盐酸进入小肠后可促进胰液、胆汁和小肠液的分泌。

盐酸分泌不足或缺乏，可引起腹胀、腹泻等消化不良症状；盐酸分泌过多，则对胃和十二指肠有侵蚀作用，可诱发消化性溃疡。

2．胃蛋白酶原　主要由胃腺主细胞分泌，不具活性，进入胃腔后，在盐酸和已被激活的胃蛋白酶的作用下，转变为有活性的胃蛋白酶。胃蛋白酶可以水解食物中的蛋白质，生成𬞟、胨、少量多肽和氨基酸。胃蛋白酶的最适 pH 为 2.0～3.5，随着 pH 升高活性降低，当 pH＞5 时胃蛋白酶活性消失，当 pH＞6 时，活性丧失且不可逆。因此，临床上可用胃蛋白酶和稀盐酸合剂治疗胃酸分泌不足而导致的消化不良。

3．内因子　由胃腺壁细胞分泌，是一种糖蛋白。该糖蛋白有两个活性部位，一个部位可与进入胃腔内的维生素 B_{12}结合成复合物，保护其不被小肠内水解酶破坏；另一个部位则与回肠黏膜上皮细胞的受体结合，促进维生素 B_{12}的吸收。因此，当内因子缺乏时，维生素 B_{12}吸收存在障碍，影响红细胞生成，引起巨幼红细胞贫血。

4．黏液　由胃黏膜表面上皮细胞、胃腺的黏液细胞共同分泌，主要成分为糖蛋白。黏液具有黏滞性，可覆盖在胃黏膜表面，形成凝胶状的保护层，具有润滑作用，可减少粗糙食物对胃黏

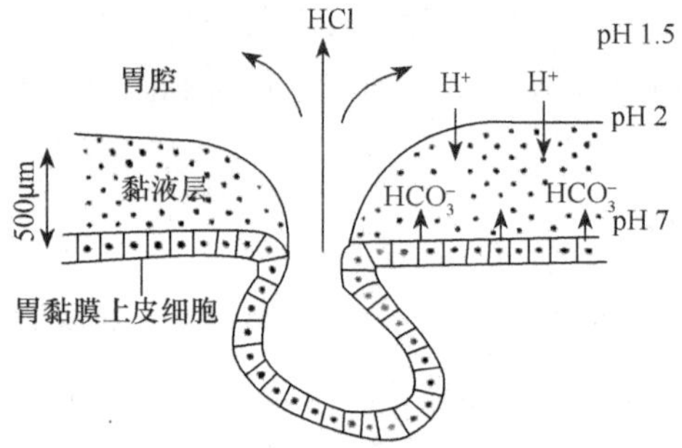

图 6-2 黏液-碳酸氢盐屏障

膜的机械性损伤。另外，黏液中还含有胃黏膜表面上皮细胞产生的 HCO_3^-，可与黏液一起共同构成黏液-碳酸氢盐屏障（图 6-2），起到有效阻挡 H^+向胃黏膜扩散的作用，保护胃黏膜免受强酸侵蚀。这是因为黏液的黏稠度为水的 30～260 倍，胃腔内的 H^+向胃壁扩散时，经过此黏液层时，其移动速度大大减慢，同时还将与 HCO_3^-相遇，两者在黏液层中发生中和作用，形成一个跨黏液层的 pH 梯度，即黏液层近胃腔侧的 pH 约 2.0，呈酸性；近胃黏膜上皮细胞侧的 pH 为 7.0，呈中性。这不但避免了 H^+对胃黏膜的直接侵蚀，而且使胃蛋白酶在此处失去活性，从而有效地保护胃黏膜免受胃液对自身的消化作用。

（考点：胃液成分及其作用）

（二）胃的机械性消化——胃的运动

胃内对食物的机械性消化是通过胃的运动实现的。胃不仅可以容纳食物，还能磨碎食物，使食物与胃液充分混合，形成食糜；除此之外，胃还具有泵的功能，以将食糜排入十二指肠，这些功能都与胃的运动形式有关。

1．胃的运动形式

（1）容受性舒张：人体在进食而进行咀嚼和吞咽时，食物刺激口、咽和食管等处的感受器，反射性引起胃壁平滑肌舒张，即为容受性舒张。这是胃所特有的运动形式。容受性舒张可使胃腔容量由空腹时的 50ml，增加到进食后的 1.5L。其生理意义是使胃能容纳大量食物，同时保持胃内压相对稳定。

（2）紧张性收缩：即胃壁平滑肌经常处于一定程度的缓慢且持续收缩状态，该运动形式是胃其他运动形式的基础。其生理意义在于维持胃的正常位置和形态，维持一定的胃内压，临床上出现的胃下垂或胃扩张，都与胃的紧张性收缩降低有关。

（3）蠕动：胃在食物进入后约 5 分钟开始蠕动。蠕动起始于胃的中部，有节律地向幽门方向推进，频率约为 3 次/分。通常一个蠕动波需 1 分钟左右到达幽门，且一波未平一波又起；另外，蠕动波在向幽门传播过程中，波的深度和速度都逐步增加，当接近幽门时，明显加强，可将一部分食糜排入十二指肠，这种作用被称为幽门泵。蠕动的生理意义是搅拌和磨碎食物，使食物与胃液充分混合形成食糜，以有利于化学性消化；推进食糜经过幽门进入十二指肠（图 6-3）。

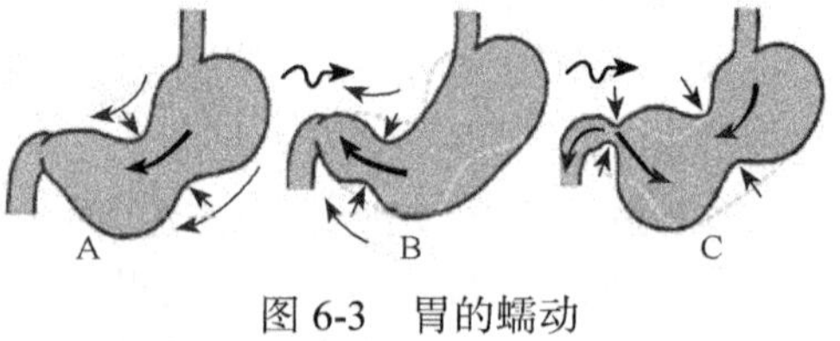

图 6-3 胃的蠕动

A．胃的蠕动起始于胃的中部，向幽门方向推进；
B．将食糜推入十二指肠；
C．将部分食糜反向推回到近侧胃窦或胃体

2．胃排空及其控制 食糜由胃排入十二指肠的过程称为胃排空。一般在食物进入胃后 5 分钟即有食糜被排入十二指肠。胃排空速度与食物的总量、理化性质和胃的运动情况有关。一般来说，流质或碎的小块食物排空较快；而黏稠或大块食物排空较慢。在三大类营养物质中，糖类排空最快，蛋白质次之，脂肪最慢。混合性食物完全排空通常需 4～6 小时。

胃排空受胃和十二指肠两方面因素的控制。一方面，胃内压升高是胃排空的动力。胃内容物增多，对胃壁产生机械性和化学性刺激，进而通过神经和体液因素的作用，使胃运动加强，胃内压升高，超过十二指肠内压时，幽门括约肌舒张，胃内食糜顺压力差进入十二指肠；另一方面，幽门和十二指肠的收缩是胃排空的阻力。食糜进入小肠后可刺激十二指肠壁上的感受器，反射性抑制胃的运动，使胃排空减慢，这种反射称为肠-胃反射。

（考点：胃排空概念）

3．呕吐　呕吐是将胃及十二指肠内容物经口腔强力驱出的一种反射性动作，其中枢位于延髓，与呼吸中枢、心血管中枢有密切联系，因而呕吐时常伴随呼吸急促、心跳加快及恶心、流涎等复杂反应。呕吐一般分为两类：一类是由外周感受器（消化系统、泌尿系统、腹膜、前庭器官、视觉器官上感受器）引起的反射性呕吐；另一类是由中枢病变导致颅内压升高（脑水肿、脑瘤等）或某些药物（例如阿扑吗啡、抗癌药等）直接刺激呕吐中枢或作用于中枢化学感受器引起的，称喷射状呕吐。

呕吐是一种具有保护性意义的防御反射行为，它可把胃内有害的物质排出以免对人体造成损害。因此，临床上常通过刺激舌根和咽部进行催吐或使用药物催吐，达到排出毒物的目的。但长期剧烈呕吐会影响进食和正常的消化活动，使大量消化液丢失，严重时造成体内水、电解质和酸碱平衡紊乱。

三、小肠内消化

食糜由胃进入十二指肠后即开始小肠内消化。小肠内消化是食物整个消化过程中最为重要的阶段，食糜在小肠内停留时间一般为 3～8 小时。期间，小肠运动对食糜进行机械性消化，胰液、胆汁和小肠液对食糜进行化学性消化。消化得到的许多营养物质也都在这里被吸收进入机体。食糜经过小肠后，消化和吸收过程基本完成，未被消化的食物残渣则进入大肠。

（一）小肠内的化学性消化——胰液、胆汁、小肠液

1．胰液　胰腺是参与食物消化过程中最重要的器官之一，它兼有外分泌和内分泌功能。胰腺的内分泌功能主要与糖代谢的调节有关，外分泌功能所分泌的消化液为胰液。胰液是由胰腺的腺泡细胞和小导管上皮细胞分泌的，具有很强的消化作用。正常成年人每日分泌量为 1～2L。

胰液是无色、无味的碱性液体，pH 为 7.8～8.4。胰液中的成分包括水、无机物和有机物。无机物主要包含碳酸氢盐，有机物则主要包含胰淀粉酶、胰脂肪酶、胰蛋白酶原和糜蛋白酶原等多种消化酶。各种胰酶是由胰腺的腺泡细胞分泌的，碳酸氢盐是由胰腺的小导管上皮细胞分泌的。

（1）碳酸氢盐：主要作用是中和进入十二指肠的胃酸，保护肠黏膜免受强酸侵蚀，同时为小肠内多种消化酶的作用提供适宜的碱性环境（pH 7～8）。

（2）胰淀粉酶：主要作用是水解淀粉，其水解效率很高，产物为糊精、麦芽糖。胰淀粉酶作用的最适 pH 为 6.7～7.0。

（3）胰脂肪酶：可将脂肪分解为甘油、脂肪酸和一酰甘油。它的最适 pH 为 7.5～8.5。目前认为，胰脂肪酶只有在胰腺分泌的另一种小分子蛋白质（辅脂酶）存在的条件下才能发挥作用。辅脂酶与胰脂肪酶形成一种高亲和度的复合物，牢固黏附在脂肪颗粒表面，以发挥其分解脂肪的作用。

（4）胰蛋白酶原和糜蛋白酶原：两者分别是胰蛋白酶和糜蛋白酶的酶原形式，均无活性。小肠液中的肠激活酶是激活胰蛋白酶原的特异性酶。在肠激酶的作用下，胰蛋白酶原转变为胰蛋白酶，胰蛋白酶又可通过正反馈自身激活胰蛋白酶原，同时它可将糜蛋白酶原激活为糜蛋白酶。胰蛋白酶和糜蛋白酶作用极为相似，都能分解蛋白质。两者单独作用时，都可将蛋白质分解为胨、

胨；两者协调作用时，可将蛋白质分解为小分子多肽和氨基酸。

正常情况下，胰液中的蛋白酶并不消化胰腺本身，因为除了胰蛋白酶以酶原形式分泌外，胰液中还有少量胰蛋白酶抑制物，它可与胰蛋白酶结合使之失活。但在病理情况下，如急性胰腺炎时，大量胰蛋白酶原被激活，少量胰蛋白酶抑制物很难抑制大量胰蛋白酶的活性，从而导致胰腺发生自身消化。

综上所述，胰液中含有水解三大营养物质的消化酶，因此是所有消化液中消化食物最全面、消化能力最强的消化液。当胰液分泌减少时，即使其他消化液分泌都正常，机体也将出现消化不良，尤其是脂肪和蛋白质不能被完全消化和吸收，从而出现胰性腹泻。

（考点：胰液成分及其作用）

2．胆汁　胆汁由肝细胞不断分泌形成。在非消化期，胆汁生成后主要经肝管、胆囊管流入胆囊储存，或经肝管、胆总管直接排入十二指肠。在消化期，胆囊收缩，胆汁排入十二指肠。

胆汁是一种苦味的液体，成年人每日分泌量为 0.8～1.0L。由肝细胞直接分泌的胆汁为金黄色，pH 约为 7.4；在胆囊中贮存过的胆汁因浓缩和碳酸氢盐的吸收呈深绿色，pH 约为 6.8。

（1）胆汁的成分：胆汁的成分较为复杂，除水和无机盐外，主要有胆盐、胆色素、胆固醇和卵磷脂等。正常情况下，胆汁中胆盐、胆固醇和卵磷脂的适当比例可以维持胆固醇成溶解状态。胆盐、卵磷脂合成减少或胆固醇过多，胆固醇便沉积在胆囊，容易造成胆结石。

（2）胆汁的作用：胆汁中不含消化酶，但对与脂肪的消化和吸收具有重要意义。

① 乳化脂肪：胆汁中的胆盐、胆固醇和卵磷脂等可作为乳化剂，降低脂肪的表面张力，使脂肪乳化成极小的脂肪微粒，从而增加脂肪酶的作用面积，有利于脂肪的消化。

② 促进脂肪吸收：胆盐能与不溶于水的脂肪分解产物结合成水溶性微胶粒，并将其运送到肠黏膜表面，促进吸收。

③ 促进脂溶性维生素的吸收：脂溶性维生素（维生素 K、维生素 D、维生素 E、维生素 A）可溶于水溶性微胶粒中，因此，胆汁在促进脂肪分解产物吸收的同时，对脂溶性维生素的吸收有促进作用。

④ 其他：胆汁在十二指肠中可中和一部分胃酸，胆盐在小肠内吸收后促进胆汁自身分泌，起到利胆作用。

（考点：胆汁成分及其作用）

3．小肠液　小肠液是由十二指肠腺和小肠腺分泌的弱碱性液体，pH 约为 7.6，成年人每日分泌量为 1～3L。

小肠液中除含有水和无机盐外，还有肠致活酶、黏蛋白等。其主要作用有：①保护作用。小肠液能中和进入十二指肠内的盐酸，保护十二指肠黏膜免受盐酸侵蚀。②稀释作用。大量小肠液可稀释消化产物，使其渗透压降低，有利于水和营养物质吸收。③消化作用。小肠液中的肠致活酶可激活胰蛋白酶原，促进蛋白质的消化；此外，小肠上皮细胞内还存在一些特殊的消化酶，如肽酶和多种寡糖酶，这些酶能对消化不完全的产物再继续进行消化。

（考点：小肠液成分及其作用）

（二）小肠内的机械性消化——小肠的运动

小肠的运动主要依靠小肠壁的两层平滑肌，即外层的纵行肌和内层的环形肌来完成。其生理意义是进一步研磨、搅拌和混合食糜，增强食糜与小肠黏膜的接触，促进食糜的消化和营养物质的吸收，推送食糜向大肠方向移动。小肠的运动形式及其作用包括以下三种。

1．紧张性收缩　小肠平滑肌经常处于一种微弱的收缩状态，称为紧张性收缩。紧张性收缩能使小肠保持其基本形状和位置，维持肠腔内一定的压力，它也是小肠进行其他形式运动的基础。当小肠紧张性降低时，肠内容物的混合和推送减慢；相反，当小肠紧张性升高时，肠内容物在肠腔内混合和推进加速。

2. 分节运动　分节运动是一种以小肠壁环形肌的收缩和舒张为主的节律性运动，它是小肠特有的运动形式（图 6-4）。在食糜所在的肠管处，环形肌在许多点同时收缩，把食糜分割成许多节段。随后，原来收缩处舒张，而原来舒张处收缩，使原来的节段分为两半，而相邻的两半则合并形成一个新的节段，如此反复进行，食糜得以不断分开。其生理意义在于：①便于进行化学性消化；②增加食糜与肠黏膜的紧密接触，利于吸收；③挤压肠壁，促进血液和淋巴液回流。

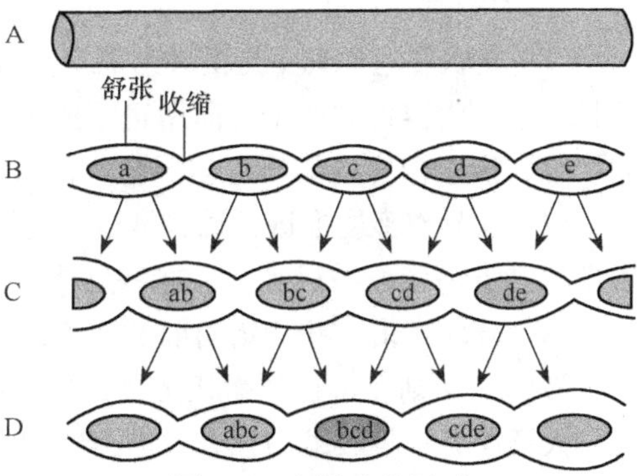

图 6-4　小肠分节运动

这种分节运动在空腹时几乎不存在，在进食后，分节运动逐渐增强。小肠各段分节运动的频率不同，上段频率较高，下段较低。成年人十二指肠分节运动的频率约为 11 次/分，回肠末端约为 8 次/分。

3. 蠕动　蠕动是一种环形肌和纵行肌共同参与完成的将食糜向大肠方向推进的波形运动。蠕动可始于小肠任何部位，其速度为每分钟 0.5～2.0cm，蠕动波很弱，通常只行进 10cm 多后即消失。当吞咽和食糜进入十二指肠时还可以引起一种速度很快、传播距离较远的蠕动，称为蠕动冲，它可将食糜从小肠始端迅速推送到小肠末端，甚至大肠。

小肠蠕动时，肠管内气体和液体随之流动，产生一种持续的气过水声，称为肠鸣音。正常情况下，肠鸣音每分钟 4～5 次。肠蠕动亢进时，肠鸣音增强；肠麻痹时肠鸣音减弱或消失，故临床上可根据肠鸣音的强弱来判断肠管的活动情况。

四、大肠内消化

人体大肠没有重要的消化活动，其主要功能在于吸收水分、无机盐和某些维生素，暂时储存食物残渣，形成粪便排出体外。

（一）大肠液

大肠液由大肠黏膜表面的柱状上皮细胞及杯状细胞分泌，是一种碱性而黏稠的液体，pH 为 8.3～8.4。大肠液的主要成分是黏液和碳酸氢盐，其主要作用是保护肠黏膜和润滑粪便。

（二）大肠内细菌的作用

大肠内的细菌来自空气和食物，占粪便固体总量的 20%～30%。由于结肠内容物移动缓慢，以及大肠内的 pH 和温度等为细菌的繁殖创造了有利条件，细菌便在此大量繁殖。细菌中含有的酶能对食物残渣进行分解：细菌对糖和脂肪的分解称为发酵，其产物有乳酸、醋酸、CO_2、甲烷和脂肪酸等；细菌对蛋白质的分解称为腐败，其产物有氨基酸、氨、硫化氢、组胺和吲哚等。这些产物在正常情况下由于吸收较少，经肝解毒后，对人体无明显不良影响。但消化不良或便秘时，一些有害物质的产生和吸收增多，严重时可危害人体。

大肠内细菌还能利用简单的物质合成维生素 B 复合物和维生素 K，经肠壁吸收后被机体所利用。若长期使用光谱抗生素，可抑制或杀死结肠内大量细菌，则会导致维生素 B 和维生素 K 的缺乏。

（三）大肠运动形式和排便

相较小肠来说，大肠运动少而慢，对刺激的反应较为迟缓，该特点有利于大肠吸收水分和储存粪便。

1. 大肠运动形式

（1）袋状往返运动：是由环形肌不规律收缩所引起的运动形式，常见于空腹时。这种运动使结肠袋中的内容物向两个方向做短距离位移，但并不向前推进。其功能是将肠内容物与肠黏膜充分接触，便于内容物的研磨与混合，促进水和电解质的吸收。

（2）分节或多袋推进运动：是指一个结肠袋或一段结肠的环形肌有规则的收缩，把内容物缓慢推进到下一肠段的运动。人在餐后或副交感神经兴奋时这种运动形式增强。

（3）蠕动：由一些稳定向前的收缩波所组成，收缩波前方的平滑肌舒张，且往往充有气体；收缩波的后面则保持在收缩状态，使这段肠管闭合并排空。

大肠还有一种收缩力强、行进速度快而推进距离远的蠕动，称为集团蠕动。它通常开始于横结肠，可将部分大肠内容物送至降结肠或乙状结肠。集团蠕动每日 1～3 次，常发生在进食后，多见于早餐后 1 小时以内，属于生理现象，在儿童较明显。

2. 排便　食物残渣在大肠内停留 10 小时以上，在这一过程中，大部分水、无机盐和维生素被大肠黏膜吸收，其余部分在大肠内细菌的发酵和腐败作用下形成粪便。粪便中除食物残渣外，还包括脱落的肠上皮细胞和大量细菌。此外，粪便中还包含机体的一些代谢产物，例如由肝脏排出的胆色素衍生物，以及由血液通过肠壁排至肠腔中的某些重金属，如铅、汞等的盐类。

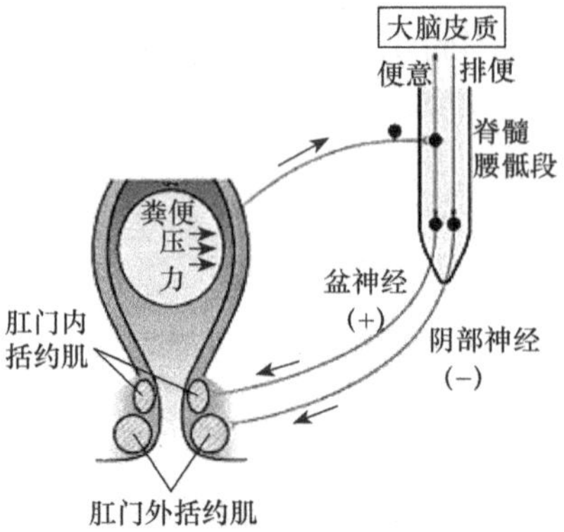

图 6-5　排便反射

排便是一种反射活动。通常直肠内没有粪便，当大肠蠕动将粪便推入直肠后，直肠内压力升高，刺激直肠壁的感受器，冲动沿盆神经和腹下神经传至脊髓腰骶段的初级排便中枢，同时上传至大脑皮质的高级中枢，产生便意。如果外界条件许可，大脑皮质的下行冲动可兴奋初级排便中枢，通过盆神经使降结肠、乙状结肠和直肠平滑肌收缩，肛门内括约肌舒张，同时抑制阴部神经使其传出冲动减少，肛门外括约肌舒张，粪便排出体外（图 6-5）。如果条件不允许，大脑皮质则抑制初级排便中枢的活动，暂时控制排便。

临床上，如腰骶部排便初级中枢或排便反射受损，直肠有粪便不能排出，称为大便潴留；如脊髓横断，初级排便中枢和高级中枢的联系发生障碍，使大脑皮质失去对排便反射的控制，一旦直肠充盈便可排便，出现大便失禁。

第 2 节　吸　收

案例 6-2　患者，女性，34 岁，因“解黑便伴头晕、乏力 1 个月余”入院。主要症状为黑便、贫血。外院胃镜、肠镜无明显异常，大便隐血强阳性。入院后行 B 超、全消化道钡餐检查无明显异常。行小肠镜示十二指肠屈氏韧带下 30～60cm 见一大小约 3cm×3cm×3cm 肿物，表面不平，有溃疡形成。镜下取病理结果示空肠上段间质瘤。

问题：1. 想一想为什么小肠病变会导致贫血、头晕的症状？

2. 说一说小肠在吸收方面的重要作用。

消化道内的吸收是指食物本身的成分和其消化后的产物通过上皮细胞进入血液和淋巴的过程。消化是吸收的重要前提，吸收又为机体提供了必需的营养物质，因而具有重要的生理意义。

一、吸收的部位

由于消化道各段的结构、食物的消化程度和停留时间各部相同，因此，消化道不同部位的吸收能力和吸收速度相差很大（图 6-6）。

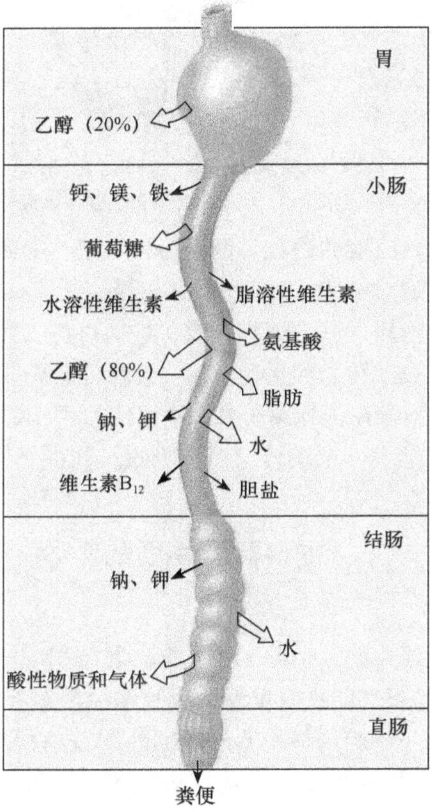

图 6-6　不同营养物质在消化道中吸收部位

口腔吸收能力很小，仅吸收硝酸甘油等少量药物；食管基本无吸收能力；胃的吸收能力也很小，仅可吸收乙醇和少量水分；小肠是吸收的主要部位，糖类、蛋白质和脂肪的消化产物大部分在十二指肠和空肠内被吸收，回肠有其独特的功能，即主动吸收胆盐和维生素 B_{12}。对于大部分营养成分，当它们到达回肠时，通常已被吸收完毕；大肠则主要吸收食物残渣中剩余的水分和盐类。

小肠之所以是吸收的主要部位，是因为：①小肠吸收面积大，人体小肠长度可达 3～7m，小肠黏膜有许多环形皱襞，皱襞上有大量绒毛，绒毛表面的柱状上皮细胞还有许多微绒毛。环形皱襞、绒毛和微绒毛的存在，使小肠黏膜的吸收面积比同样长度的单圆柱面积增加 600 倍，可达 200～250m^2（图 6-7）。②食物在小肠内已被充分消化成可以吸收的小分子物质。③食物小肠内停留时间较长，一般为 3～8 小时。④小肠绒毛内有丰富的毛细血管、毛细淋巴管，还有平滑肌和神经纤维，平滑肌的舒缩可使绒毛有节律地伸缩和摆动，可促进血液和淋巴液的回流，有利于吸收。

（考点：小肠在吸收中的重要地位）

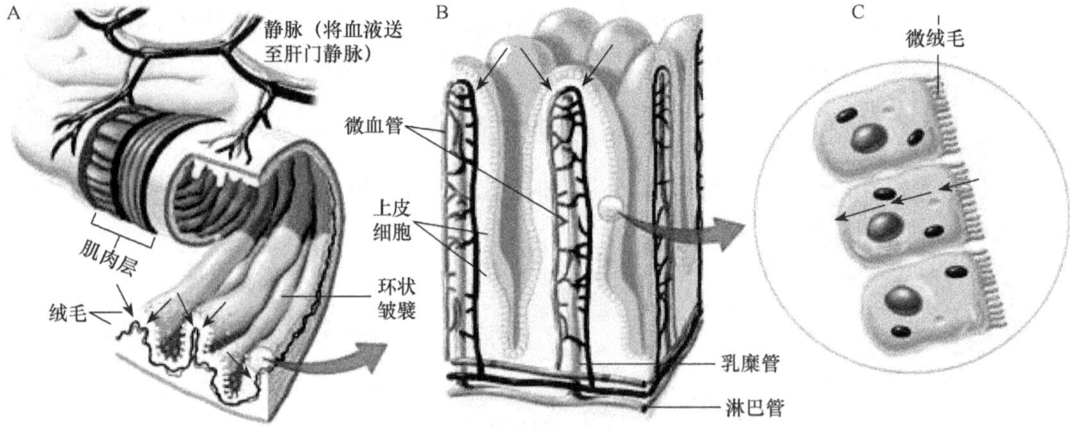

图 6-7 小肠黏膜皱襞、绒毛和微绒毛

A. 环状皱襞；B. 绒毛；C. 上皮细胞与微绒毛

营养物质和水进入血液和淋巴液的途径有两条：一条是"跨细胞途径"，即通过绒毛柱状上皮细胞的腔面膜进入细胞，再通过细胞基底膜进入血液或淋巴液；另一条是"旁细胞途径"，即肠内容物通过细胞间隙的紧密连接，进入细胞间隙，进而再进入血液和淋巴液。在两条途径中，营养物质的吸收机制又被分为被动转运和主动转运。被动转运扩散的量非常有限，而主动转运则依赖离子泵，小肠黏膜上皮细胞存在多种离子泵，不仅使 Na^+、K^+等被主动吸收，还可使其他物质（如葡萄糖、氨基酸）发生继发性主动转运而被吸收。其中，钠泵的作用最为重要。

（考点：营养物质的吸收方式和途径）

二、主要营养物质的吸收

（一）糖的吸收

食物中的糖类包括单糖（葡萄糖、果糖、半乳糖、甘露糖）、双糖（蔗糖、乳糖、麦芽糖）和多糖（糖原、淀粉）。小肠黏膜仅能吸收单糖，吸收途径是血液。各种单糖被吸收的速率差异很大，葡萄糖最快，且葡萄糖是肠腔内最主要的单糖，约占总量的 80%。

葡萄糖的吸收方式属于继发性主动转运，其能量来自 Na^+泵的活动。小肠黏膜上皮细胞的侧膜上存在钠泵，而小肠上皮刷状缘上存在转运葡萄糖的转运体。当钠泵转运时，造成细胞膜外即肠腔内 Na^+的高势能，则 Na^+顺浓度差进入细胞且释放能量，这些能量可用于葡萄糖分子逆浓度差进入细胞。随细胞内葡萄糖浓度的升高，葡萄糖通过上皮细胞基底膜上的载体，顺浓度差扩散进入细胞间液而后被吸收入血液。与此同时，进入细胞内的 Na^+，被细胞侧膜上的 Na^+泵转运到细胞外（图 6-8）。

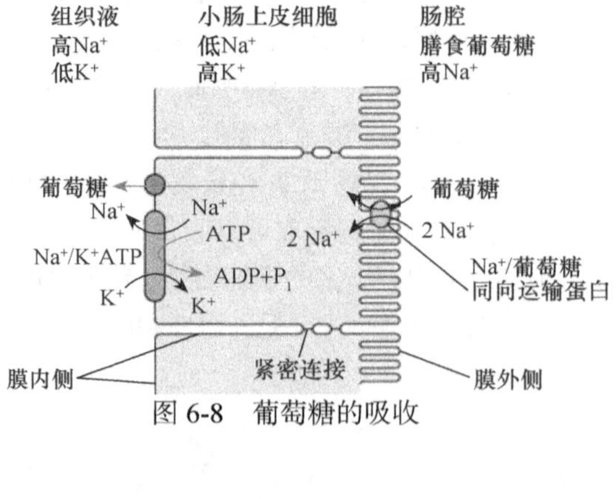

图 6-8 葡萄糖的吸收

（二）蛋白质的吸收

食物中的蛋白质经消化分解为氨基酸后才能被吸收，吸收途径是直接进入血液，吸收部位主要集中在小肠上段。其吸收机制与单糖吸收相似，也是继发性主动转运。

某些情况下，少量的食物蛋白可完整地进入血液。由于吸收量很少，从营养的角度来看是无意义的；但它们可作为抗原来刺激机体引起过敏反应或中毒反应，例如有些人对鱼虾过敏。还有一种情况，蛋白质也可完整进入血液，如母初乳中含有的免疫球蛋白抗体，被婴儿完整地吸收进入血液，从而提高婴儿对病原体的免疫力。

（三）脂肪的吸收

脂肪的消化产物为甘油、脂肪酸和一酰甘油等，它们均可被小肠黏膜上皮细胞吸收。吸收途径以淋巴为主。首先，胆盐与脂肪消化产物形成混合微胶粒，靠胆盐的亲水性通过小肠绒毛表面的静水层到达微绒毛刷状缘，在此一酰甘油、脂肪酸逐渐从混合微胶粒中释放出来，且通过单纯扩散进入上皮细胞，而胆盐则遗留在肠腔中继续发挥它的作用。

一酰甘油、脂肪酸进入细胞后，随后的吸收途径取决于脂肪酸分子的大小：低于 12 个碳原子的短链脂肪酸可直接从细胞内扩散到组织间液中，再扩散进入血液；而长链脂肪酸则再被酯化成三酰甘油，与细胞生成的载脂蛋白结合，形成乳糜微粒进入淋巴系统，最后进入血液，运送到身体各个组织（图 6-9）。

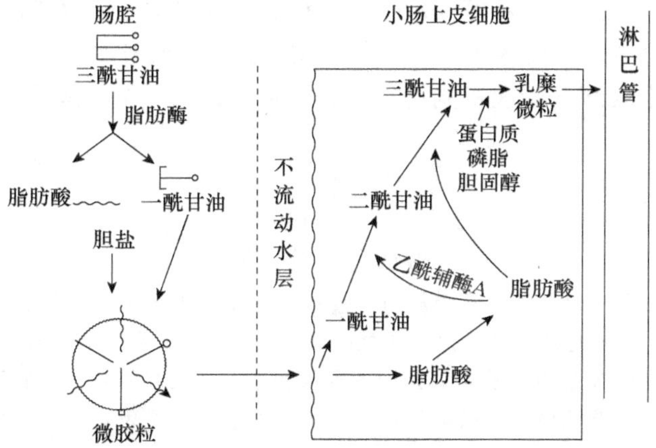

图 6-9 脂肪的吸收

虽然，脂肪吸收有血液和淋巴两种途径，但因为普通膳食中只有牛奶的脂类是富含短链脂肪酸的，其余的动、植物油多含 15 个以上碳原子的长链脂肪酸，所以脂肪的吸收途径主要以淋巴为主。

（四）无机盐的吸收

一般来讲，单价碱性盐类如钠、铵盐的吸收很快，多价碱性盐类如镁、钙、铁盐等则吸收很慢。凡与钙盐结合形成沉淀的盐如硫酸钙、磷酸钙等不能被吸收。

1. 钠的吸收　成年人每日摄入的 Na^+为 250～300mmol，而消化道分泌的 Na^+数量也几乎是这么多，但从粪便中排出的 Na^+不足 4mmol，这说明肠内容物中 95%～99%的 Na^+被吸收入血了。

Na^+的吸收是主动的，吸收部位主要在空肠。吸收的原动力来自肠黏膜上皮细胞基底侧膜上的钠泵，钠泵是一种 Na^+-K^+依赖性 ATP 酶，它可使 ATP 分解产生能量，以维持钠和钾逆浓度的转运。钠的吸收可为葡萄糖、氨基酸和水的吸收提供动力。

2．铁的吸收　人每日吸收的铁约 1mg，仅为摄入量的 10%左右。其吸收量的多少与人体对铁的需求量有关，如孕妇、儿童和急性失血者对铁的需求量较大，吸收量也相应增加。

铁的吸收是主动过程，吸收的主要部位在十二指肠和空肠。食物中的铁大部分是 Fe^{3+}，不易被吸收，只有被维生素 C 还原成才能被吸收 Fe^{2+}，故能维生素 C 促进铁的吸收。另外，铁在酸性环境中易于溶解，故胃酸有利于铁的吸收。胃大部切除术后患者以及萎缩性胃炎患者，由于胃酸缺乏，影响铁的吸收可导致缺铁性贫血。

3．钙的吸收　人体从食物中摄取的钙仅有一小部分被吸收，大部分随粪便排出。钙的吸收是主动过程，吸收的主要部位在十二指肠。维生素 D 能促进小肠对钙的吸收，盐酸、脂肪酸等也可促进钙的吸收，氯化钙、葡萄糖酸钙等可溶性钙更易被吸收。而食物中的草酸与钙结合形成不溶解的钙盐，可妨碍钙的吸收。

（五）水的吸收

成年人每日摄入水 1～2L，由消化腺分泌的液体可达 6～8L，因此每日吸收水约 8L。水的吸收是被动的，主要依靠溶质吸收产生的渗透压作用来完成，即依靠各种溶质特别是氯化钠吸收后产生的渗透压梯度。严重呕吐、腹泻可使人体丢失大量水分和电解质，从而导致人体脱水和电解质平衡紊乱。

（六）维生素的吸收

维生素分为脂溶性维生素和水溶性维生素。水溶性维生素主要以扩散的方式在小肠上段被吸收，其中，维生素 B_{12} 须与内因子结合成复合物才能在回肠被吸收。脂溶性维生素 A、维生素 D、维生素 K、维生素 E 的吸收机制与脂肪吸收相似，必须与胆盐结合形成水溶性复合物才能被吸收。

知识链接

吸收不良综合征

吸收不良综合征是一种由小肠对营养物质吸收受到障碍所引起的综合征，临床分为原发性和继发性两类。原发性吸收不良综合征是因小肠黏膜具有某种缺陷，影响物质吸收和脂肪酸在细胞内的再酯化引起的。继发性吸收不良综合征见于多种因素造成的消化不良或吸收障碍，主要因素有肝、胆、胰疾病导致的胭盐及胰消化酶的缺乏；胃大部切除术后、短肠综合征、消化道 pH 的改变及小肠疾病等。

第 3 节　消化器官活动的调节

案例 6-3　琳琳，女，16 岁。紧张备考一所重点高中的前一周，突然腹泻，且时不时腹痛，由每日腹泻 2～3 次增加到了每日 6～7 次，吃了几天止泻药也没见效。父母送其去医院检查，接诊医生仔细询问了琳琳的病情，并做了一系列的检查，最后给出的诊断是“紧张性腹泻”。

问题：1．想一想为什么琳琳一紧张就会腹泻？

2．试分析神经系统对消化器官的调节。

人体各消化器官具有不同结构和功能特点，它们密切配合、协调一致进行活动，并与消化系统整体功能相适应，共同完成消化食物和吸收营养物质的目的，同时，消化系统的功能始终和人体其他系统如循环、呼吸等的功能协调一致。这些功能活动都是在神经和体液因素的共同调节下实现的。

一、神经调节

神经系统对消化器官活动的调节，是通过外来神经系统和内在神经系统双重作用共同完成的。外来神经系统包括交感神经和副交感神经，消化器官中除口腔、咽、食管上段及肛门外括约肌为骨骼肌受躯体神经支配外，其他部位均受交感神经和副交感神经的双重支配，其中副交感神经的影响较大；内在神经系统由存在于消化管壁内壁内神经丛构成。外来神经系统和内在神经系统相互协调、共同完成消化器官活动的反射性调节，以维持肠胃功能的作用和稳定。

（一）消化器官的神经支配及作用

1. 交感神经及其作用　交感神经起自脊髓胸腰段侧角，在腹腔神经节，肠系膜上、下神经节换元后，节后纤维分布至唾液腺、胃、小肠、结肠、肝、胆囊和胰腺。情绪紧张、焦虑、剧烈运动等状态下，交感神经兴奋，节后纤维末梢释放去甲肾上腺素（NA），使胃肠运动减弱，消化腺分泌减少，胃肠括约肌收缩。交感神经兴奋可抑制消化活动（图 6-10）。

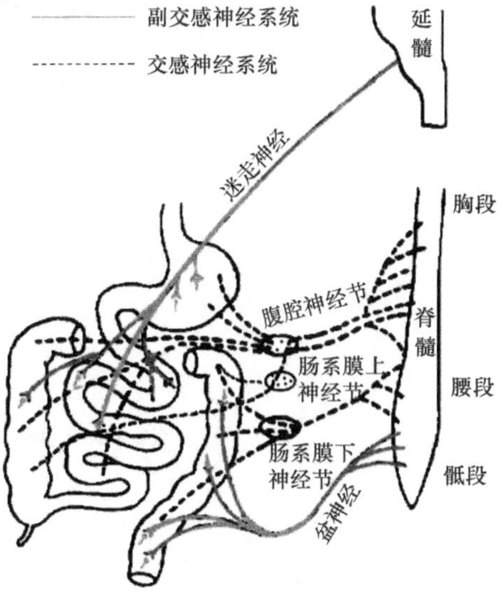

图 6-10　胃肠的神经支配

2. 副交感神经及其作用　支配消化器官的副交感神经主要有迷走神经和盆神经。迷走神经发自延髓的迷走神经背核，支配食管下段、胃、小肠、结肠右 2/3 段及肝、胆、胰；盆神经起自脊髓骶段，支配远端结肠和直肠。副交感神经的节前纤维在消化器官旁神经节或壁内神经丛的神经节换元，其节后纤维支配消化道平滑肌和腺体。机体在安静状态下，副交感神经兴奋，节后纤维末梢释放乙酰胆碱（ACh），使胃肠运动增强，腺体分泌增多，胃肠括约肌舒张。副交感神经兴奋可促进消化活动（图 6-10）。

（考点：交感神经和副交感神经对消化活动的作用）

3. 壁内神经丛及其作用　壁内神经丛在消化系统中存在于从食管中段起至肛门止的消化管壁内，包括位于纵行肌和环形肌之间的肌间神经丛（欧氏神经丛）和位于黏膜下层的黏膜下神经丛（麦氏神经丛）两类，它们包括大量神经元及神经纤维。壁内神经丛内有感觉神经元、运动神经元和中间神经元，它们与进入消化壁的交感神经和副交感神经纤维联系，将胃肠壁内的各种感受器和效应器连接起来，形成复的神经网络，可独立完成调节消化腺分泌、消化道运动及血管舒缩的局部反射，不需要中枢参与。但在整体内，壁内神经丛的活动也受交感神经和副交感神经的调节（图 6-11，图 6-12）。

（二）消化器官活动的反射性调节

神经系统对消化器官活动进行调节的方式是反射，包括非条件反射和条件反射。

1. 非条件反射　非条件反射是由食物直接刺激消化管壁的机械或化学感受器，反射性地引起消化器官的功能变化。

当食物进入口腔后，引起口腔黏膜和舌的感受器兴奋，反射性地引起唾液分泌，同时也引起胃液、胰液、胆汁等消化液分泌的增加，使胃容受性舒张，为食物进行胃肠内的消化创造条件。食物进入胃后同样对胃产生机械性刺激和化学性刺激，引起胃液分泌。食糜对胃的扩张刺激，可兴奋胃体和胃底的感受器，通过迷走-迷走反射和壁内神经丛反射引起胃的运动增强，以及胃液、

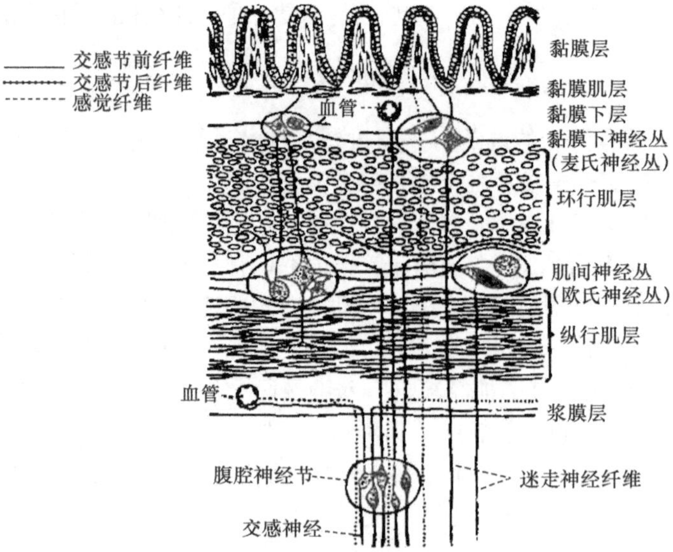

图 6-11　胃肠壁内神经丛及其与外来神经丛的联系

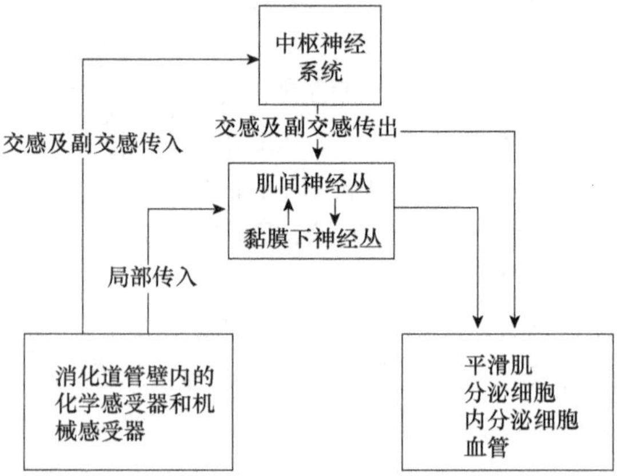

图 6-12　消化系统自主神经和壁内神经丛调节

胰液和胆汁的分泌。

2．条件反射　在非条件反射的基础上，食物的形状、颜色、气味，以及进食的环境和有关语言、文字等均可成为条件刺激，分别作用于嗅、视、听等感受器，反射性引起消化管活动和消化腺分泌的改变，即条件反射。例如，大家熟知的“望梅止渴”就是条件反射的典型例子。

条件刺激并不直接作用于消化器官的相应感受器，而是通过刺激消化器官以外的相应感官，并传入神经兴奋延髓、下丘脑、边缘系统直至大脑皮质，最终兴奋管理消化腺的延髓迷走中枢，再经其传出的迷走神经，引起唾液、胃液、胰液、胆汁等消化液分泌增加。条件反射的这种作用使机体的消化活动更好地适应环境变化。

二、体 液 调 节

消化器官的活动除了受神经调节外，还受体液调节。调节消化功能的体液主要来自于消化道，因此消化道也是体内最大、最复杂的内分泌器官。目前已知，在胃肠道黏膜内分布着 40 余种内分泌细胞，其总量超过体内所有内分泌腺细胞的总和。

（一）胃肠激素

由消化道内散在分布的内分泌细胞合成和释放的激素，统称为胃肠激素。目前确认的对消化器官功能影响较大的胃肠激素主要有促胃液素、促胰液素、缩胆囊素、抑胃肽和胃动素等（表 6-1）。

表 6-1　五种胃肠激素的分泌部位和主要生理作用

激素名称	分泌部位	主要生理作用	引起释放的因素
促胃液素（胃泌素）	胃窦、十二指肠黏膜	促进胃肠运动、黏膜生长，促进胃液（以 HCl 为主）、胰液和胆汁分泌	迷走神经、蛋白质消化产物
促胰液素（胰泌素）	十二指肠、空肠黏膜	促进胰液中 HCO_3^- 和水的分泌，抑制胃液分泌和胃肠运动	盐酸、脂肪酸
缩胆囊素（促胰酶素）	十二指肠、空肠黏膜	促进胰酶分泌，促进胆囊收缩和胆汁排放，促进小肠运动，促进胰腺外分泌组织生长	蛋白质的消化产物、脂肪酶
抑胃肽	十二指肠、空肠黏膜	抑制胃液分泌和胃的运动，促进胰岛素分泌	脂肪酸、葡萄糖、氨基酸
胃动素	胃、小肠、结肠黏膜	在消化间期刺激胃和小肠的运动	迷走神经、盐酸、脂肪

胃肠激素的主要生理作用：①调节消化腺的分泌和消化道的运动；②调节其他激素释放，如生长抑素可抑制胰岛素、促胃液素等激素的释放；③营养作用。某些胃肠激素能刺激消化道组织的代谢和促进生长，如促胃液素能促进胃泌酸部位黏膜的生长，促进十二指肠黏膜的蛋白质、RNA 和 DNA 的合成。

（考点：促胃液素、促胰液素、缩胆囊素和抑胃肽的主要作用）

（二）其他体液调节

胃体和胃底的黏膜内含有大量由肥大细胞产生的组胺。组胺与壁细胞膜上的组胺Ⅱ型受体结合，促进胃酸的分泌。此外，组胺还能提高壁细胞对乙酰胆碱和促胃液素的敏感性，加强胃酸分泌。组胺Ⅱ型受体阻断剂西咪替丁可阻断组胺与壁细胞上组胺Ⅱ型受体的结合，减少胃酸分泌，同时降低壁细胞对乙酰胆碱和胃液素的敏感性，使胃酸分泌大大减少。因此，临床上常用西咪替丁治疗溃疡病。

自测题

A_1/A_2 型题

1．营养物质吸收最主要的部位是（　　）

A．食管　　B．口腔

C．胃　　D．小肠

E．大肠

2．关于葡萄糖吸收的描述，错误的是（　　）

A．小肠黏膜仅能吸收单糖，吸收的途径是血液

B．有些成年人因小肠中乳糖酶的活性显著降低，所以饮牛奶后，会产生腹胀和腹泻

C．小肠上皮刷状缘上存在转运葡萄糖的转运体

D．葡萄糖的吸收有赖于 Na^+ 的主动转运

E．小肠黏膜上皮细胞的侧膜上存在葡萄糖转运体

3．关于脂肪吸收的描述正确的是（　　）

A．脂肪酸、一酰甘油、甘油及胆固醇均可被小肠黏膜上皮细胞吸收

B．进入细胞内的脂肪酸、一酰甘油等随后的去路取决于脂肪酸分子的大小

C．脂肪的吸收途径主要以淋巴为主

D．脂肪吸收有血液和淋巴两种途径

E．以上均是

4. 关于促胃液素，不正确的是（　　）
A. 促进胆汁分泌
B. 促进胰液分泌
C. 促进胃运动
D. 分泌部位在胃底和十二指肠
E. 促进胃液分泌

5. 副交感神经的作用是（　　）
A. 节后纤维释放乙酰胆碱
B. 节后纤维释放去甲肾上腺素
C. 兴奋时胃肠括约肌收缩
D. 消化腺分泌减少
E. 胃肠蠕动减弱

6. 胃肠激素所不具有的共同作用是（　　）
A. 调节消化道运动
B. 调节消化液分泌
C. 调节胃排空
D. 调节其他内分泌激素分泌
E. 对消化道组织有营养作用

7. 引起胃酸分泌的内源性物质是（　　）
A. 肾上腺素　　B. 去甲肾上腺
C. 乙酰胆碱　　D. 促胰液素
E. 前列腺素

8. 消化道最重要的消化液是（　　）
A. 唾液　　B. 胃液
C. 胰液　　D. 胆汁
E. 小肠液

9. 男性，42 岁，胃大部分切除术后，出现严重贫血，表现为外周巨幼红细胞增多，其主要原因是下列哪种物质减少（　　）
A. 盐酸　　B. 黏液
C. 胃蛋白酶原　　D. HCO_3^-
E. 内因子

10. 女性，32 岁，体形较胖，有胆囊炎病史，患者夜间右上腹持续性疼痛、阵发性加剧，向右肩背放射；胆囊区腹肌紧张、明显压痛、反跳痛。患者进晚餐时吃了以下食物，考虑是哪种食物引起的腹痛（　　）
A. 水果　　B. 蔬菜
C. 米饭　　D. 馒头
E. 油煎鸡蛋

11. 胃黏膜处于高酸和胃蛋白酶的环境中，却并不被消化，是由于存在着自我保护机制，称为（　　）
A. 黏液屏障
B. 碳酸氢盐屏障
C. 黏液-碳酸氢盐屏障
D. 黏液细胞保护
E. 黏液凝胶层保护

（孙　宁）

第7章

能量代谢和体温

第1节 能量代谢

新陈代谢是生命活动最基本的特征，包括物质代谢和能量代谢。在物质的合成与分解过程中，必然伴有能量的消耗和生成。通常将生物体内物质代谢过程中所伴随的能量的释放、转移、储存和利用，称为能量代谢（energy metabolism）。

（考点：能量代谢的概念）

一、能量的来源和利用

（一）能量的来源

机体所需的能量主要来自于食物中的糖类、脂肪和蛋白质的氧化分解。糖类是主要的供能物质，机体60%～70%的能量来自于糖类，脑组织所需的能量主要来自于糖类的有氧氧化，因此，当缺氧或低血糖时，脑功能活动障碍，出现头晕等症状，严重时可发生抽搐甚至昏迷。脂肪是重要的储能物质，可提供机体所需能量的30%～40%。蛋白质只有在某些特殊情况下，如长期饥饿或极度消耗时，才分解供能，以维持基本的生理功能。

（考点：能量的来源）

（二）能量的利用

能源物质在体内经氧化分解释放的能量，约有50%转化为热能，用于维持体温，其余部分以化学能的形式储存在三磷酸腺苷（ATP）的高能磷酸键中。当机体需要完成各种生命活动，如合成代谢、神经传导、肌肉收缩等时，高能磷酸键断裂，ATP水解为二磷酸腺苷（ADP）和磷酸，同时释放能量供组织细胞利用。因此，ATP是体内重要的储能和直接的供能物质。此外，ATP可将过剩的能量转移给肌酸，合成磷酸肌酸（CP）以储能。当能量消耗增加时，CP将储存的能量快速转给ADP生成ATP，以补充ATP的消耗（图7-1）。

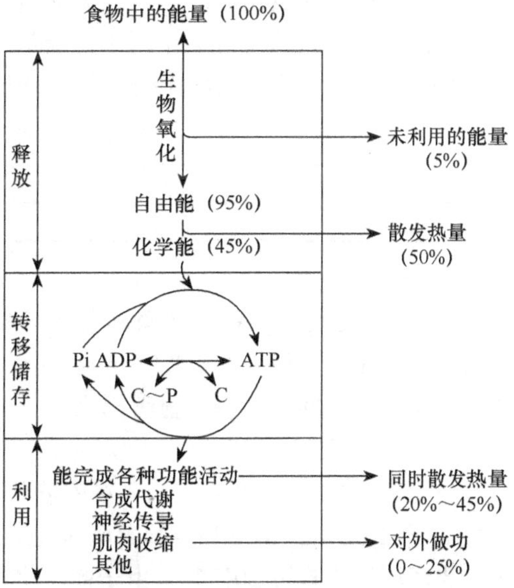

图7-1 体内能量的释放、转移、储存和利用

C. 肌酸；Pi. 无机磷酸；CP. 磷酸肌酸

知识链接

肥　胖

机体能量代谢的最佳状态是摄入的能量和消耗的能量基本相等，达到动态平衡，此时体重基本保持不变。若摄入的能量少于消耗的能量，机体会动用自身储备的能源物质，体重减轻，能量代谢达到负平衡；若摄入的能量超过消耗的能量，引起能量的正平衡，多余的能量转变为脂肪在体内蓄积，体重增加，导致肥胖。

肥胖与糖尿病、心血管疾病、某些癌症的发生有着密切的关系。通常以体质指数(body mass index, BMI)，即体重（kg）除以身高（m）的平方，作为评定肥胖程度的指标，主要反映全身性超重和肥胖。在我国，BMI≥24 为超重，BMI≥28 为肥胖。

（三）能量代谢的表示方法

机体的能量代谢遵循能量守恒定律，若不对外做功，体内能源物质氧化所释放的能量最终都将转化为热能，并散发体外。因此，测定机体安静状态下在单位时间内的产热量，即可获得能量代谢率，通常以单位时间内每平方米体表面积的产热量为单位，即 kJ/（m^2·h）或 kJ/（m^2·min）来表示。

二、影响能量代谢的因素

机体的能量代谢会受各种因素的影响而经常发生变化。主要影响因素有以下四种。

（一）肌肉活动

肌肉活动对能量代谢的影响最为显著。机体任何轻微的活动均会提高能量代谢率。在劳动或剧烈运动时，机体的耗氧量增加，能量代谢率显著提高，产热量可达安静时的数倍至数十倍（表 7-1）。因此，可用能量代谢率作为评价劳动强度的指标。

表 7-1　机体不同状态下的能量代谢率

活动形式	静卧	开会	擦玻璃	洗衣服	扫地	打排球	打篮球	踢足球
平均产热量[kJ/（m^2·min）]	2.73	3.40	8.30	9.89	11.36	17.50	24.22	24.98

（二）精神活动

人在安静思考时，能量代谢率变化不大。但在恐惧、烦躁或情绪激动等精神紧张状态下，由于骨骼肌紧张性增强，以及交感神经兴奋，甲状腺激素、肾上腺素等分泌增多促进细胞代谢，机体产热量增加，能量代谢率显著提高。

（三）环境温度

环境温度在 20～30℃时，人在安静状态下，骨骼肌松弛，此时能量代谢较为稳定。当环境温度低于 20℃时，由于寒冷刺激反射性地引起寒战及肌紧张增强，产热量增多，代谢率显著增加。当环境温度超过 30℃时，由于体内化学反应加速，汗腺分泌，呼吸、循环功能增强等因素，代谢率也会逐渐增加。

（四）食物的特殊动力效应

人从进食后 1 小时左右开始，延续 7～8 小时，即使处于安静状态，能量代谢率也会有所增加。这种由于进食引起机体产生额外能量的作用，称为食物的特殊动力效应（specific dynamic effect）。在三大营养物质中，蛋白质的特殊动力效应最为显著，增加的产热量为 30%，而糖类和脂肪分别为 6%和 4%，混合性食物为 10%左右。这种额外产生的热量只能用于维持体温，因此在寒冷的季节，可适当多食蛋白质食物。

（考点：影响能量代谢的因素）

三、基 础 代 谢

（一）基础代谢与基础代谢率

基础状态下的能量代谢称为基础代谢（basal metabolism）。所谓基础状态，是指机体在：①清晨、清醒、静卧；②体温正常；③精神安宁；④空腹（禁食 12 小时以上）；⑤室温保持在 20～25℃时的一种状态。在基础状态下，机体的各项生理活动和代谢水平较为稳定，能量的消耗主要用以维持血液循环、呼吸和其他基本生命活动。

在基础状态下单位时间内的能量消耗称为基础代谢率（basal metabolic rate，BMR），常作为评价能量代谢水平的指标。基础代谢率比一般安静时的代谢率低些，但不是最低，熟睡时代谢率更低。

（考点：基础代谢和基础代谢率的概念）

（二）基础代谢率的临床意义

基础代谢率具有年龄和性别差异（表 7-2）。当其他情况相同时，男性基础代谢率平均值高于同龄组女性，儿童高于成年人，年龄越长，基础代谢率越低，但是同一个体的基础代谢率是相对稳定的。

表 7-2　我国正常的基础代谢率平均值 [kJ/（m^2·h）]

年龄（岁）	11～15	16～17	18～19	20～30	31～40	41～50	>51
男性	195.5	193.4	166.2	157.8	158.6	154.0	149.0
女性	172.5	181.7	154.0	146.5	146.9	142.4	138.6

临床上常将实测值与表 7-2 中的正常平均值进行比较，计算出相对值来评价基础代谢率正常与否。

$$基础代谢率（相对值）=\frac{实测值-正常平均值}{正常平均值}\times 100\%$$

若实测值和正常平均值相比，相差在±15%之内，则属于正常。若相差超过±20%时，说明可能发生了病理性变化。当甲状腺功能异常时，基础代谢率也会发生变化。若 BMR 比正常值高 25%～80%，表明甲状腺功能亢进；若 BMR 比正常值低 20%～40%，表明甲状腺功能减退。某些疾病，如糖尿病、白血病、红细胞增多症等也常出现基础代谢率升高，而肾病综合征、垂体性肥胖、病理性饥饿等常伴有基础代谢率降低。人体发热时，基础代谢率也会升高，体温每升高 1℃，基础代谢率会提高 13%左右。因此，基础代谢率的测定是临床诊断某些疾病的重要辅助方法之一。

（考点：基础代谢率的临床意义）

第 2 节　体　温

案例 7-1　患者，男性，30 岁。37℃气温下进入坑道作业 2h 后，突感头晕、眼花、耳鸣、恶心、呕吐，大汗，面色苍白，全身发软，最后晕倒在地。随即紧急送医院，无其他异常，诊断为中暑，经过治疗，恢复健康。

问题： 1. 患者出现中暑的原因是什么？

2. 可以采取哪些物理降温措施？

人和高等动物具有相对稳定的体温，这是机体进行新陈代谢和维持正常生命活动的必要条件。

一、正常体温及其生理变动

（一）正常体温

在不同的环境中，人体各部位的温度并不相同。体温包括了机体表层的体壳温度（shell temperature）和脑、心、肺、腹腔脏器等核心部位的体核温度（core temperature）。机体表层温度不稳定，易受环境温度的影响，各部位之间的差异较大；而体核温度较高，相对稳定，各部位温度的差异较小。通常所说的体温（body temperature）是指机体深部的平均温度。临床上一般用直肠、口腔和腋窝等部位的温度来代表体温。直肠温度的正常值为36.9～37.9℃，测量时，应将温度计插入直肠6cm以上，才能接近机体深部的温度；口腔温度的正常值为36.7～37.7℃，测量时，温度计应含于舌下，但是对于不能配合的患者，如哭闹的小儿及精神病患者，则不宜采用此方法。腋窝温度的正常值为36.0～37.4℃，测量时，腋窝处应保持干燥，上臂紧贴胸廓，形成人工体腔，并持续5～10min。

（考点：体温的测量方法和正常值）

（二）体温的生理变动

1．昼夜变化　体温在一昼夜间呈周期性波动，清晨2～6时最低，午后1～6时最高，但波动幅度一般不超过1℃。

2．性别　成年女性的体温比男性平均高0.3℃，并且其基础体温随月经周期而发生规律性变动（图7-2）。月经期和排卵前期体温较低，排卵日最低，排卵后体温升高0.3～0.6℃，可能和孕激素作用有关。因此，连续监测基础体温有助于判定受试者有无排卵，并确定排卵的日期。

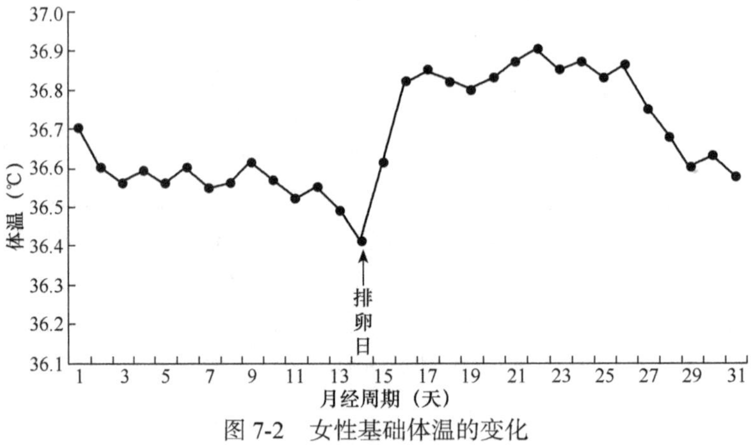

图7-2　女性基础体温的变化

3．年龄　不同年龄的人基础代谢水平不同。通常，儿童和青少年体温较高，老年人体温偏低。新生儿，特别是早产儿的体温调节机制尚未发育完善，体温易受环境温度的变化而发生波动，因此，应注意保暖，加强护理。

4．肌肉活动　肌肉活动时代谢增强，产热增多，体温升高。因此，临床上应先让患者安静一段时间后再进行测量，小儿测量体温时防止其哭闹。

5．其他因素　情绪激动、精神紧张等都会使机体体温升高，此外，环境温度的变化也会对体温产生影响。

（考点：影响体温生理变动的因素）

二、机体的产热与散热

机体的体温之所以能够保持相对稳定，是因为在体温调节中枢的作用下，产热和散热两个过程达到动态平衡的结果。

（一）产热过程

体内的热量来自于营养物质的氧化分解。安静时，内脏是人体主要的产热器官，其中肝脏的产热量最大；运动或劳动时，以骨骼肌产热为主。在寒冷的环境中，机体可通过骨骼肌不随意的节律性收缩，产生寒战，增加产热量以维持体温；此外，肾上腺素、去甲肾上腺素和甲状腺激素等激素的分泌也会增加，从而提高机体的代谢率，使产热增加。

知识链接

褐色脂肪组织

褐色脂肪组织（brown fat）是存在于人体内的一种能够产热的脂肪组织，婴幼儿体内含量较高，随着年龄的不断增长，含量逐渐减少。新生儿因其体温调节功能尚未发育完善，不能产生寒战，因此，在寒冷的环境中，褐色脂肪组织的产热功能就发挥了重要的作用。

（考点：机体安静和运动时主要的产热器官）

（二）散热过程

机体大部分的热量通过皮肤散发出去，其余部分则随着呼吸、粪、尿等方式排出体外。皮肤散热的形式主要有以下四种。

1. 辐射散热（thermal radiation） 是指机体以热射线的形式将体热传给外界较冷物体的一种散热方式。其散热量的多少取决于皮肤和外界环境的温度差及机体的有效散热面积。温度差越大，或有效散热面积越大，机体的散热量就越多。若外界环境温度高于皮肤温度，则机体不能够进行辐射散热，甚至会吸收外界的热量。

2. 传导散热（thermal conduction） 是指机体将热量直接传给与其接触的温度较低的物体的一种散热方式。传导散热的多少与皮肤和接触物体的温度差、接触面积及物体的导热性能有关。温度差越大、接触面积越大或导热性能越好，散热量越多。由于水的导热性能较好，临床上常采用冰袋或冰帽给高热患者降温。

3. 对流散热（thermal convection） 是指通过气体的流动带走机体热量的一种散热方式。皮肤与外界环境的温度差、机体的有效散热面积和风速决定了对流散热量的多少，其中风速影响较大。风速越大，散热量越多，反之亦然。寒冷的冬季增加衣物可以减少对流散热，起到保暖作用；炎热的夏天，电风扇的使用可以增加对流散热，机体则会感觉凉爽。

4. 蒸发散热（evaporation） 是指通过体表水分的蒸发带走热量的一种散热方式，临床上常采用酒精擦浴为患者降温。当周围环境的温度等于或高于皮肤的温度时，蒸发成为机体唯一的散热方式，包括不感蒸发（insensible perspiration）和发汗（sweating）两种形式。

（1）不感蒸发：是指水分通过皮肤和呼吸道黏膜渗出而被蒸发的一种方式，与汗腺的活动无关，其中水分经皮肤蒸发称为不显汗。当环境温度低于 30℃时，人体的不感蒸发量较为稳定，约为 1L/d。婴幼儿的不感蒸发速率较成年人大，故在缺水时，更易发生脱水。临床上为患者补液时，应考虑通过不感蒸发所丢失的体液量。

（2）发汗：是指通过汗液的蒸发进行散热的形式，是汗腺分泌汗液的活动，又称可感蒸发

(sensible evaporation)。当环境温度达30℃时，人即使处于安静状态，也会开始发汗。若空气湿度大，且衣着较多，则气温达25℃时，便可引起发汗。当人在劳动或运动时，尽管气温低于20℃，也会出现发汗，且发汗量常常较多。因此大量出汗时，不仅需要及时补充水分，同时还应补充电解质（NaCl），以保证机体水、电解质的平衡。发汗的速度受环境温度、湿度及风速的影响。在高温、高湿和通风差的环境中，体内热量不易散失，体温升高，容易发生中暑。

（考点：机体的散热方式及应用）

三、体温调节

当环境温度变化时，人的体温能够维持相对稳定，是因为体内具有完善的体温调节机制。在体温调节中枢（下丘脑）的控制下，机体通过增减皮肤血流量、发汗和寒战等生理调节反应，使产热和散热达到动态平衡，从而保持体温相对稳定的方式，称为自主性体温调节（autonomic thermoregulation），是体温调节的基础。此外，机体还可以通过增减衣物、生火取暖等行为来维持体温的恒定，属于行为性体温调节（behavioral thermoregulation）。体温调节系统由温度感受器、体温调节中枢及效应器构成。

（一）温度感受器

1．外周温度感受器（peripheral thermoreceptor） 主要是游离神经末梢，通常存在于皮肤、黏膜和内脏中，对一定范围内的温度变化较为敏感，分为热感受器和冷感受器。温度升高时，热感受器兴奋；温度降低时，冷感受器兴奋。皮肤处的冷感受器较多，故对冷刺激比较敏感。

2．中枢温度感受器（central thermoreceptor） 是指中枢神经系统内对局部温度变化十分敏感的神经元，脊髓、下丘脑和脑干网状结构等处均有分布，包括热敏神经元和冷敏神经元。当局部组织温度变化时，神经元兴奋，从而对体温进行调节。

（二）体温调节中枢

研究表明，存在于视前区-下丘脑前部（preoptic-anterior hypothalamus area，PO/AH）中的温度敏感神经元，既能感受局部组织的温度变化，又能将来自于外周和中枢的信息进行整合，调节机体的产热和散热过程，维持体温的稳定。因此，下丘脑PO/AH是体温调节的基本中枢。

（考点：体温调节中枢）

（三）调定点学说

在不同的环境温度中，人体的体温如何保持在相对稳定状态，目前公认的学说为体温调定点（set point）学说。该学说认为，体温的调节与恒温器的工作原理相似，PO/AH部位的热敏神经元和冷敏神经元对温度的敏感特性，决定了人体体温的调定点水平，一般认为是37℃。体温调节中枢则按照这个设定的温度来调节机体的产热和散热活动，使体温维持在37℃左右。当体温高于37℃时，热敏神经元兴奋，散热增加，产热减少，体温降至37℃；当体温低于37℃时，冷敏神经元兴奋，产热增加，散热减少，体温升至37℃。

若在某些因素的作用下，体温的调定点上升从而引起体温升高，则出现了发热。例如细菌病毒等致热原可引起体温调定点的上移，若调定点上升至39℃，此时体温还低于调定点，因而冷敏神经元兴奋，引起产热增加，散热减少，患者出现寒战、恶寒等反应；当体温升高到39℃时，若不清除致热原，产热和散热将在新的调定点水平上保持着平衡。某些退热药（如阿司匹林等）可阻断致热原，使体温调定点降至37℃，从而发挥解热作用。

（考点：体温调定点）

自测题

A_1/A_2 型题

1. 人体的热能营养素是（ ）
   A. 糖类、维生素、矿物质
   B. 糖类、脂肪、蛋白质
   C. 脂肪、糖类、维生素
   D. 蛋白质、脂肪、维生素
   E. 蛋白质、糖类、微量元素
2. 某甲状腺功能亢进症患者，行基础代谢率测定时间宜在（ ）
   A. 下午 6 时、餐后和静卧
   B. 清晨、空腹和静卧
   C. 下午 4 时、静卧
   D. 午间 12 时、餐后和静卧
   E. 下午 2 时、静卧
3. 对能量代谢影响最显著的因素是（ ）
   A. 性别 B. 年龄
   C. 食物 D. 温度
   E. 肌肉活动
4. 安静时的主要产热器官是（ ）
   A. 心脏 B. 肝
   C. 脑 D. 肺
   E. 肾
5. 机体散热的主要器官是（ ）
   A. 消化道 B. 皮肤
   C. 呼吸道 D. 肝
   E. 泌尿道
6. 当环境温度高于皮肤温度时，机体主要的散热方式是（ ）
   A. 辐射 B. 对流
   C. 传导 D. 发汗
   E. 不感蒸发
7. 体温调节的基本中枢位于（ ）
   A. 下丘脑 B. 大脑
   C. 脊髓 D. 延髓
   E. 脑干

A_3/A_4 型题

（8～9 题共用题干）

患儿，2 岁，因受凉出现咳嗽、流鼻涕、食欲缺乏、发热等症状，去医院就诊，测体温为 38.4℃，护士在其周围放置冰袋进行降温，经过治疗，体温降至正常。

8. 测定人体腋窝温度的正常值是（ ）
   A. 36.0～37.4℃ B. 36.9～37.9℃
   C. 36.7～37.7℃ D. 36.0～37.0℃
   E. 36.4～37.4℃
9. 用冰袋给患者降温属于（ ）
   A. 可感蒸发 B. 辐射散热
   C. 对流散热 D. 传导散热
   E. 不感蒸发

（田 芳）

第8章 尿的生成与排放

第1节 概　　述

一、排泄的概念与途径

机体在新陈代谢的过程中，分解营养物质的同时，产生各种代谢终产物。机体将代谢终产物、过剩及有害的物质，经血液循环，通过排泄器官排至体外的过程称为排泄。

人体的排泄器官有肾、肺、皮肤和消化器官等，其排泄途径及排泄物见表 8-1。在所有的排泄器官中，肾排出的物质种类最多、数量最大，还可根据机体的状况调整尿液的质和量，维持内环境的相对稳定，所以肾是人体最重要的排泄器官。

表 8-1　人体排泄途径及排泄物

排泄途径	排泄物质
呼吸道	CO_2、少量水分、挥发性物质等
皮肤	水、NaCl、KCl、少量尿素、乳酸等
消化道	胆色素，钙、磷、铁等无机盐
肾	水、尿素、肌酐、盐类、药物、色素等

二、肾 的 功 能

1．泌尿功能　肾的主要功能是泌尿，将机体代谢终产物以尿的形式排出体外。

2．调节功能　肾通过调节体内的水、电解质和酸碱平衡，维持内环境的稳态。

3．内分泌功能　肾可分泌促红细胞生成素、肾素、前列腺素等多种激素。

三、尿　　液

（一）尿量

正常成年人每昼夜尿量为 1000～2000ml，平均为 1500ml。尿量的多少取决于机体的摄水量和其他途径的排水量。

临床上常见的尿量异常情况有以下三种：①多尿。每昼夜尿量长期保持在 2500ml 以上。②少尿：每昼夜尿量持续介于 100～500ml。③无尿。每昼夜尿量不足 100ml。多尿可使机体水分大量丧失，导致脱水；少尿和无尿会使代谢终产物在体内积蓄，严重时可导致尿毒症。这些变化都会破坏内环境稳态，甚至危及生命。

（二）尿液的成分

尿液由水及溶于其中的固体物组成，水占 95%～97%，其余为溶质，主要是电解质和非蛋白含氮化合物。电解质主要是 Na^+、K^+、Cl^-及草酸盐、磷酸盐等成分，非蛋白含氮化合物主要是蛋白质代谢产生的含氮化合物，如尿素、肌酸、尿酸等。

（三）尿液的理化特性

1. 颜色和气味　正常新鲜尿液为淡黄色透明液体。大量饮水后，尿液被稀释，颜色变淡；机体缺水时，尿量减少，尿液浓缩，颜色变深。

2. 渗透压　尿液的渗透压一般高于血浆渗透压，当低于血浆渗透压时称为低渗尿，反之称为高渗尿。肾具有很强的浓缩和稀释尿液的能力，当大量出汗、腹泻、呕吐等原因引起机体缺水时，尿液被浓缩，渗透压升高，排出高渗尿；而大量饮水后，尿液则被稀释，排出低渗尿。

3. 酸碱度　尿液通常为弱酸性，pH 介于 4.5～7.5。尿液酸碱度受食物和代谢产物影响。摄入较多富含蛋白质食物时，尿液呈酸性；素食者尿液呈碱性。

第 2 节　尿的生成过程

案例 8-1　李先生，56 岁，夜尿频多，常感乏力，精神差。去医院检查时发现左肾单位萎缩，双肾结石。

问题： 1. 什么是肾单位？

2. 尿是如何生成的？

肾单位是肾的基本功能单位，由肾小体和肾小管两部分组成。肾小体包括肾小球和肾小囊，肾小管包括近曲小管、髓袢和远曲小管。尿液是在肾单位和集合管中生成的。尿生成的过程包括三个相互联系的环节（图 8-1）：①肾小球的滤过；②肾小管和集合管的重吸收；③肾小管和集合管的分泌。即：

$$\text{血浆}\xrightarrow{\text{肾小球滤过}}\text{原尿}\xrightarrow[\text{肾小管和集合管分泌}]{\text{肾小管和集合管重吸收}}\text{终尿}$$

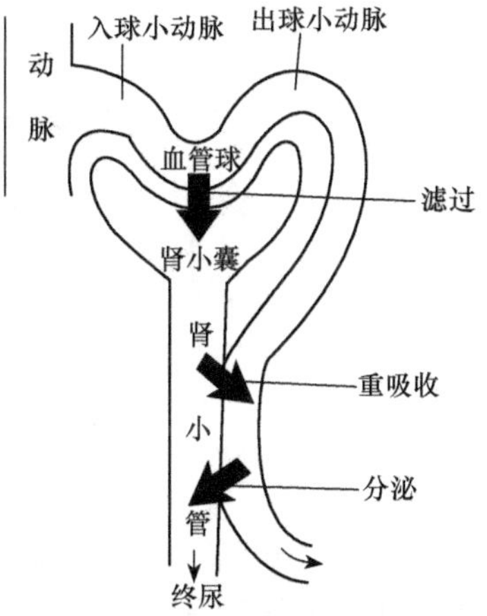

图 8-1　尿的生成过程

一、肾小球的滤过功能

肾小球的滤过是指血液流经肾小球毛细血管时，除血细胞和大分子血浆蛋白以外的水、无机盐、小分子有机物等，透过滤过膜进入肾小囊形成原尿的过程。肾小球的滤过是尿生成的第一个环节，原尿中除蛋白质含量极少外，其余成分及浓度与血浆基本相同（表 8-2），因此，原尿就是由肾小球滤出的去蛋白质的血浆，即血浆的超滤液。

表 8-2　血浆、原尿和终尿成分比较

成分	血浆（g/L）	原尿（g/L）	终尿（g/L）	重吸收率（%）
Na^+	3.3	3.3	3.5	99
K^+	0.2	0.2	1.5	94
Cl^-	3.7	3.7	6.0	99
磷酸根	0.04	0.04	1.5	67
尿素	0.3	0.3	20.0	45
尿酸	0.02	0.02	0.5	79
肌酐	0.01	0.01	1.5	—
氨	0.001	0.001	0.4	—

续表

成分	血浆（g/L）	原尿（g/L）	终尿（g/L）	重吸收率（%）
葡萄糖	1.0	1.0	极微量	近 100
蛋白质	60～80	0.3	微量	近 100
水	900	980	960	99

（一）滤过的结构基础——滤过膜

1．滤过膜的结构　滤过膜由三层结构组成（图 8-2）：①内层是毛细血管内皮细胞；②中间层是基膜；③外层是肾小囊脏层上皮细胞。每层结构上都存在大小不同的微孔，构成滤过膜的机械屏障，限制了血细胞和大分子血浆蛋白通过。此外，滤过膜的各层结构上，均覆盖有一层带负电荷的糖蛋白，阻碍带负电荷的蛋白质通过，起着电屏障的作用。两道屏障使滤过膜对血浆中物质的滤过具有高度选择性，决定了原尿的成分。

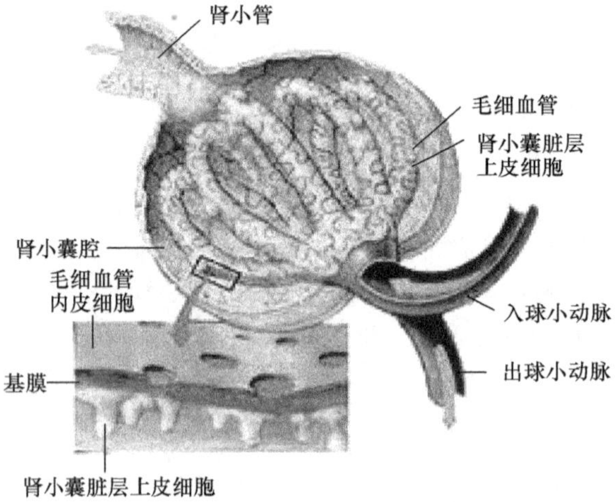

图 8-2　肾小球滤过膜

2．滤过膜的通透性　血浆中的物质能否通过滤过膜，主要取决于被滤过物质分子大小。一般来说，分子量≥70000 的物质分子完全不能通过滤过膜。此外，血浆中的物质通过滤过膜的难易还与其所带电荷有关。白蛋白的分子量为 69 000，是三类血浆蛋白中最小的蛋白质，但由于带有负电荷，电屏障可限制其通过，因此原尿中几乎没有蛋白质。

3．滤过膜的面积　正常成年人两肾约有 200 万个肾单位处于活动状态，滤过膜的总面积约为 $1.5m^2$，且保持相对稳定，有利于血浆的滤过，足以满足机体需要。

（二）滤过的动力

肾小球滤过的动力是有效滤过压，即滤过膜两侧的压力差。促进滤过的是肾小球毛细血管血压，阻止滤过的是血浆胶体渗透压和肾小囊内压（图 8-3）。

有效滤过压＝肾小球毛细血管血压－（血浆胶体渗透压＋肾小囊内压）

据测定（表 8-3），肾小球毛细血管入球端和出球端的血压几乎相等。在原尿生成过程中，随着水和小分子物质的不断滤出，血浆蛋白被浓缩，血浆胶体渗透压逐渐升高。肾小囊内压一般情况下变化不大。因此，有效滤过压的大小，主要取决于血浆胶体渗透压的变化。

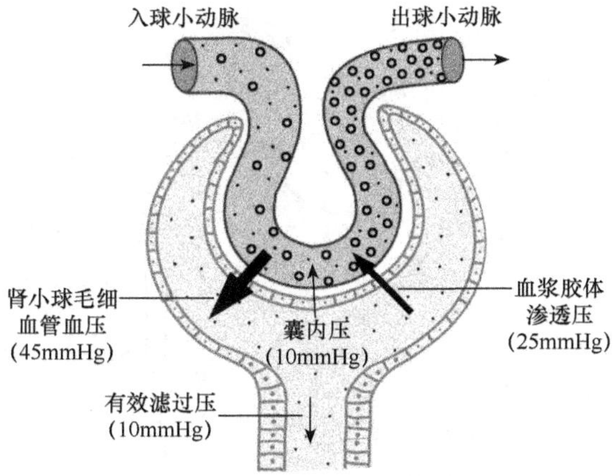

图 8-3　肾小球有效滤过压

表 8-3　肾小球有效滤过压各组力量数值（mmHg）

部位	有效滤过压	毛细血管血压	血浆胶体渗透压	肾小囊内压
入球端	10	45	25	10
出球端	0	45	35	10

在血液从肾小球毛细血管的入球端流向出球端的过程中，血浆胶体渗透压逐渐升高，有效滤过压则逐渐降低，原尿生成量逐渐减少，至出球端滤过停止。

（三）肾小球滤过率

单位时间（每分钟）内两肾生成的原尿量，称为肾小球滤过率（GFR），正常成年人安静状态下约为 125ml/min，依此推算，每昼夜肾小球生成的原尿量可达 180L。

二、肾小管和集合管的重吸收功能

原尿进入肾小管后称为小管液。小管液流经肾小管和集合管时，其中的某些成分经上皮细胞重新吸收入血的过程，称为肾小管和集合管的重吸收。正常成年人原尿量每昼夜约为 180L，而排出的终尿量仅为 1.5L 左右，说明原尿中约有 99%的水被重吸收，同时其他物质也被不同程度地重吸收（表 8-2）。

（一）重吸收的部位

肾小管各段和集合管都有重吸收能力，其中近曲小管的是物质重吸收的主要部位。肾小管对各种物质重吸收的能力和比例是不同的。正常情况下，小管液中的葡萄糖、氨基酸等营养物质，几乎全部在近曲小管被重吸收，大部分的水、无机盐和尿素等也在此重吸收。而有的物质重吸收较少，甚至完全不被重吸收（图 8-4）。

（二）球-管平衡

近曲小管的重吸收与肾小球滤过之间存在着较稳定的关系，重吸收量始终占肾小球滤过率的 65%～70%，这种现象称为球-管平衡。其生理意义在于使尿量不会随肾小球滤过率的增减而发生大幅度变动，维持体内的水、Na^+平衡。

（三）重吸收的方式

重吸收可分为主动重吸收和被动重吸收。主动重吸收是逆浓度差和电位差的转运，需要细胞

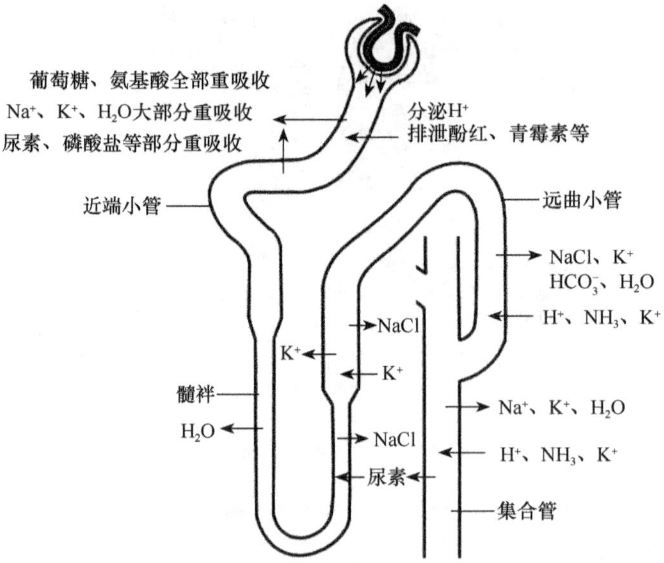

图 8-4 肾小管和集合管的重吸收及分泌

消耗能量，如氨基酸、葡萄糖、Na^+等物质的重吸收。被动重吸收是将小管液中的物质顺浓度差和电位差的转运过程，不需要消耗能量，如水、尿素、HCO_3^-等物质的重吸收。两种方式相互影响、密切关联。

（四）几种主要物质的重吸收

1．Na^+和 Cl^-的重吸收 Na^+的重吸收率约为 99%。绝大部分是在近曲小管经钠泵主动重吸收，Cl^-和水随之被动重吸收。但在髓袢升支粗段，Cl^-是主动重吸收的。

2．葡萄糖的重吸收 原尿中的葡萄糖浓度与血糖浓度相等，但在正常情况下，终尿中几乎不含葡萄糖，说明葡萄糖的重吸收率接近 100%。葡萄糖的重吸收仅限于近曲小管，当血糖浓度超过一定限度，葡萄糖不能全部被重吸收而随尿液排出，导致糖尿。因此，将尿中刚开始出现葡萄糖时的最低血糖浓度称为肾糖阈，正常值为 8.88～9.99mmol/L。肾糖阈反映了肾小管上皮细胞对葡萄糖的最大重吸收限度。

3．K^+的重吸收 主要在近曲小管主动重吸收，重吸收量约占滤过量的 94%；而终尿中的 K^+主要是远曲小管和集合管分泌的。

4．水的重吸收 水的重吸收对尿量的影响十分显著，是通过渗透方式进行的被动重吸收，重吸收率约为 99%。其中约 70%在近曲小管，借助溶质重吸收形成的渗透压差进入上皮细胞，与机体是否缺水无关，属于必需重吸收。另外 30%～35%的水在远曲小管和集合管，根据机体对水的需求情况通过抗利尿激素的调节而进行重吸收，属于调节重吸收。正常情况下，调节重吸收是影响终尿量的关键。

三、肾小管和集合管的分泌功能

肾小管和集合管的分泌是指肾小管和集合管的上皮细胞将细胞内或血浆中的物质转运至小管液的过程。其主要分泌的物质有 H^+、NH_3 和 K^+等。

（一）H^+的分泌

近曲小管、远曲小管和集合管的上皮细胞都有分泌 H^+的功能，但主要在近曲小管。近端小管分泌 H^+是通过 H^+-Na^+交换实现的。由上皮细胞代谢产生或由小管液进入细胞的 CO_2，在碳酸

酐酶的催化下与 H_2O 生成 H_2CO_3，解离成 HCO_3^-和 H^+。细胞内的 H^+和小管液中的 Na^+与细胞膜上转运体结合，H^+被主动分泌到小管液，Na^+被重吸收入细胞，这种 H^+的分泌与 Na^+的重吸收耦联的过程称为 H^+-Na^+交换。进入上皮细胞的 Na^+与 HCO_3^-结合生成 $NaHCO_3$ 并一起转移到血液中。这样，上皮细胞每分泌一个 H^+，就会重吸收一个 Na^+和一个 HCO_3^-回到血液（图 8-5）。这一过程既排出了代谢过程产生的 H^+（酸），又保留了机体需要的 $NaHCO_3$（碱），因此，H^+的分泌具有排酸保碱、维持体内酸碱平衡的重要作用。

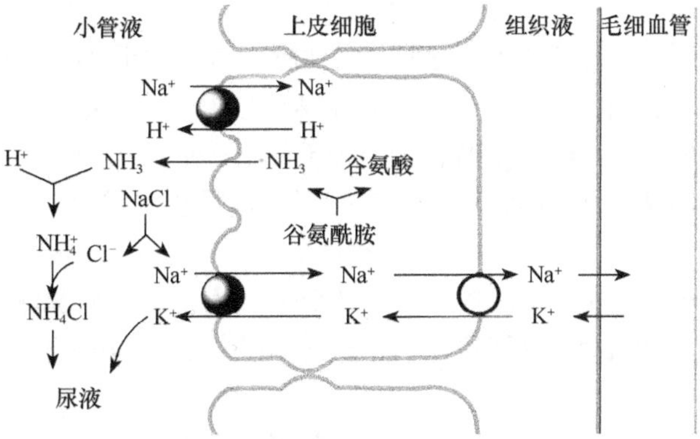

图 8-5　H^+、NH_3、K^+分泌关系

（二）NH_3 的分泌

正常情况下，NH_3 是细胞内谷氨酰胺脱氨基产生的，主要由远曲小管和集合管分泌。NH_3 是一种脂溶性物质，能通过细胞膜向 pH 低的方向扩散，而 H^+的分泌降低了小管液的 pH，促进 NH_3 向小管液中分泌。NH_3 与小管液中的 H^+结合生成 NH_4^+，降低小管液中的 H^+浓度，有利于 H^+的再分泌。NH_4^+与小管液中的 Cl^-结合生成 NH_4Cl，随尿排出（图 8-5）。故 NH_3 的分泌有着间接的排酸保碱、维持酸碱平衡的作用。

（三）K^+的分泌

小管液中的 K^+绝大部分被近曲小管重吸收，终尿中的 K^+主要是远曲小管和集合管分泌的。K^+的分泌与 Na^+的主动重吸收密切相关。远曲小管和集合管上皮细胞对 Na^+的主动重吸收，造成了管腔内的负电位，细胞内的 K^+顺电位差被动转运入小管液，形成 K^+-Na^+交换（图 8-5）。K^+-Na^+交换和 H^+-Na^+交换具有竞争抑制作用，即当 H^+-Na^+交换增多时，K^+-Na^+交换减少；反之亦然。在酸中毒情况下，H^+-Na^+交换增多，K^+-Na^+交换减少，K^+排出障碍，导致高血钾；相反，在碱中毒时，K^+排出增多，导致低血钾。

此外，K^+的排泄量与摄入量密切相关，有如下规律：多吃多排，少吃少排，不吃也排。因此，临床不能进食的患者应注意适当补钾。

第 3 节　调节和影响尿生成的因素

案例 8-2　李同学，女，19 岁，因水肿、少尿 7 天入院。入院前 3 周左右因受凉咽喉肿痛，7 天前出现颜面部及双下肢水肿，晨起为甚，伴尿少。无尿频、尿痛、关节痛等症状。尿常规：蛋白（+++）。诊断为急性肾小球肾炎。

问题：1. 为何会出现少尿及水肿？

2. 出现蛋白尿的原因有哪些？

尿的生成有赖于肾小球的滤过作用和肾小管、集合管的重吸收及分泌作用。因此，机体对尿生成的调节也就是通过对滤过作用和重吸收、分泌作用的调节来实现的。

一、影响肾小球滤过的因素

（一）有效滤过压

肾小球有效滤过压是肾小球滤过的动力，组成有效滤过压的三个因素发生改变时，就会影响肾小球的滤过。

1．肾小球毛细血管血压　在安静状态下，当动脉血压变动于 80～180mmHg 范围内时，通过自身调节，肾血流量可保持相对稳定，因此肾小球毛细血管血压维持平稳，肾小球滤过率基本保持不变。当动脉血压低于 80mmHg 时，肾小球毛细血管血压相应降低，肾小球滤过率减少。当动脉血压降到 40mmHg 以下时（如大失血等），肾血流量急剧减少，肾小球滤过率几乎为零，可出现无尿。

2．血浆胶体渗透压　血浆胶体渗透压一般情况下较为稳定。静脉输入大量生理盐水、严重的营养不良及肝肾疾患均可使血浆蛋白浓度下降，血浆胶体渗透压降低，肾小球有效滤过压升高，滤过率增加。

3．囊内压　肾小囊内压一般比较稳定。当出现肾盂或输尿管结石、肿瘤压迫或其他原因导致尿路梗阻时，使囊内压升高，有效滤过压降低，肾小球滤过率减少，可出现尿量减少。

（二）滤过膜的面积和通透性

正常情况下，滤过膜的面积和通透性都比较稳定。某些疾病如急性肾小球肾炎时，由于肾小球毛细血管管腔狭窄甚至完全阻塞，使有滤过功能的肾小球数量减少，有效滤过面积减小，导致肾小球滤过率减少，出现少尿甚至无尿。又由于滤过膜上带负电荷的糖蛋白减少或消失，滤过膜的通透性增大，本来不能通过的蛋白质甚至红细胞滤出，而出现蛋白尿或血尿。

（三）肾血浆流量

肾血流量增大时，滤过增多；肾血流量减少时，滤过减少。肾血流量的变化受神经、体液和自身调节的影响。

1．自身调节　实验表明，当肾动脉血压在 80～180mmHg 范围变动时，肾血流量总能保持相对稳定，这种现象称为自身调节。肾血流量的自身调节是通过肾血管的舒缩实现的，在消除了神经体液的影响之后依然存在。其意义主要是保证安静状态下肾泌尿活动的正常进行。

知识链接

肾需要巨大的血流量

肾的重量仅占体重的 0.5%，却是机体血液供应最丰富的器官之一。正常安静情况下，每分钟两肾的血流量约 1200ml，相当于心排出量的 1/5～1/4。如此大的血流量远远超过肾本身代谢的需要。体重 60kg 左右的人，血量为 4200～4800ml，平均每 4 分钟肾就将全身的血液过滤一次，每日过滤全身血液达 360 次之多。肾通过对血液反复的滤过和选择性重吸收，保留了有用的物质，清除了代谢废物，实现了对血液的净化处理，维持了内环境的相对稳定。

2．神经和体液调节　肾血流量的神经调节主要表现为交感神经兴奋引起的肾血流量减少，如剧烈运动或劳动等生理情况下。而体液因素中，肾上腺素、去甲肾上腺素、血管升压素、血管紧张素等，均可使肾血管收缩，肾血流量减少。如机体处于大失血等病理状态时，神经和体液因素的影响使肾血管强烈收缩，肾血流量急剧减少。神经和体液调节的重要意义，主要在于使血液重新分配，保证重要器官的血液供应。

二、影响肾小管和集合管泌尿功能的因素

（一）小管液溶质浓度

小管液溶质的浓度所形成的渗透压是肾小管和集合管重吸收水的阻力。当小管液溶质浓度升高，肾小管腔的渗透压随之升高，导致肾小管各段和集合管对水的重吸收减少，尿量增多，这种利尿方式称为渗透性利尿。糖尿病患者的多尿，就是由于血糖浓度超过肾糖阈，未被重吸收的葡萄糖存留在小管液中，使小管液溶质浓度升高，导致尿量增加。

知识链接

脱　水　药

脱水药又称渗透性利尿药，是一类能被肾小球滤过但不能被肾小管和集合管重吸收的药物，通过提高血浆及肾小管腔的渗透压，使水的重吸收减少，达到脱水消肿的目的。临床上常用甘露醇，主要用于脑水肿、青光眼等疾病的治疗。

（二）抗利尿激素

抗利尿激素（ADH）在下丘脑视上核和室旁核的神经元胞体合成后，沿神经元的轴突运至神经垂体贮存，并由此释放入血。

1. 生理作用　抗利尿激素的主要生理作用是增加远曲小管和集合管上皮细胞对水的通透性，促进水的重吸收，导致尿量减少。此外，它对血管也有作用（详见内分泌系统）。

2. 调节因素　抗利尿激素的释放主要受到血浆晶体渗透压和循环血量的调节。

（1）血浆晶体渗透压：血浆晶体渗透压的变化是调节抗利尿激素合成和释放的重要生理因素。在下丘脑视上核和室旁核及其附近存在渗透压感受器，对血浆晶体渗透压的变化非常敏感。在大量出汗、严重腹泻或呕吐等情况下，体内水分大量丢失，导致血浆晶体渗透压升高，引起渗透压感受器兴奋，抗利尿激素合成和释放增多，远曲小管和集合管对水的重吸收增加，尿量减少，以维持体内水平衡（图 8-6）。相反，如果在短时间内大量饮清水，由于血液被稀释，血浆晶体渗透

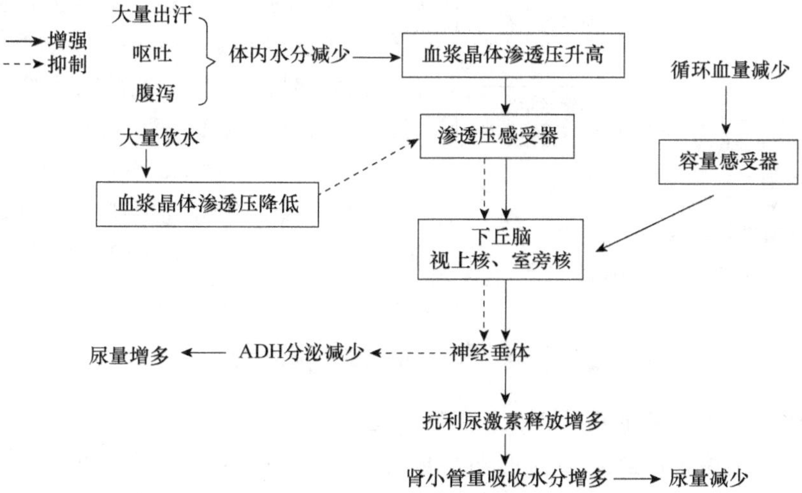

图 8-6　抗利尿激素的调节

压降低，引起渗透压感受器抑制，抗利尿激素合成和释放减少，远曲小管和集合管对水的重吸收减少，尿量增多。这种大量饮水后引起抗利尿激素释放减少导致尿量增多的现象，称为水利尿。

（2）循环血量：左心房和胸腔大静脉管壁上存在的容量感受器，在循环血量改变时可通过其反射性地调节抗利尿激素释放。如急性大失血时，循环血量减少，对容量感受器的刺激减弱，抗利尿激素的合成和释放增多，使水的重吸收增加，尿量减少，有利于血容量的恢复。相反，在大量饮水、输液时，循环血量增加，引起抗利尿激素释放减少，水的重吸收减少，尿量增加，以排出体内过剩的水分。

知识链接

尿 崩 症

尿崩症是由于下丘脑-神经垂体病变引起抗利尿激素合成或释放障碍，导致肾小管重吸收水的功能下降而使尿量显著增加的一组临床综合征。其临床特点为多尿、烦渴、低比重尿或低渗尿，患者尿量每日多可达 4～20L 以上，常见于青壮年，男女之比为 2∶1。

尿崩症可见于脑外伤和下丘脑-垂体手术、肿瘤、感染性疾病（脑炎、脑膜炎）、血管病变（动脉瘤）、妊娠后期和产后大出血等情况。

（三）醛固酮

醛固酮是由肾上腺皮质球状带细胞分泌的一种类固醇激素。

1. 生理作用　促进远曲小管和集合管对 Na^+的主动重吸收和 K^+的分泌，Na^+重吸收的同时伴有水的重吸收，因此，醛固酮具有保 Na^+、排 K^+、保水的作用，对保持体内 Na^+和 K^+正常浓度、维持血容量的相对稳定具有重要意义。

2. 调节因素　醛固酮的分泌主要受肾素-血管紧张素-醛固酮系统和血 K^+、血 Na^+浓度的调节。

（1）肾素-血管紧张素-醛固酮系统：由于多种因素如肾血流量减少、交感神经兴奋等，可引起近球细胞分泌肾素增多。肾素可催化血浆中的血管紧张素原水解为血管紧张素Ⅰ，再经一系列的转化成为血管紧张素Ⅱ和血管紧张素Ⅲ。血管紧张素Ⅱ和血管紧张素Ⅲ都具有刺激肾上腺皮质球状带分泌醛固酮的作用，使 Na^+和水的重吸收增多，尿量减少（图 8-6）。由于肾素的分泌决定了血浆中血管紧张素的浓度，进而决定了醛固酮水平，因此，在它们之间构成了一个彼此联系的功能系统，称为肾素-血管紧张素-醛固酮系统。

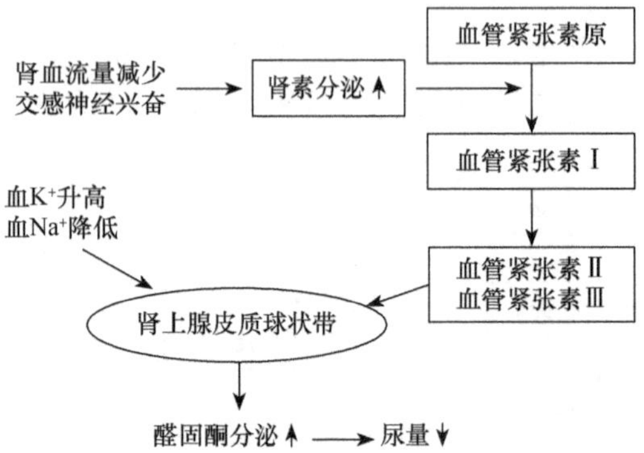

图 8-7　醛固酮分泌调节

（2）血 K^+、血 Na^+浓度：血 K^+浓度升高或血 Na^+浓度降低，均可直接刺激肾上腺皮质球状带分泌醛固酮，促进保 Na^+排 K^+（图 8-7），以维持血 Na^+和血 K^+的正常浓度。

第 4 节　尿液的排放

原尿经肾小管和集合管的重吸收和分泌后形成终尿，由集合管汇入乳头管，再经肾盏进入肾盂，最后通过输尿管输送到膀胱贮存。尿的生成是一个连续的过程，而膀胱的排尿是间歇进行的。正常人膀胱内贮存的尿量达 100～150ml 时，开始有膀胱充盈感；尿量达 200ml 及以上时，则产生尿意；当膀胱内尿量达 400～500ml 时，膀胱内压会明显上升，引起反射性排尿活动。

一、排 尿 反 射

排尿反射是一种复杂的反射活动，其初级中枢位于脊髓骶段，并受大脑皮质的控制。当膀胱内尿量达 400～500ml 时，膀胱内压升高，刺激膀胱壁上的牵张感受器，冲动沿盆神经传入，到达脊髓骶段初级中枢，同时，冲动上传到达大脑皮质高级排尿中枢，产生尿意。当环境条件许可，大脑皮质高级排尿中枢发出兴奋性冲动到达脊髓骶段，使盆神经兴奋，引起膀胱逼尿肌收缩，尿道内括约肌舒张；阴部神经抑制，尿道外括约肌舒张，尿液排出。尿液流经后尿道时，刺激后尿道壁上的感受器，进一步反射性地加强脊髓初级排尿中枢的活动（图 8-8）。这种正反馈调节使排尿反射不断加强，直至膀胱内尿液排完。

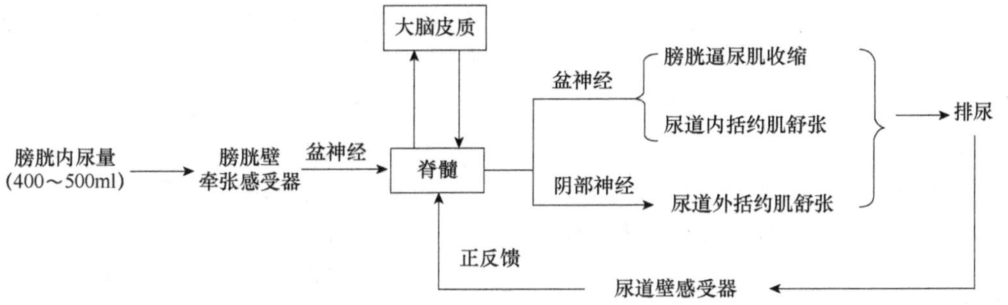

图 8-8　排尿反射过程

二、排 尿 异 常

（一）尿频

尿频是指尿意频繁、排尿次数过多。常常是由膀胱炎症或机械刺激如膀胱结石等引起的。上述病因在引起尿频的同时，还可伴有尿急、尿痛，称尿路刺激征。

（二）尿潴留

膀胱内充满尿液但不能自行排出，称为尿潴留。多是因为排尿反射的某个环节发生功能障碍，如脊髓骶段损伤、盆神经或阴部神经功能障碍（麻醉）及尿道压迫、阻塞等导致。

（三）尿失禁

排尿反射能完成但失去意识控制，称尿失禁。主要由于排尿反射的初级中枢与高级中枢联系中断而引起，如高位截瘫患者。

知识链接

导　尿　术

导尿术是临床常见操作之一，常用于尿潴留，留尿作细菌培养，准确记录尿量，了解少尿或无尿原因，测定残余尿量、膀胱容量及膀胱内压，注入造影剂，膀胱冲洗，探测尿道有无狭窄及盆腔器官术前准备等。

自测题

A_1/A_2型题

1. 患者，女性，因失血性休克，经抢救后留置导尿，24小时内引流尿液350ml，此状况属于（　　）
   A. 无尿　B. 少尿
   C. 尿潴留　D. 尿量正常
   E. 尿量偏少
2. 直接影响远曲小管和集合管重吸收水的激素是（　　）
   A. 醛固酮　B. 抗利尿激素
   C. 肾素　D. 肾上腺素
   E. 甲状旁腺素
3. 醛固酮作用的主要部位是（　　）
   A. 近曲小管　B. 髓袢
   C. 远曲小管　D. 远曲小管和集合管
   E. 集合管
4. 正常情况下，影响尿量的最主要因素是（　　）
   A. 肾血流量　B. 有效滤过压
   C. 抗利尿激素　D. 醛固酮
   E. 小管液溶质浓度
5. 肾小球滤过率是指（　　）
   A. 两侧肾脏每分钟生成的原尿量
   B. 一侧肾脏每分钟生成的原尿量
   C. 两侧肾脏每分钟生成的尿量
   D. 一侧肾脏每分钟生成的尿量
   E. 两侧肾脏每日生成的原尿量
6. 原尿的成分与血浆相比所不同的是（　　）
   A. 葡萄糖　B. 尿素含量
   C. Na^+含量　D. 蛋白质含量
   E. 肌酐含量
7. 重吸收Na^+能力最强的部位是（　　）
   A. 近曲小管　B. 髓袢降支
   C. 髓袢升支　D. 远曲小管
   E. 集合管
8. 主动重吸收Cl^-的部位是（　　）
   A. 近曲小管　B. 远曲小管
   C. 髓袢升支细段　D. 髓袢升支粗段
   E. 集合管
9. 关于葡萄糖重吸收的叙述，错误的是（　　）
   A. 只有近曲小管可以重吸收
   B. 与Na^+的重吸收相耦联
   C. 是一种继发性主动重吸收过程
   D. 正常情况下，近曲小管不能将肾小球滤出的葡萄糖全部重吸收
   E. 超过肾糖阈，尿中会出现葡萄糖
10. 糖尿病患者尿量增多的原因是（　　）
    A. 肾小球滤过率增加
    B. 渗透性利尿
    C. 水利尿
    D. 抗利尿激素分泌减少
    E. 醛固酮分泌减少
11. 高位截瘫患者排尿障碍表现为（　　）
    A. 尿失禁　B. 尿潴留
    C. 尿崩症　D. 尿频
    E. 尿痛

（贯元红）

第9章 感觉器官

感觉是客观物质世界在人脑中的主观反映，是认识的源泉。感受器接受刺激，将其转变为生物电信号，沿一定的神经传导通路到达大脑皮质的特定部位，再经中枢神经系统的整合而产生主观意识上的感觉。

第1节 概　述

一、感受器与感觉器官的概念

感受器是指分布在体表或组织内部的专门感受人体内、外环境变化的特殊结构或装置。感受器的种类很多，根据所感受刺激的性质，可分为机械感受器、化学感受器、光感受器和温度感受器等；根据所感受刺激的来源，可分为内感受器和外感受器。内感受器存在于人体内部的器官或组织中，感受内环境信息的变化；而外感受器多分布在体表，可感受外环境信息的变化。

感觉器官是指感受器及其附属结构，简称为感官。如视觉器官，除有视锥细胞和视杆细胞这两种感光细胞（感受器）外，还包括眼球内容物、眼睑和眼球外肌等其他结构。在感觉器官中，由于附属结构的存在，可使其感觉功能更加灵敏和完善；附属结构还可起到支持、营养和保护作用。重要的感觉器官有视觉器官、听觉器官及前庭器官等。

二、感受器的一般生理特性

各种感受器有不同的结构和功能，但却具有一些共同的特性。

（一）适宜刺激

一种感受器通常只对某种特定形式的刺激特别敏感，而对其他形式的刺激不敏感，这种特定形式的刺激称为该感受器的适宜刺激。如耳蜗的适宜刺激是一定频率的声波等。另外，感受器并不只对适宜刺激有反应，对于一些非适宜刺激也可起反应，但所需的刺激强度常常要比适宜刺激大得多。如视觉器官的适宜刺激是光波，但在眼球受强度较大的压迫性刺激时，也会产生光觉（如眼冒金星）。

（二）换能作用

感受器能将各种刺激的能量，如机械能、光能、热能及化学能等，转换为传入神经的动作电位，这种作用称为感受器的换能作用。因而可将感受器看成一种“生物换能器”。

（三）编码作用

感受器把外界刺激转换成传入神经上的动作电位时，不仅发生了能量形式的转换，同时还把刺激所包含的环境变化的信息编排成神经冲动的不同序列，这种现象就是感受器的编码作用。

（四）适应现象

当一定强度的刺激持续作用于某种感受器，随着刺激时间的延长，感受器对该刺激的敏感性逐渐下降，其传入神经上的冲动频率也会逐渐下降，这一现象称为感受器的适应现象。

各种感受器的适应快慢不同，如触觉、嗅觉感受器适应很快，有利于机体不断接受新刺激；

而痛觉感受器不容易产生适应，对机体有保护作用。

“入芝兰之室，久而不闻其香”之类的感觉适应现象，其适应机制很复杂，它不仅与感受器的适应现象有关，而且还与信息传递途径和感觉中枢的功能活动有密切关系。

感受器的适应并非疲劳。当感受器对某一刺激产生适应之后，如果增加该刺激的刺激强度，又可引起传入神经上的冲动频率增加。

第2节 视觉器官

案例 9-1 小明，16岁，因看书不清晰，到市区眼镜店配了一副300度近视眼镜，可眼镜戴了1个月仍然感觉不舒服，视物模糊，看东西变形，眼睛容易疲劳。

问题： 1. 为什么小明配戴了眼镜仍然视物模糊？

2. 眼的屈光不正有哪几种表现？如何矫正？

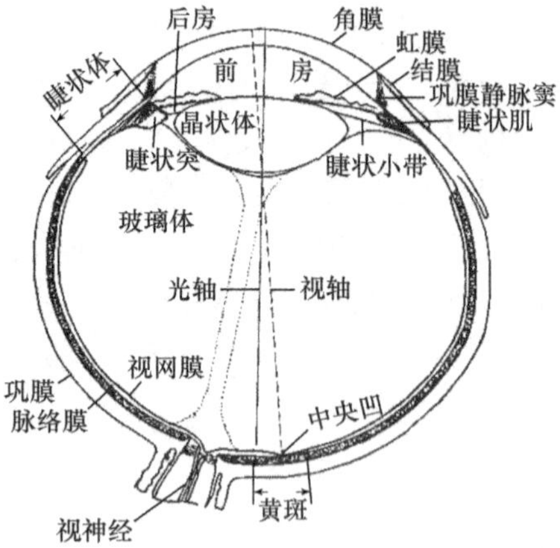

图 9-1 眼球的水平切面（右眼）

眼是视觉器官，视锥细胞和视杆细胞是视觉感受器，它们的适宜刺激是波长为380～760nm的电磁波（可见光）。视觉的形成是由视觉器官、视神经、视辐射、视觉中枢等共同完成的。它可使人对外界的事物产生形态与色彩等方面的感觉。视觉是在人们从外界获得信息的最主要途径。

眼（图9-1）有折光、感光换能等功能。外界物体发出的光通过眼的折光系统，在视网膜上形成物像；视网膜上的感光细胞（视锥细胞和视杆细胞）感受光的刺激，并把光能转变成神经冲动传入视觉中枢，从而产生视觉。

一、眼的折光功能

（一）眼的折光系统与简化眼

1. 眼的折光系统　眼的折光系统是一个复杂的光学系统。光线到达视网膜前要经折光系统（角膜、房水、晶状体和玻璃体）多次折射，其折射的程度不仅决定于各介质的折射率，而且与各折射面的曲率有关。曲率半径越小，折光力越强；反之，曲率半径越大，折光力越小。其中晶状体的折光率最大，而且凸度的大小可以调节，在成像过程中起着重要作用。

2. 简化眼　眼的成像原理与凸透镜相似，但比单一凸透镜成像要复杂得多。为了便于描述眼折光系统的功能，有人根据眼的实际光学特性，设计了在折光效果上与正常眼相同、但更为简单等效的光学模型，称为简化眼（图9-2）。

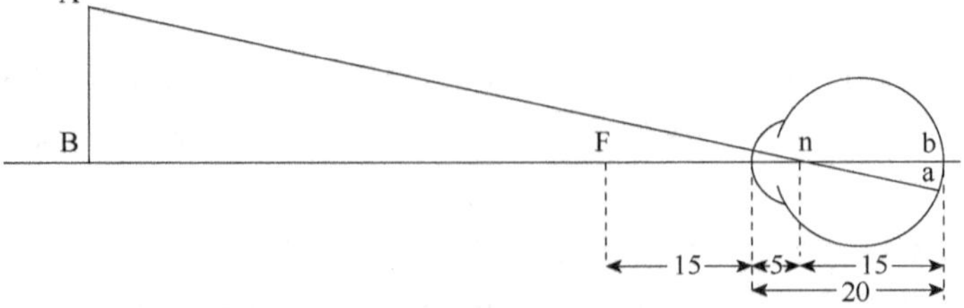

图 9-2 简化眼及其成像（n为节点，单位：mm）

在简化眼中，假定眼球是由一个前后径为 20mm 的单球面折光体构成，眼内容物是均匀的，球面的折光率为 1.33，节点（总光心）在角膜后方 5mm 处，后主焦点在节点后方 15mm 处，相当于视网膜的位置。这个模型和正常眼视远物时一样，正好能使平行光线聚焦在视网膜上，形成一个倒置的缩小的实像，后再通过大脑皮质的调整形成直立的视觉。

（二）眼的调节

根据眼折光成像原理，正常眼看远处物体（6m 以外）时，从物体上发出的所有进入眼内的光线可认为是平行光线，不需作任何调节即可在视网膜上形成清晰的物像。通常将眼不作任何调节时所能看清的物体的最远距离称为远点。当眼看近物（6m 以内）时，从物体上发出的进入眼内的光线呈不同程度的辐射状，光线通过眼的折光系统将成像在视网膜之后，因而视物模糊不清。此时，眼必须进行一系列调节活动，才能在视网膜上形成清晰的物像。人眼的调节亦即折光能力的改变，主要是靠晶状体凸度的改变来实现的。此外，瞳孔的调节及双眼会聚也起着重要的作用。眼视近物时调节反射包括晶状体变凸、瞳孔缩小、双眼会聚三个方面。

1. 晶状体的调节　晶状体是一个富有弹性的双凸透镜形的透明体，其周边借睫状小带与睫状体相连。睫状体内有睫状肌，受交感和副交感神经支配。当看近物时，视网膜上物像模糊的信息经神经冲动传至大脑皮质视觉中枢，反射性地引起副交感纤维兴奋，使睫状肌收缩，睫状肌向前移位，引起睫状小带放松，晶状体依靠自身的弹性回位而变凸（图 9-3），折光力增强，使物像前移。随着物体 6m 以内的近移，眼随之进行不同程度的调节，以保证物像总是落在视网膜上，从而形成清晰视觉。看远物时，睫状肌舒张，睫状肌向后移位，睫状小带拉紧，晶状体被拉而变平（凸度变小），折光力减弱，使平行光线成像于视网膜。眼尽力调节，所能看清物体的最近距离称近点。近点越近，说明晶状体的弹性越好，也就是调节能力越强。晶状体的弹性与年龄有关，年龄越大，弹性越差，因而调节能力也就减弱。例如，10 岁儿童的近点平均约为 8.3cm，20 岁左右的成年人约为 11.8cm，而 60 岁时可增大到 200cm。一般人在 45 岁以后调节能力显著减退，表现为近点远移，看远物清楚，视近物则模糊，称为老视，即老花眼，看近物时可用凸透镜来矫正。

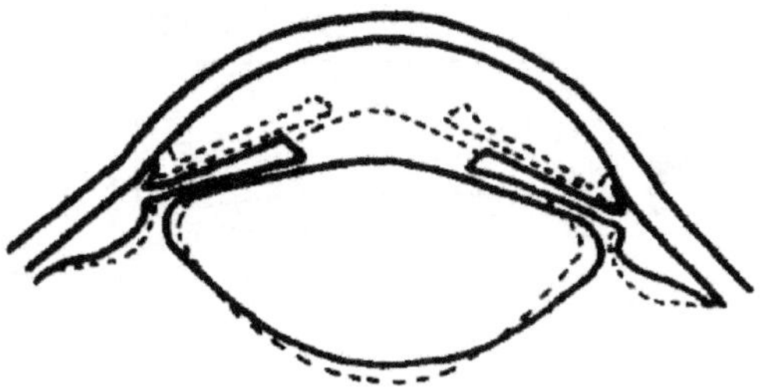

图 9-3　视近物，晶状体等的调节（虚线表示）

2. 瞳孔的调节　虹膜内有两种平滑肌纤维组成，即由交感神经支配的瞳孔开大肌和由副交感神经支配的瞳孔括约肌，中间的圆孔称为瞳孔。正常人瞳孔的直径可变动于 1.5～8.0mm，瞳孔的大小可随视物距离和光线强弱而改变。瞳孔的调节包括瞳孔近反射和瞳孔对光反射。

看近物时，在晶状体凸度增加的同时，反射性地引起双侧瞳孔缩小，称为瞳孔近反射或瞳孔调节反射。其意义是限制进入眼内的光量，使光线经晶状体的中心进入眼内，以减少球面像差和色像差，使成像清晰。瞳孔近反射通过大脑皮质才能完成。

瞳孔的大小可随光线的强弱而改变，即弱光下瞳孔散大，强光下瞳孔缩小，称为瞳孔对光反射。其意义在于调节进入眼内的光量，如强光时瞳孔缩小，减少强光进入眼内，以保护视网膜免受强光刺激。弱光时瞳孔散大，以增加进入眼内光线量，使视网膜得到足够的光量。瞳孔对光反射的效应是双侧性的，光照一侧眼时，两眼瞳孔同时缩小，这种现象称为互感性对光反射。瞳孔对光反射的中枢位于中脑，其反应灵敏，又便于检查，临床上常把它作为判断麻醉深度和病情危重程度的重要指标。

3．双眼会聚　当双眼注视一个由远移近的物体时，可见双眼眼球同时向鼻侧聚合，称为双眼会聚，也称为辐辏反射。其意义在于双眼同时看近物时，物像落在双侧视网膜的相对称点上，形成清晰的单一视觉，避免复视。

（三）眼的折光异常

正常人眼不需要进行任何调节，就可使 6m 以外物体发出的平行光线聚焦于视网膜上，故能看清远处的物体；只要物体与眼的距离不小于近点，通过眼的调节，也能看清 6m 以内的近处的物体，这种眼称为正视眼。若眼球的形态异常或折光能力异常，安静状态下远处物体发出的平行光线不能聚焦不能在视网膜上成像，则称为非正视眼，也称屈光不正。非正视眼包括近视、远视和散光三种（表 9-1）。

表 9-1　三种折光异常的比较

折光异常	产生原因	矫正方法
近视	眼球前后径过长或折光力过强，物体成像于视网膜之前	凹透镜
远视	眼球前后径过短或折光力过弱，物体成像于视网膜之后	凸透镜
散光	多数由于角膜经纬线曲率半径不一致	柱面镜

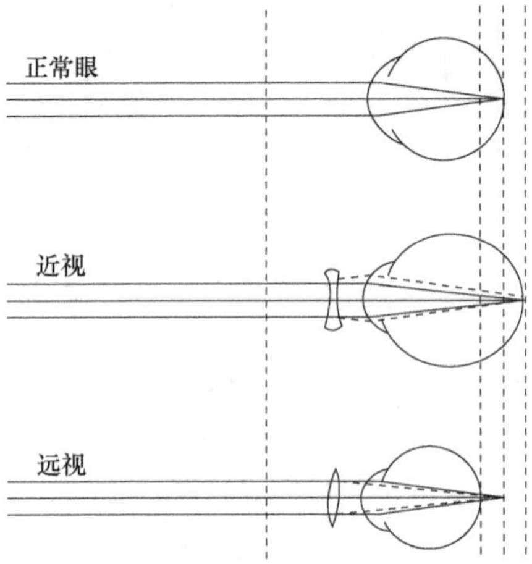

图 9-4　眼折光异常及其矫正

1．近视　近视的发生是由于眼球前后径过长（轴性近视）或折光系统的折光能力过强（屈光性近视）所致。远处物体发出的平行光线被聚焦在视网膜之前，在视网膜上只形成模糊的图像，故视远物模糊不清。只有将物体移近，物像才可以落在视网膜上，才能看清近处物体。近视眼的形成，部分是由于先天遗传引起的，部分是由于后天用眼不当造成的，如阅读姿势不正、照明不足、阅读距离过近或持续时间过长等。因此，纠正不良的阅读习惯，注意用眼卫生，是预防近视眼的有效方法。近视眼可以用凹透镜矫正（图 9-4）。

知识链接

近视眼的预防

看近物时，眼需要调节。长时间不正确用眼，如近距离看书、较暗处看书、颠簸中看书或看电视、玩电竞游戏等情况均可使睫状肌持续收缩，处于痉挛状态，这样就容易导致近视。眼球没有发生器质性改变的，称假性近视；若眼球发生器质性改变，如眼轴变长则称真性近视。假性近视如经适当休息或用阿托品药水滴眼，使麻痹痉挛的睫状肌放松，视力可以恢复。

青少年在发育期间，由于不良的用眼习惯，开始先为假性近视，久而久之就会演变成真性近视。如果能及早纠正不良的用眼习惯，科学合理用眼，近视就可以预防。

2．远视　远视的发生是由于眼球的前后径过短（轴性远视）或折光系统的折光能力太弱（屈光性远视）所致。远处物体发出的平行光线被聚焦在视网膜之后，不能清晰地在视网膜上成像。远视眼的特点是在看远物时就需进行调节，看近物时，则需做更大程度的调节才能看清物体。由于远视眼不论看近物还是看远物都需要动用眼的调节功能，因此，容易产生调节疲劳，尤其是进行近距离作业或长时间阅读时可因调节疲劳而产生头痛。远视眼可以用凸透镜矫正（图 9-4）。

远视眼与老花眼虽然均可用凸透镜矫正，但两者不同。其主要区别在于，老花眼的晶状体弹性下降，而远视眼的晶状体弹性正常。因此，老花眼只是在看近物时才需用凸透镜矫正，而远视眼不管看近、远物，均需用凸透镜矫正。

3．散光　正常人眼的角膜表面呈正球面。散光多数是由于眼的角膜表面不呈正球面，即角膜表面在不同方向上曲率半径不同，使远处物体发出的平行光线经角膜表面折射入眼后不能在视网膜上形成单一的焦点，导致视物不清或物像变形。除角膜外，晶状体表面曲率异常也可引起散光。矫正散光通常用柱面镜。

二、眼的感光换能功能

人的视网膜中存在两种感光细胞，即视杆细胞和视锥细胞。作为眼的感光部分，视网膜的基本功能是感受光刺激，并将其转换为神经纤维上的电活动。视网膜上视神经盘处没有感光细胞分布，聚焦在此处的光线不能被感知，在视野中形成生理性盲点。

（一）视锥细胞与视杆细胞

视锥细胞主要分布在视网膜中央部位，黄斑的中央凹处最密集。视锥细胞对光的敏感性较差，只能感受较强的光线，但能产生色觉，而且分辨力较强，可产生精确视觉。它们主要在类似白昼的光线下发挥作用。视杆细胞主要分布在视网膜周边部位，它对光的敏感度高，能感受弱光，但无辨色能力，分辨力也较低，主要在暗光下起作用。因此，人在光线昏暗时，只能看到物体的粗略轮廓，而看不清其颜色。

（二）视网膜的光化学反应

视网膜感光细胞之所以能接受光的刺激而产生兴奋，是由于它们含有视色素（感光物质）的缘故。

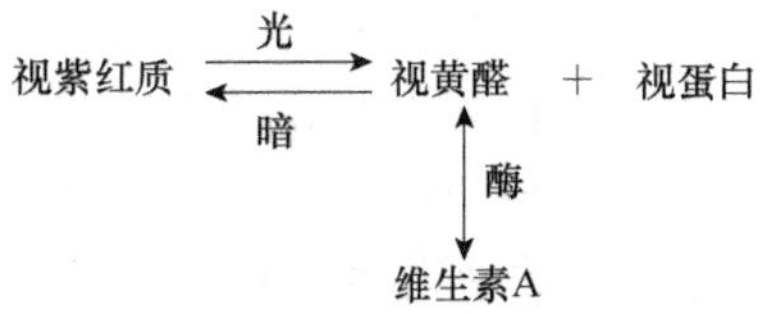

图 9-5　视紫红质的光化学反应

视杆细胞内所含的视色素是视紫红质，是一种结合蛋白质，由视黄醛和视蛋白结合而成。视紫红质在光的作用下，分解为视黄醛和视蛋白。在分解的同时，又不断合成，保持动态平衡。在强光作用下分解大于合成，在暗处合成大于分解，是一个可逆反应（图 9-5）。人在暗处视物时，既有视紫红质的分解，又有它的合成，这是人在暗处能不断视物的基础；此时视杆细胞中处于合成状态的视紫红质数量多，从而使视网膜对弱光较敏感。相反，人在亮光处时，视杆细胞中的视紫红质较多地处于分解状态，视杆细胞几乎失去感受光刺激的能力，此时人的视觉是依靠视锥细胞来完成的。视紫红质分解后，部分视黄醛再与视蛋白重新合成视紫红质；还有部分视黄醛被消耗，主要由血液中维生素 A 补充。若体内维生素 A 缺乏，视紫红质合成减少，会引起暗视觉障碍，称为夜盲症，俗称雀目或鸡盲眼。食用含丰富的维生素 A 的动物肝脏可辅助治疗。

视锥细胞内所含的视色素也是由视蛋白和视黄醛结合而成，只是视蛋白的分子结构略有不同。其反应和换能机制有待进一步研究。

三、与视觉有关的几种生理现象

（一）色觉与色觉障碍

1. 色觉 色觉是一种复杂的物理、心理现象。视锥细胞具有辨色能力。关于色觉产生的原理，近年来，三原色学说得到进一步证实。该学说认为，在视网膜上有三种视锥细胞，各含相应的视色素，分别感受红、绿、蓝三种基本颜色。不同波长的光线（不同颜色的物体辐射出的光线波长不同）刺激视网膜时，三种视锥细胞则发生不同程度的兴奋，传入脑，产生不同的色觉。

2. 色觉障碍 色觉障碍有色盲和色弱两种情况。

色盲是一种对全部颜色或某些颜色缺乏分辨能力的色觉障碍。色盲可分为全色盲和部分色盲。全色盲极为少见，表现为只能分辨光线的明暗，呈单色视觉。部分色盲又可分为红色盲、绿色盲及蓝色盲，其中以红色盲和绿色盲最为多见。色盲属先天性遗传缺陷疾病，男性居多，女性少见，属隐性遗传。

色弱是指由于某种视锥细胞的反应能力较弱而形成的色觉障碍。色弱通常是由后天因素引起，与视神经的功能状态、营养等因素有关，并不是由于缺乏某种视锥细胞引起，患者对某种颜色的识别能力较正常人稍差（辨色功能不足）。

色盲与色弱的人不适合从事驾车、绘画等工作。

（二）暗适应和明适应

1. 暗适应 人从亮处突然进入暗处时，最初看不见任何东西，经过一定时间后才逐渐看见在暗处的物体，这种现象称为暗适应。人在亮处时，视杆细胞的视紫红质大部分处于分解状态，突然进入暗处时，合成状态的视紫红质不足以使视杆细胞产生兴奋，故暂时不能看清物体，在暗处停留一段时间，随着视紫红质的逐渐合成，暗视觉逐渐恢复。

2. 明适应 人从暗处突然进入亮处，最初感到一片耀眼光亮，看不见任何东西，稍待片刻后，视觉恢复正常，这种现象称为明适应。产生耀眼的光感主要与视杆细胞的视紫红质在亮处迅速分解有关。

（三）视敏度

眼对物体细小结构的分辨能力，即眼分辨物体上两点间最小距离的能力，称视敏度，也称视力。视力通常用视角的倒数来表示。物体上两点发出的光线射入眼球后，在节点交叉处所形成的夹角称视角。同一距离，视角与物体大小成正比；同一物体，视角与物体的远近成反比。视角的大小直接关系视网膜上物像的大小。当视角为 1 分角（1/60°）时，视网膜上物像两点间的距离约为 5μm，稍大于一个视锥细胞的平均直径，此时，物像两点间刚好隔着一个未被兴奋的视锥细胞，神经冲动传入脑时，大脑皮质可区分两点。当视角小于 1 分角时，视网膜上物像两点间的距离小于 5μm，此时物像两点就会刺激同一个视锥细胞或相邻的两个视锥细胞，中间无间隔，大脑皮质不能区分为两点。因此，视角为 1 分角的视力为正常视力。

视力表就是根据视角的原理设计的。目前我国主要使用 2012 年 5 月实施的标准对数视力表。标准对数远视力表的视标为“E”，共 14 行，每行视标自上而下左侧列小数记录值（从 0.1～1.5），右侧列 5 分记录值（从 4.0～5.2）。被检查者的眼能分辨 5m 远处第 11 行的视标“E”，即此时第 11 行的视标“E”，其每一笔画的宽度的两边发出的光线，所形成的视角为 1 分角，表明被检眼具有正常视力，记为 5 分，即 5.0，相当于小数记录的 1.0 视力。被检眼视力若在 5.0（5 分记录）或以上，提示视力正常；若在 5.0（5 分记录）以下，则提示视力有缺陷。

(四)视野

用单眼固定地注视前方一点时，该眼所能看到的空间范围，称为视野。用视野计可绘出视野图。在同一光照条件下，用不同颜色的目标物测得的视野大小不一，其中白色视野最大，其次为黄蓝色，再次为红色，绿色视野最小(图 9-6)。视野的大小可能与各类感光细胞在视网膜中的分布范围有关。另外，由于面部结构(鼻和额)对光线的阻挡，使颞侧与下侧视野大，鼻侧与上侧视野小。临床上检查视野可帮助诊断眼部和中枢神经系统的一些病变。

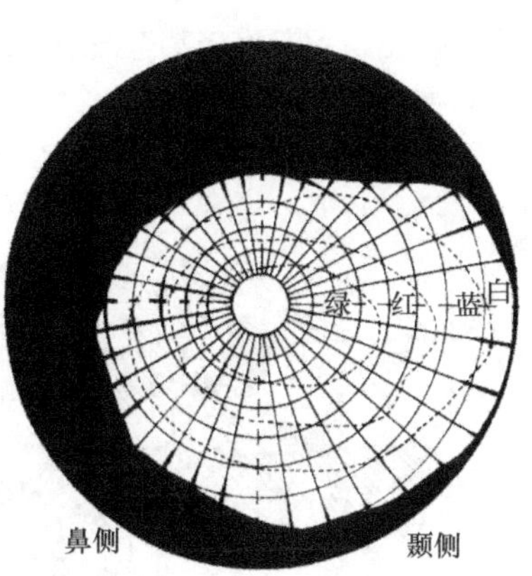

图 9-6　人右眼视野

(五)双眼视觉和立体视觉

双眼同时观看物体时所产生的视觉称为双眼视觉。在双眼视物时，物像正好落在双眼视网膜的相称点上，才能产生单一物体的感觉。若用手指压一侧眼球的外缘，则一物就见两像，称为复视。双眼视觉可扩大视野，弥补生理盲点的缺陷，增加对物体距离和形态大小判断的准确性。

双眼同时观看物体时，主观上可产生被视物体的厚度及空间的深度或距离等感觉，称为立体视觉。其主要原因是同一被视物体在两眼视网膜上的像并不完全相同，左眼从左方看到物体的左侧面较多，而右眼则从右方看到物体的右侧面较多，来自两眼的图像信息经过视觉高级中枢处理后，产生一个有立体感的物体的形象。

第3节 听觉器官

耳是听觉器官，它由外耳、中耳和内耳组成。声波通过外耳和中耳构成的传音系统传至内耳，被耳蜗中的毛细胞感受，经蜗神经传入中枢，最后经大脑皮质听觉中枢分析、综合后产生听觉。语言是人们互通信息、交流思想的重要工具。因此，听觉对人们认识自然界和参与社会活动具有重要的意义。

一、耳的听觉功能

(一)外耳的功能

外耳由耳廓和外耳道组成。耳廓主要起收集声波作用，对辨别声音方向也有辅助作用，许多哺乳动物的耳廓能随声源方位而转动。人的耳廓运动能力已退化，但可通过头部运动来判断声源的位置。外耳道是声波传导的通路。

(二)中耳的功能

中耳由鼓膜、听骨链、鼓室和咽鼓管等结构组成，它们在传音过程中起着重要的作用。

鼓膜是一个弹性好、有一定张力的椭圆形稍向内凹的薄膜，具有较好的频率响应和较小的失真度。鼓膜能随声波同步振动，没有余振，因而能将声波如实地传递给听骨链。

听骨链由锤骨、砧骨和镫骨依次连接而成。锤骨附着于鼓膜，镫骨与前庭窗相连，构成一个杠杆系统。声波由鼓膜经听骨链传至前庭窗时，振动的压强增大，而振幅减小，既可增高传音效率，又可避免造成内耳的损伤。

咽鼓管是连接咽与鼓室的通道，借此使鼓室内的空气与大气相通。在通常情况下，其鼻咽部的开口处于闭合状态。当吞咽、打哈欠或打喷嚏时则开放。咽鼓管的主要功能是调节鼓室内空气的压力，使之与外界大气压保持平衡，以维持鼓膜的正常位置、形状和振动性能。咽鼓管因炎症阻塞后，鼓室内空气被组织吸收，可造成鼓膜内陷，产生耳鸣，影响听力。高空大气压力低，飞机迅速升空可使鼓膜向外膨出，引起疼痛甚至鼓膜破裂。此时，如做吞咽动作或捏鼻吸呼气，可避免此类情况的发生。

（三）声波传入内耳的途径

声波传入内耳的途径包括空气传导与骨传导两种。

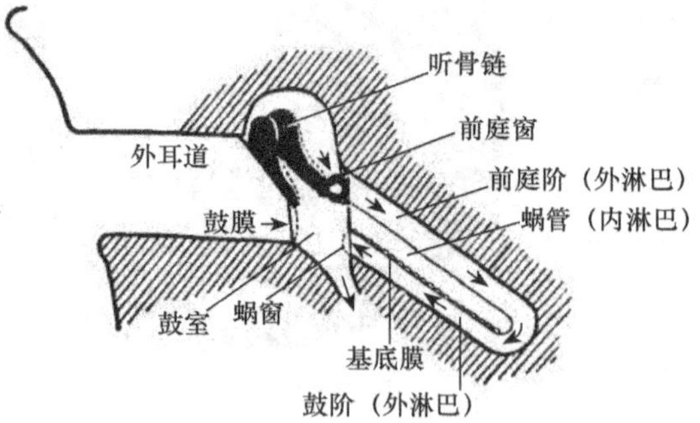

图 9-7　空气传导

1. 空气传导　声波经外耳道引起鼓膜振动，再经听骨链和前庭窗传至耳蜗，这种传导途径称为空气传导（图 9-7），也称气导。气导是引起正常听觉的主要途径。此外，鼓膜的振动也可引起鼓室内空气的振动，再经蜗窗传至耳蜗。但这一途径在正常情况下意义不大，只是当听骨链运动障碍时才发挥一定的传音作用，但这时的听力较正常时已大为降低了。

2. 骨传导　声波直接引起颅骨的振动，再引起位于颞骨骨质中的耳蜗内淋巴的振动，这种传导途径称为骨传导，也称骨导。在正常情况下，骨导的效率比气导的效率低得多，所以，人们几乎感觉不到它的存在。在平时，我们接触到的一般声音不足以引起颅骨的振动，只有较强的声波，或者是自己的说话声才能引起颅骨较明显的振动。

知识链接

空气传导和骨传导的临床应用

在临床工作中，常用音叉检查患者空气传导和骨传导的情况，帮助诊断听觉异常的病变部位和性质。例如，当鼓膜或中耳病变引起传音性耳聋时，此时患侧空气传导明显受损，骨传导则不受影响或甚至比健侧相对增强。当耳蜗病变引起感音性耳聋时，或听觉传导通路、听觉中枢发生病变引起中枢性耳聋时，患侧空气传导和骨传导都同样受损。

二、内耳的感音换能功能

内耳又称迷路，由耳蜗、前庭和三个半规管组成。声波传入内耳，通过外、内淋巴的振动引起耳蜗内蜗管的基底膜振动（图 9-8）。基底膜振动时，螺旋器的毛细胞和盖膜之间的相对位置不

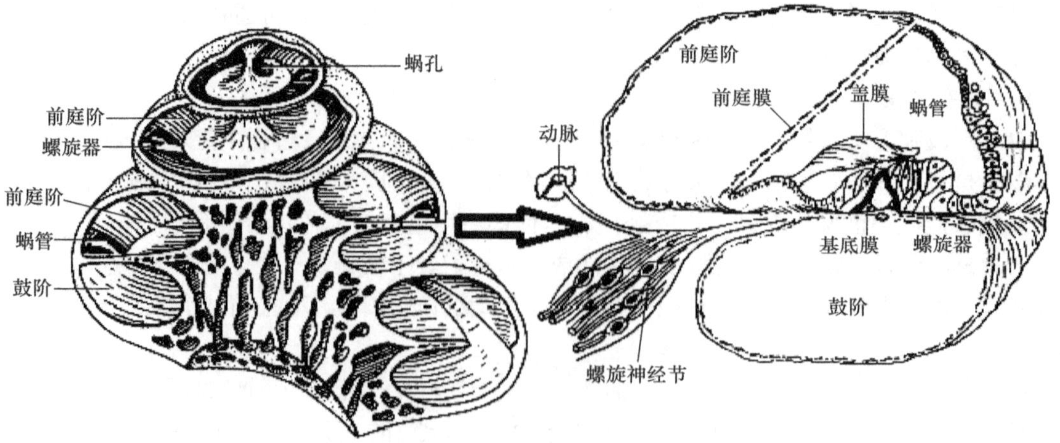

图 9-8　耳蜗的内部结构

断发生位移改变，于是毛细胞受到刺激而兴奋，把声波振动的机械能转变为电能，产生一系列的电位变化，通过蜗神经把神经冲动，传入大脑皮质的听觉中枢，产生听觉。

三、耳蜗对声音的初步分析

音调的高低是由声波的频率决定的，正常人感受声波频率范围为 16～20 000Hz，其中以对 1000～3000Hz 声波最为敏感。在人可感受的声波频率范围内，对于每一种频率都有一个能引起听觉的最小振动强度，称为听阈。用听阈的高低可表示听觉系统感受声音的能力，即听力。听阈愈低，表明听力愈好。听阈随年龄增长而逐渐升高。

耳蜗对不同频率声波的分析，目前用行波学说来解释。该学说认为：声波传入内耳引起基底膜振动，以行波的方式由耳蜗底部向蜗顶传播，就像抖动一端固定的绸带，形成行波向远端传播一样。不同频率的声波，其行波距离不同，其引起基底膜振动的最大振幅所在部位也不同。声波频率越低，行波传播越远，基底膜振动的最大振幅所在部位越近耳蜗蜗顶，在最大振幅出现后，行波迅速停止而消失。反之声波频率越高，基底膜振动的最大振幅所在部位越接近于耳蜗底部。也就是说，高频声波只能推动耳蜗底部的基底膜振动；中频声波振动向前延伸，在耳蜗中部的基底膜振幅最大；低频声波振动传播远，在耳蜗蜗顶的基底膜振幅最大。在基底膜振动的最大振幅所在部位的毛细胞受到刺激，将机械能转换为神经冲动，经相应的蜗神经纤维传入大脑皮质听觉中枢特定区域，产生相应音调的感觉。

第4节 前庭器官

前庭器官由内耳中的椭圆囊、球囊及三个半规管组成，是感受人体自身的姿势、运动状态、空间位置的感受器，在保持身体的平衡中起重要作用。

一、椭圆囊、球囊的功能

椭圆囊内的椭圆囊斑和球囊内的球囊斑能感受头部的空间位置和直线变速运动。例如，当头部的空间位置发生改变时，或者躯体做直线变速运动时，由于重力和惯性的作用，可反射性地调节躯体肌肉的紧张性引起的姿势反射，以维持身体的平衡，同时，还可引起相应的感觉。

二、半规管的功能

半规管中膜壶腹内有一块隆起的结构，称为壶腹嵴，它能感受旋转变速运动。由于每侧内耳各有三个相互垂直的半规管，它们可以感受任何平面上不同方向旋转变速运动的刺激，最后经前庭神经传入中枢，引起眼球震颤和躯体、四肢骨骼肌紧张性的改变，以调整姿势，保持平衡；同时，冲动上传到大脑皮质，引起旋转的感觉。

三、前庭反应

前庭器官受刺激而兴奋时，除引起位置觉和运动觉外，还能引起各种姿势反射、眼震颤和自主神经功能的改变等，这些现象统称为前庭反应。

人乘电梯突然上升时，可反射性地引起下肢伸肌抑制而发生下肢屈曲；相反，电梯突然下降时，伸肌收缩而下肢伸直等，这些都属于前庭器官的姿势反射，其意义是维持机体一定的姿势和保持身体平衡。躯体做旋转运动时，可引起眼球做往返运动，这种现象称为眼震颤。眼震颤主要是由于半规管受到刺激，反射性引起眼球外肌不自主的节律性运动，属于前庭-眼反射。若对前庭器官的刺激过强或刺激时间较长，便会引起心率加快、血压下降、呼吸频率增加、恶心、呕吐、出汗及皮肤苍白、唾液分泌增多等反应，称为前庭自主神经反应。对于前庭器官功能过度敏感的人，即便一般的前庭刺激，也会引起强烈的自主神经反应，导致晕车、晕船、航空病等。

自测题

A_1/A_2 型题

1. 一种感受器只对一种特定形式的刺激敏感，这种形式的刺激是（　　）
   A. 刺激阈　　B. 阈刺激
   C. 阈上刺激　　D. 阈下刺激
   E. 适宜刺激
2. 在眼的折光系统中，折光能力最强的是（　　）
   A. 视网膜　　B. 角膜
   C. 房水　　D. 玻璃体
   E. 晶状体
3. 眼折光系统的作用是（　　）
   A. 能辨别颜色
   B. 使物体成像在视网膜上
   C. 感受光刺激
   D. 产生形象视觉
   E. 以上都是
4. 正常时，强光照射一侧瞳孔的反应是（　　）
   A. 两侧瞳孔扩大　　B. 该侧瞳孔扩大
   C. 两侧瞳孔缩小　　D. 该侧瞳孔缩小
   E. 以上都不是
5. 视黄醛被消耗后需要以下哪种维生素补充(　　)
   A. 维生素 D　　B. 维生素 C
   C. 维生素 E　　D. 维生素 A
   E. 维生素 B
6. 人眼看近物时发生以下哪项变化（　　）
   A. 晶状体变凹，折光力减弱
   B. 晶状体变凸，折光力减弱
   C. 晶状体不变
   D. 晶状体变凹，折光力增强
   E. 晶状体变凸，折光力增强
7. 以下哪项是远视形成的原因（　　）
   A. 眼球前后径过短，折光力减弱
   B. 眼球前后径过长，折光力增强
   C. 眼球前后径过长．折光力减弱
   D. 眼球前后径过短，拆光力增强
   E. 眼球曲率半径长短不一
8. 以下哪项是老视（又称老花眼）发生的主要原因（　　）
   A. 晶状体弹性减弱　　B. 玻璃体弹性减弱
   C. 晶状体弹性增强　　D. 玻璃体弹性增强
   E. 晶状体和玻璃体弹性均增强
9. 声波感受器是（　　）
   A. 椭圆囊斑毛细胞　　B. 基底膜毛细胞
   C. 球囊斑毛细胞　　D. 半规管壶腹部毛细胞
   E. 耳石
10. 前庭器官包括（　　）
   A. 球囊
   B. 球囊、椭圆囊和半规管
   C. 球囊和半规管
   D. 椭圆囊和半规管
   E. 椭圆囊

（万爱军）

第10章 神经系统

> **案例10-1** 张某以急性脊髓炎入院，护士小李负责他的护理工作，张某入院时，有下肢麻木、无力和感觉消失症状，且伴有尿潴留和大便无法排泄现象。经医生系统治疗和小李护士精心、周到的护理，张某病情日益好转，较快地康复出院，并对护士小李的工作给予了较高的评价。
>
> **问题**：1. 患者为什么会出现感觉消失？
>
> 2. 张某尿潴留和无法排便又是什么原因引起的？

人体的功能调节系统包括神经系统和内分泌系统。神经系统是机体内最重要的调节系统。它不仅管理、协调着体内各器官的功能活动，使机体成为一个统一的整体；而且借助各种感受器，接受体内、外环境的各种信息，做出相应的反应，使机体适应内、外环境的变化，并在不断变化着的环境中维持自身功能的相对稳定。人类神经系统得到了高度进化，产生了学习与记忆、语言活动和抽象思维等高级功能。

第1节 反射活动的一般规律

一、神经元和神经纤维

神经元即神经细胞，是神经系统基本的结构与功能单位，由胞体和突起两部分构成（图10-1）。胞体的结构与一般细胞相同，是细胞代谢和营养的中心，位于脑、脊髓的灰质和神经节中。突起分为轴突和树突两种。一般树突较短，有多个；轴突较长，最长可达1m，只有1个，轴突离开胞体后外包髓鞘或神经膜成为神经纤维。在动作电位的产生和传导中，神经元的胞体和树突是接受刺激产生兴奋的部位，兴奋沿神经纤维向外周传导，所以神经纤维的功能是传导兴奋。在神经系统中，神经元之间通过突触联系组成反射弧及其他复杂的信息传输、整合网络，以实现对机体的功能调节。

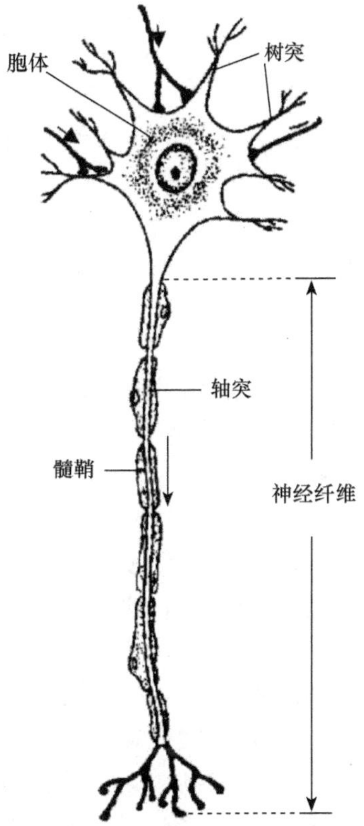

图10-1 神经元基本结构

二、神经元之间的功能联系

（一）突触结构和分类

1．突触的结构 突触是指神经元之间发生接触并传递信息的部位。经典的突触由突触前膜、突触间隙和突触后膜三部分组成（图10-2）。突触前膜为突触前神经元的轴突末梢膜，即突触小体膜；与突触前膜相对的另一个神经元的胞体或突起的膜称为突触后膜；两膜之间为突触间隙。在突触小体的轴浆内，有含神经递质的囊泡（突触小泡）及线粒体；在突触后膜上有与神经递质

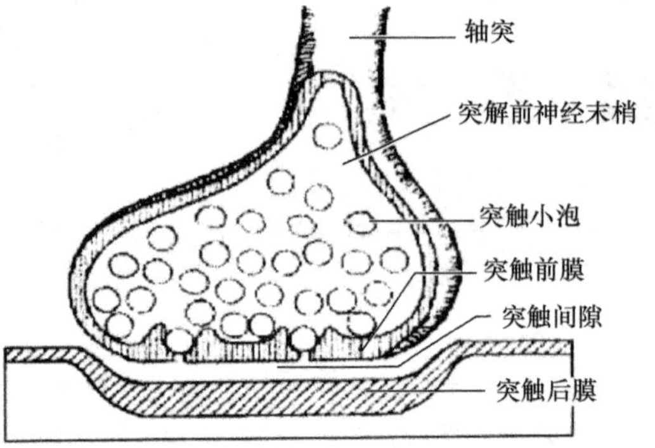

图 10-2 突触结构

结合的受体及离子通道。

2. 突触的分类 根据突触相互接触的部位，可把突触分为轴突-胞体型、轴突-树突型和轴突-轴突型三种类型（图 10-3）；根据突触前神经元对下一个神经元功能活动的影响，可把突触分为兴奋性突触和抑制性突触；根据信息传递的性质不同，可把突触分为化学性突触和电突触。

（二）突触传递过程

经典的化学性突触传递的基本过程：当兴奋传至轴突末梢时，突触前膜发生去极化，使前膜

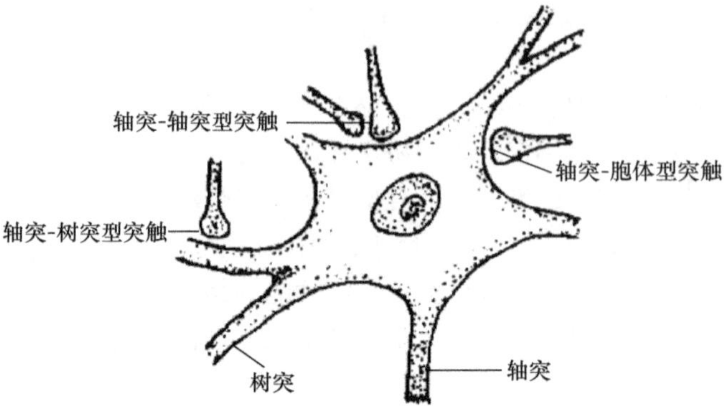

图 10-3 突触分类

上的 Ca^{2+}通道开放，Ca^{2+}进入突触小体，内流的 Ca^{2+}促使突触小泡向前膜移动，并与之接触、融合，小泡膜破裂以胞吐的方式将神经递质释放到突触间隙，经扩散至突触后膜，与后膜上的特异性受体结合，引起后膜上某些离子通道的开放，导致某些带电离子进入后膜，使突触后膜的电位发生变化，即产生去极化或超极化。这种突触后膜上的电位变化称为突触后电位。

1. 兴奋性突触后电位 在兴奋性突触传递中，突触前膜释放兴奋性递质，递质与突触后膜上的受体结合后，增加突触后膜对 Na^{+}的通透性，Na^{+}内流使突触后膜产生去极化。这种突触后膜去极化电位，称为兴奋性突触后电位（EPSP）。EPSP 是一种局部电位，它可以产生电位总和，当达到阈电位时则可引起突触后神经元爆发动作电位，产生兴奋效应。

2. 抑制性突触后电位 在抑制性突触传递中，突触前膜释放抑制性递质，递质与突触后膜上的受体结合后，增加突触后膜对 Cl^{-}的通透性，Cl^{-}内流使突触后膜产生超极化。这种突触后膜的超极化的电位，称为抑制性突触后电位（IPSP）。由于 IPSP 降低了突触后神经元的兴奋性，使之不易产生动作电位呈现抑制效应。

（三）突触传递特征

1. 单向传递 突触的化学传递过程，不同于兴奋在神经纤维上的传导。兴奋只能朝一个方向传递，即只能由突触前神经元传向突触后神经元，而不能逆向传递。这是由突触的结构及突触的传递性质决定的。由于突触的单向传递，使得信息在中枢传播具有一定方向性，保证了兴奋沿反射弧所规定的路径顺序进行。

2. 突触延搁 兴奋通过突触时，需要经过递质的释放、扩散以及与突触后膜的受体结合产

生突触后电位等一系列过程，因而与兴奋在相应长度的神经纤维上的传导相比，耗时较长，这种现象称为突触延搁。据测定，兴奋通过一个突触需时 0.3～0.5ms，所以在反射活动中，通过的突触愈多，突触延搁的时间就愈长。

3．总和　总和包括空间性总和和时间性总和。空间性总和是由多根神经纤维同时传入冲动到同一突触后神经元，使同时产生的多个兴奋性突触后电位叠加起来，达到阈电位水平而爆发动作电位；时间性总和是指单根传入神经纤维连续传入一连串的神经冲动，使在突触后神经元上相继产生的兴奋性突触后电位叠加起来，达到阈电位水平而爆发动作电位的过程。

4．后发放　在反射活动中，当刺激停止后，传出神经在一定时间内仍继续发放神经冲动，使反射效应持续一段时间，这个现象称为后发放，也称后放。

5．对内环境变化敏感　反射弧的中枢部位对内环境的变化十分敏感，如缺 O_2、CO_2 过多、pH 改变、麻醉药及某些药物等，均可影响突触传递的某些环节，改变突触部位的兴奋传递能力。

6．易疲劳性　在整个反射弧中，突触是最容易出现疲劳的部位。实验发现，给突触前神经元施加高频连续刺激几毫秒或几秒钟后，突触后神经元的放电频率即很快减少，反射活动也明显减弱。突触传递发生疲劳的原因可能与神经递质的耗竭有关。

三、神经递质

从化学性突触的传递过程可知突触的传递是以化学物质为介质的。神经系统中，参与信息传递的化学物质称为神经递质。目前所知的神经递质已有 100 余种，根据它们存在的部位不同，分为中枢神经递质和外周神经递质。

（一）中枢神经递质

中枢神经系统内释放的递质，称为中枢神经递质。目前发现的中枢神经递质多而复杂。主要有乙酰胆碱、单胺类（如多巴胺、5-羟色胺）、氨基酸类（如γ-氨基丁酸）和肽类（如阿片肽）等。

（二）外周神经递质

由传出神经末梢释放的递质，称为外周神经递质。主要的外周神经递质有乙酰胆碱（ACh）和去甲肾上腺素（NA）。在神经生理学中，常以神经末梢释放的神经递质类型来命名和分类神经纤维。凡末梢以释放乙酰胆碱作为递质的神经纤维，称为胆碱能纤维；凡末梢以释放去甲肾上腺素为递质的神经纤维称为肾上腺素能纤维。胆碱能纤维和肾上腺素能纤维在周围神经系统中的分布情况见表 10-1。

表 10-1　胆碱能和肾上腺素能纤维在周围神经系统中的分布

纤维名称	递质	分布
胆碱能纤维	ACh	交感和副交感神经节前纤维
副交感神经节后纤维		
支配汗腺和骨骼肌舒血管的交感神经节后纤维		
躯体运动神经纤维		
肾上腺素能纤维	NA	大部分交感神经节后纤维

四、反射中枢的活动方式

反射中枢的活动方式包括兴奋和抑制两个对立统一的过程。在任何反射活动中，反射中枢总是既有兴奋又有抑制，正因为如此，反射活动才得以协调进行。兴奋和抑制都是主动过程。

（一）中枢兴奋

中枢兴奋是通过兴奋性突触实现的。即前一个神经元释放兴奋性递质，引起突触后神经元产生兴奋性突触后电位，进而爆发动作电位，使突触后神经元产生兴奋效应。

（二）中枢抑制

中枢抑制可分为突触后抑制和突触前抑制两种。

1. 突触后抑制　突触后抑制是由抑制性中间神经元释放抑制性递质，使突触后神经元产生IPSP，从而使后神经元发生抑制。根据神经元间联系方式的不同，突触后抑制分为传入侧支性抑制和回返性抑制两种。

（1）传入侧支性抑制：传入侧支性抑制又称交互抑制。这种抑制发生在具有拮抗作用的中枢神经元活动之间。典型的例子是屈肌反射过程（图 10-4A）。这种交互抑制的意义是保证反射活动的协调。

（2）回返性抑制：回返性抑制是一种典型的负反馈抑制（图 10-4B）。当脊髓前角 α 运动神经元兴奋时，其传出冲动一方面沿轴突传到骨骼肌而发动肌肉运动；另一方面又经其轴突侧支兴奋脊髓内的一个抑制性中间神经元（闰绍细胞），转而抑制原先发动运动的 α 神经元和脊髓前角中其他运动神经元。其意义在于使神经元的活动及时终止，也促使同一中枢内许多神经元之间的活动协调一致。

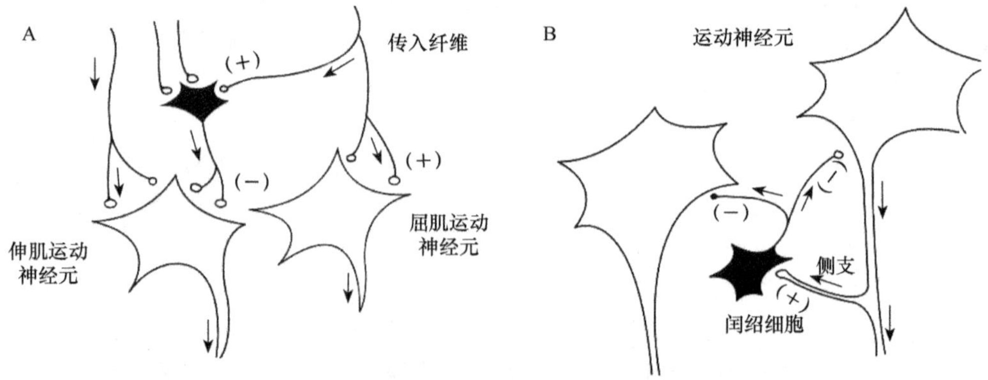

图 10-4　两类突触后抑制

A. 传入侧支性抑制；B. 回返性抑制；黑色细胞为抑制性中间神经元；（+）兴奋；（−）抑制

知识链接

破伤风产生机制

闰绍细胞末梢释放的抑制性递质是甘氨酸，其作用能被士的宁阻断，破伤风毒素也可抑制甘氨酸的释放，因此，两者均能阻断闰绍细胞对脊髓前角 α 神经元的负反馈性抑制作用，使骨骼肌发生强烈的收缩。

2. 突触前抑制　突触前抑制是指发生在突触前膜上的去极化抑制，其产生的结构基础是轴突-轴突型突触（图 10-5）。轴突 A 与运动神经元 C 构成轴突-胞体式突触，轴突 B 与轴突 A 构成轴突-轴突式突触。在没有轴突 B 的影响时，当轴突 A 兴奋时，本来能够在末梢释放足够量的兴奋性递质，使运动神经元 C 产生约 10mV 的兴奋性突触后电位。但是，在轴突 A 兴奋冲动到达末梢之前，若轴突 B 的兴奋冲动先行到达，并释放神经递质，使轴突 A 末梢膜处产生去极化，静息电位减小，导致轴突 A 本身到达末梢的动作电位幅度减小，释放的兴奋性递质减少。故只能触发神经元 C 产生约 5mV 的兴奋性突触后电位，远离阈电位水平，不易使神经元 C 爆发动作电位而兴奋，最终产生抑制效应。突触前抑制在中枢神经系统内广泛存在，尤其多见于感觉传入途径中，对控制外周信息的传入有重要的作用。

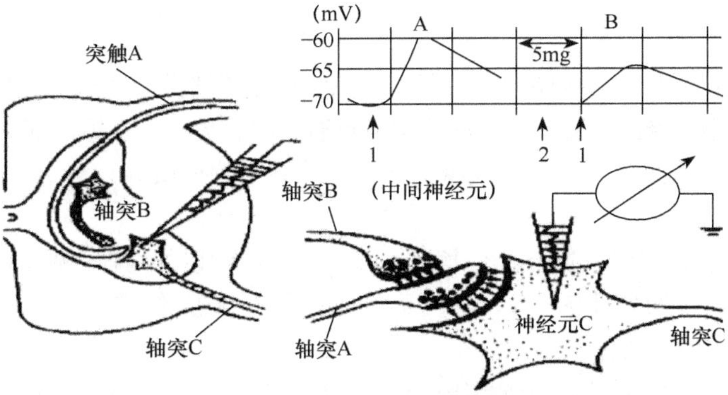

图 10-5　突触前抑制产生原理

（考点：神经元的功能、突触的概念和类型）

第 2 节　神经系统的感觉功能

感觉是客观事物在人脑中的主观反应。感觉的产生，首先是来自体内外的各种刺激作用于感受器，经换能后沿感觉传入神经到达各级感觉中枢，经各级中枢尤其是大脑皮质的分析和综合，产生各种感觉。

一、感觉投射系统

（一）特异性投射系统及其作用

特异性投射系统是指感受器发出的冲动，沿特定的传入通路投射到大脑皮质的特定部位而产生特定感觉的传导系统。特异性投射系统从体表到大脑皮质的投射，每一种感觉的传导投射径路都是专一的，具有点对点的投射关系。其生理功能是引起特定的感觉，并激发大脑皮质发出神经冲动（图 10-6）。

（二）非特异性投射系统及其作用

非特异性投射系统是指感觉传入系统经过脑干时发出侧支，与脑干网状结构中的神经元发生联系，经多次换元后，抵达丘脑再发出纤维，弥散地投射到大脑皮质的广泛区域。非特异性投射系统在上行途中失去了感觉传导的专一性，成为了各种感觉的共同上传途径。其主要功能是维持和改变大脑皮质的兴奋性，使机体处于觉醒状态。

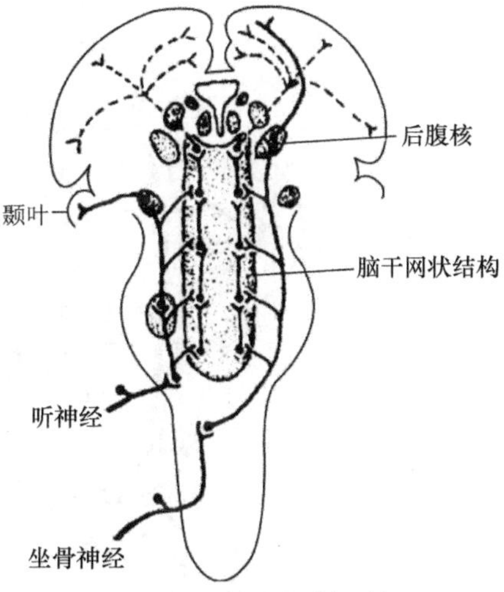

图 10-6　感觉投射系统

在实验中还发现，脑干网状结构内存在一个具有上行唤醒作用的功能系统，称为脑干网状结构上行激动系统。用电刺激中脑网状结构，能唤醒动物；而在中脑头端切断网状结构时，动物则可出现类似睡眠的现象。如巴比妥类安眠药就是阻断了上行激动系统的传导作用；如乙醚等全身麻醉药就是抑制了上行激动系统的传导及大脑皮质的活动而发挥麻醉作用的。

二、感觉中枢

（一）脊髓的感觉功能

躯体感觉的传导通路分为浅感觉传导路和深感觉传导路两类。浅感觉是指皮肤与黏膜的痛、温、触、压觉，其感受器的位置较浅；深感觉是指肌肉、肌腱、关节等深部结构的本体感觉。躯体感觉一般经脊髓后根进入脊髓，经丘脑换元后上传到大脑皮质。

（二）丘脑的感觉功能

丘脑是由大量神经元组成的神经核团集群。丘脑是除嗅觉以外的各种感觉的总换元站，并能对感觉传入信息进行初步的分析与综合，其换元后发出的感觉投射纤维再进一步向大脑皮质投射。

（三）大脑皮质的感觉功能

人类的大脑皮质是产生感觉的最高级中枢。各种感觉传入冲动最终都必须到达大脑皮质，经过皮质细胞对传入信息进行分析与整合，最后产生不同的感觉。

1．体表感觉代表区　全身体表感觉主要投射到中央后回，称为第一体表感觉区（图 10-7）。其感觉投射有以下规律：①交叉投射，即躯体一侧感觉传入冲动向对侧皮质投射，但头面部的感觉投射是双侧性的；②空间倒置排列，即下肢代表区在顶部，上肢代表区在中间部，头面部代表区在底部，但头面部的内部安排仍是正立的；③投射区域的大小与感觉灵敏程度有关，感觉灵敏程度高的部位在中央后回的代表区大，反之代表区小。

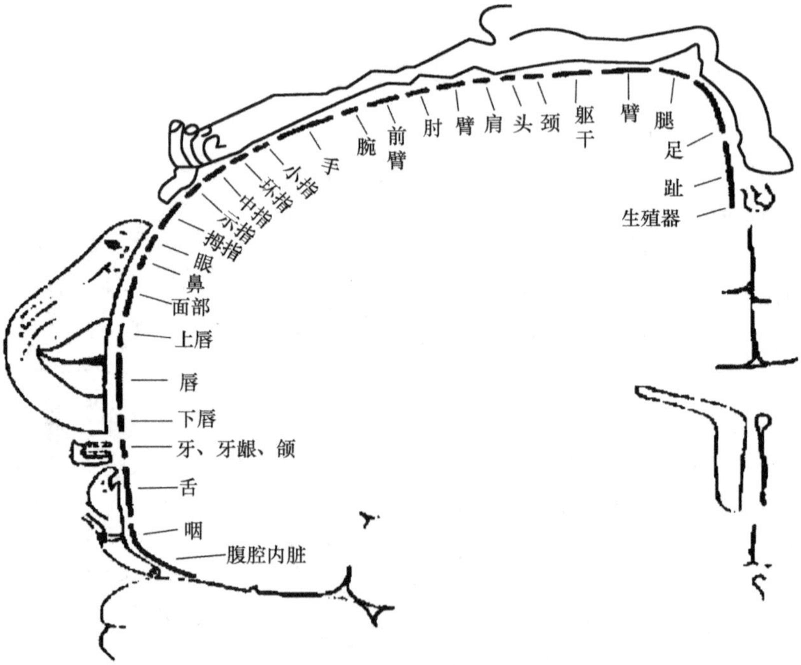

图 10-7　大脑皮质的感觉区

2．本体感觉代表区　中央前回既是运动区，也是肌肉、关节的本体感觉（运动觉）的代表区。刺激人脑中央前回，受试者可有欲发动肢体运动的主观感觉。

3．内脏感觉代表区　内脏感觉代表区混杂于体表感觉代表区之中。人脑的第二感觉区、运动辅助区和大脑边缘系统等部位都与内脏感觉有关，且与体表感觉代表区有较大的重叠。由于内脏感觉代表区较小，且不集中，这可能是内脏感觉定位不准确的原因。

4．视觉和听觉代表区　视觉代表区位于枕叶皮质距状沟的上下缘。听觉的皮质代表区位于颞叶皮质的颞横回和颞上回。

5．嗅觉和味觉代表区　嗅觉的皮质代表区位于边缘叶的前底部区域。味觉代表区在中央后回头面部感觉投射区的下方。

三、痛　　觉

痛觉感受器是游离的神经末梢，一般认为是一种化学感受器。任何形式的刺激只要达到一定的强度均可成为伤害性刺激。组织受到伤害性刺激后，释放某些化学物质，如 H^+、K^+、组胺、缓激肽、5-羟色胺和前列腺素等，这些物质作用于游离神经末梢，传入中枢神经系统，产生痛觉。痛觉是人体受到伤害性刺激时产生的一种不愉快的感觉，是一种复杂的生理心理现象，常伴有情绪变化和防卫反应。同时，痛觉也是人体受到伤害性刺激时的一种报警信号，对机体有保护性的作用。在临床上，疼痛又是许多疾病常见的症状之一。因此，认识痛觉具有重要意义。

（一）皮肤痛觉

当皮肤受到伤害性刺激时，可先后产生快痛和慢痛两种性质不同的痛觉。快痛在刺激时很快发生，是一种感觉清楚、定位明确、尖锐的“刺痛”，当撤除刺激后疼痛便很快消失；慢痛是一种定位不明确，较持续的“烧灼”痛，一般在刺激过后0.5～1.0秒才能被感觉到，痛感常常难以忍受，撤除刺激后疼痛仍持续几秒钟，并常常会诱发交感神经兴奋，出现心率加快、外周血管收缩、血压升高、瞳孔扩大，汗腺分泌增加等表现，行为上常表现为痛苦、害怕、焦虑不安等情绪反应。

（二）内脏痛和牵涉痛

1．内脏痛　内脏痛是指内脏组织器官受到伤害性刺激时产生的疼痛感觉。与皮肤痛相比，内脏痛具有一些显著的特征：①疼痛缓慢，持续时间较长；②定位不准确，对刺激的分辨力差；③对于机械性牵拉、痉挛、缺血和炎症等刺激敏感，而对切割、烧灼等刺激不敏感；④有明显的情绪反应，并往往伴有牵涉痛。

2．牵涉痛　牵涉痛是指某些内脏疾病往往引起体表一定部位产生疼痛或痛觉过敏的现象。不同内脏疾病，牵涉痛发生的部位不同。例如心肌缺血或梗死时，在心前区、左肩和左上臂尺侧发生疼痛；胆囊病变时，可在右肩区出现疼痛；阑尾炎时，可有脐周或上腹部疼痛。由于出现牵涉痛的部位是相对固定的。因此，牵涉痛在临床上对某些疾病的诊断具有一定价值。

（考点：特异和非特异投射系统功能、第一感觉区的投射规律、内脏痛的特点、牵涉痛的概念与意义）

第3节　神经系统对躯体运动的调节

人和动物进行的各种躯体运动，都是在骨骼肌活动的基础上进行的，而骨骼肌的收缩与舒张又是在神经系统的控制下实现的。神经系统对各种姿势和随意运动的调节，都是复杂的反射活动。运动愈复杂，愈需要神经系统高级中枢的参与。

一、脊髓对躯体运动的调节

躯体运动最基本的反射中枢在脊髓，通过脊髓可完成一些比较简单的反射活动。

（一）神经-肌接头处兴奋的传递

脊髓前角灰质中的运动神经元主要是 α 和 γ 运动神经元。它们发出运动神经纤维其末梢与骨骼肌细胞之间形成神经-肌肉接头。神经-肌肉接头的结构与突触很相似，由接头前膜、接头间隙和接头后膜（或称终板膜）组成（图 10-8）。运动神经纤维末梢在接近骨骼肌细胞时，失去髓鞘，末端膨大，形成接头小体。接头小体内有丰富的接头小泡，小泡内含乙酰胆碱。接头后膜有胆碱能受体及水解乙酰胆碱的胆碱酯酶。当兴奋由运动神经纤维传至接头前膜时，接头前膜去极化，引起钙通道开放。Ca^{2+}进入接头前膜，使接头小泡释放乙酰胆碱。经接头间隙扩散到终板膜，与终板膜上的乙酰胆碱受体相结合，引起后膜对 Na^{+}通透性增高，使后膜去极化，形成终板电位，当达到阈电位时引起肌细胞膜产生动作电位，再经兴奋-收缩耦联，引起肌细胞收缩。

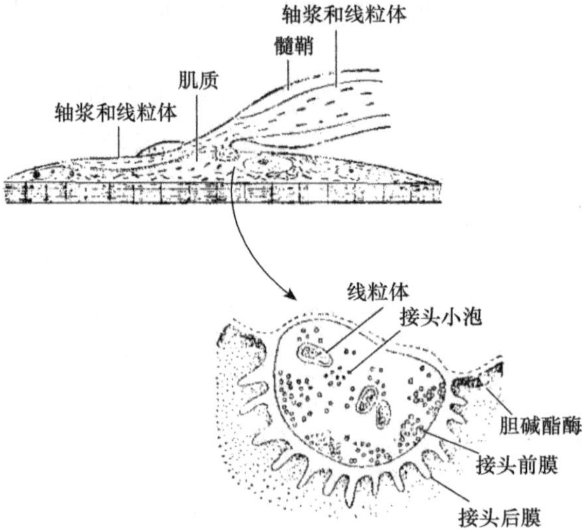

图 10-8 神经-骨骼肌接头结构

神经肌肉接头处每次神经冲动所释放的递质量都可引起肌细胞膜产生动作电位，使肌细胞出现兴奋与收缩。但因接头后膜上的胆碱酯酶能及时将乙酰胆碱水解失活，所以一次神经冲动只引起一次肌肉收缩。某些药物或化学物质，如有机磷、毒扁豆碱、新斯的明等可使胆碱酯酶失去活性，乙酰胆碱不能及时水解而导致肌肉持续性收缩。另一些药物，如筒箭毒能与乙酰胆碱受体结合，阻断乙酰胆碱的作用，导致肌肉松弛。

（二）牵张反射

骨骼肌受到外力牵拉而伸长时，能反射性地引起受牵拉的肌肉收缩，称为牵张反射。它是脊髓完成的一种比较简单的反射活动。牵张反射有肌紧张和腱反射两种类型。

1．肌紧张　肌紧张是指缓慢持续牵拉肌腱时引起的牵张反射，表现为受牵拉的肌肉发生微弱而持续性地收缩，肌肉张力增加而不出现明显地缩短。因此，也称为紧张性牵张反射。例如人体处于直立位时，抗重力肌（伸肌）为对抗重力的持续牵拉发生的牵张反射。肌紧张是维持躯体姿势最基本的反射活动，是姿势反射的基础。

2．腱反射　腱反射是指快速牵拉肌腱时发生的牵张反射。因为表现出迅速而明显的肌肉收缩，又称为位相性牵张反射。如膝反射，当叩击股四头肌肌腱时，可引起股四头肌发生一次快速收缩。正常情况下，腱反射要受到脊髓以上高位中枢的控制，临床上常用检查腱反射来了解神经系统的功能状态。腱反射减弱或消失，说明该反射的反射弧某部分受到损伤；腱反射亢进，则提示高位中枢可能有病变。

（三）脊休克

1. 脊休克的概念　为了观察研究脊髓的功能，须将动物脊髓与高位中枢的联系切断，这种脊髓与高位中枢离断的动物称为脊动物。当动物的脊髓与高位中枢离断后，横断面以下的脊髓暂时丧失反射活动的能力而进入无反应状态，这种现象称为脊休克。

2. 脊休克的表现　脊休克的表现主要有：①断面以下的脊髓所参与和支配的躯体反射和骨骼肌的肌紧张均减弱或消失；②外周血管扩张，血压下降，发汗停止，粪、尿潴留等。以后，一些以脊髓为中枢的反射活动可逐渐恢复。恢复所需的时间与动物的种属有关。一般低等动物如蛙在数分钟内即恢复；犬则需要数天；而人类脊髓反射的恢复就需要数周以至数月。反射恢复的过程中，首先是一些比较简单的反射，如屈肌反射、腱反射等先恢复，随后内脏反射也逐渐恢复，如血压逐渐升高等。

3. 脊休克产生的机制　正常情况下，脊髓是在高位中枢的控制下进行活动的，其本身的反射不易表现出来。脊休克的发生是由于离断的脊髓突然失去了高位中枢的调节，特别是失去了大脑皮质、前庭核和脑干网状结构的下行纤维对脊髓的易化作用，使脊髓处于兴奋性极低的状态，以致一段时间内对任何刺激无反应。脊休克的恢复说明脊髓具有完成某些简单的躯体和内脏反射的能力。

二、脑干对肌紧张的调节

脑干对肌紧张的调节，主要是通过脑干网状结构易化区和抑制区的活动而实现的。

（一）脑干网状结构对躯体运动的调节

脑干网状结构易化区较大，包括延髓网状结构的背外侧部分、脑桥的被盖、中脑的中央灰质及被盖，以及下丘脑和丘脑中线核群等部位（图10-9）。脑干网状结构易化区的主要作用是加强肌紧张和肌肉运动，用电刺激动物脑干网状结构的这些区域，可使动物的肌紧张和肌肉运动加强。此外，小脑前叶两侧部和前庭核可通过加强易化区的活动使脊髓的牵张反射活动加强。脑干网状结构抑制区较小，位于延髓网状结构的腹内侧部分。脑干网状结构抑制区主要是抑制γ运动神经元，从而降低肌紧张，用电刺激动物脑干网状结构的该部位，可使动物的肌紧张和肌肉运动减弱。此外，大脑皮质运动区、纹状体、小脑前叶蚓部等脑干外区域可通过加强网状结构抑制区的活动来抑制肌紧张。

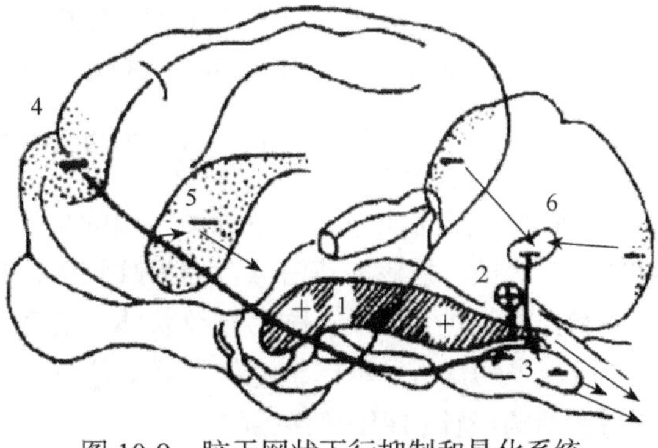

图10-9　脑干网状下行抑制和易化系统

1. 网状易化区；2. 前庭核；3. 网状抑制区；4. 大脑皮质；5. 尾核；6. 小脑；－. 下行抑制系统；＋. 下行易化系统

正常情况下，易化区的活动较强，抑制区的活动较弱，两者在一定水平上保持相对平衡，以维持正常的肌紧张。

（二）去大脑僵直

正常情况下，易化肌紧张和抑制肌紧张的活动保持着一种动态平衡。一旦这种平衡被打破，就会出现肌紧张亢进或减弱，这可用去大脑僵直实验来说明。在中脑的上、下丘之间切断麻醉动物的脑干，动物立即出现四肢伸直、脊柱后挺、头尾昂起，呈角弓反张状态，这种现象称为去大脑僵直。去大脑僵直产生的原因是脑干网状结构抑制区失去了与大脑皮质运动区和纹状体的联系，使网状结构抑制区的活动大大地减弱，而网状结构易化区的活动相对增强，造成牵张反射过度增强的结果。临床上也可见到人类患某些脑内疾病时出现类似的去大脑僵直现象。

三、小脑对躯体运动的调节

根据与小脑联系的纤维情况不同，可将小脑分为前庭小脑、脊髓小脑和皮质小脑三个主要的功能部分，它们对躯体运动的调节作用各有其特点。

（一）维持身体平衡

前庭小脑又称古小脑，主要指绒球小结叶，其主要功能是维持身体的平衡。如此区受损，患者会出现平衡失调、步态困难。表现为站立不稳、头和躯干摇晃不定、步态蹒跚、没有支撑不能行走等症状。

（二）调节肌紧张

脊髓小脑又称旧小脑，由小脑前叶和后叶的中间带构成，其主要功能是调节肌紧张。对肌紧张具有易化和抑制双重作用，但以易化作用占优势。因此，人类小脑损伤后，主要表现为肌紧张降低、肌无力等症状。

（三）协调随意运动

皮质小脑又称新小脑，主要是指小脑半球的外侧部，其主要功能是协调随意运动。这部分小脑与大脑皮质运动区、联络区、基底神经节之间存在着联合活动，并共同参与运动计划的形成和运动程序的编制过程。通过皮质小脑的作用，使大脑皮质发动的随意运动快速、协调、精巧。小脑半球损伤的患者不能完成弹钢琴、打字等相关的精巧活动并出现随意运动的不协调现象。

四、基底神经节对躯体运动的调节

基底神经节是皮质下一些神经核团的总称，包括尾状核、壳核、苍白球、丘脑底核、黑质和红核。尾状核、壳核和苍白球合称为纹状体，其中苍白球是最古老的部分，称为旧纹状体，而尾状核和壳核则进化较新，称为新纹状体。基底神经节有重要的运动调节功能，它与随意运动的稳定、肌紧张的调节、本体感觉传入冲动信息的处理等都有密切的关系。另外，基底神经节可能还参与运动的设计和程序的编制。

知识链接

基底神经节损伤

临床上基底神经节的损伤主要表现为两大类：一类是运动过少而肌紧张过强综合征，如帕金森病，又称震颤麻痹。其主要症状是全身肌紧张增高，肌肉强直，随意运动减少，动作缓慢，面部表情呆板，常出现静止性震颤（多见于手部）等。另一类是运动过多而肌紧张降低综合征，如舞蹈病和手足徐动症。主要表现为头部和上肢出现不自主的舞蹈样动作，肌张力也降低，其主要病变在新纹状体。

五、大脑皮质对躯体运动的调节

大脑皮质是调节控制躯体运动的最高级中枢。大脑皮质运动区的损伤将导致随意运动的障碍。

（一）大脑皮质运动区

大脑皮质的主要运动区位于中央前回，该区控制随意运动有以下特征：①交叉支配，头面部多数为双侧性支配；②功能定位精细，呈倒置安排但头面部内部是正立的；③皮质代表区的大小与运动的精细、复杂程度成正相关（图 10-10）。

大脑皮质运动区通过锥体系和锥体外系实现对躯体运动的调节。

（二）锥体系

锥体系一般指由大脑皮质神经元及其发出的皮质脊髓束和皮质脑干束所组成（图 10-11），其传出冲动是在上运动神经元（皮质运动神经元）和下运动神经元（脊髓前角运动神经元和脑神经核运动神经元）两级之间传递。锥体系的主要生理功能是发动随意运动。当去除哺乳类动物的大脑皮质或损伤锥体束，可使动物随意运动丧失，出现肌肉运动瘫痪（硬瘫）。

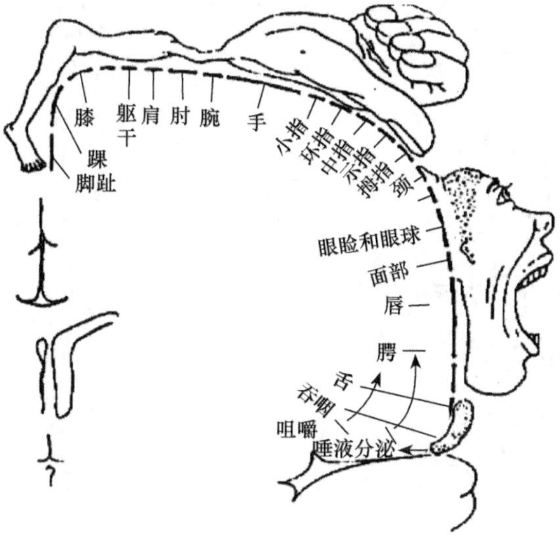

图 10-10　大脑皮质的运动

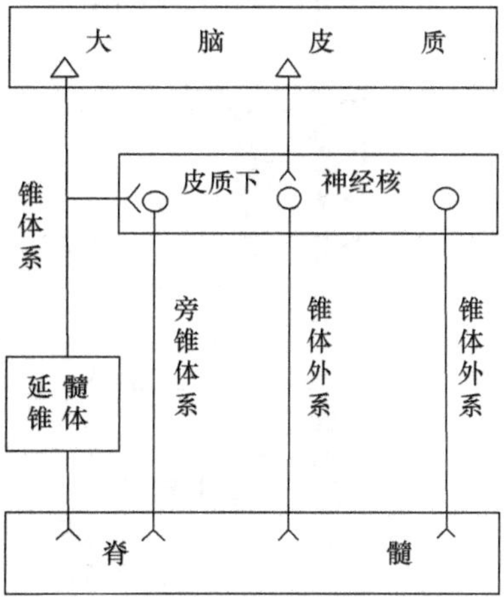

图 10-11　锥体系和锥体外系

（三）锥体外系

锥体外系是指锥体系以外的控制躯体运动的下传系统，包括皮质起源的锥体外系和旁锥体系。皮质起源的锥体外系是指由大脑皮质下行，通过皮质下核团（基底神经节、红核等）接替，最后经网状脊髓束、顶盖脊髓束、红核脊髓束及前庭脊髓束下达脊髓，控制脊髓运动神经元活动的锥体外系统。

锥体外系的主要生理功能是调节肌紧张、调整身体姿势和协调肌群的运动。

知识链接

瘫　痪

当人的运动传导通路损伤后，在临床上常出现柔软性麻痹（软瘫）和痉挛性麻痹（硬瘫）。前者主要表现肌张力减弱、腱反射减弱或消失、随意运动丧失等。后者主要表现肌张力亢进、腱反射增强和随意运动丧失，并出现病理反射，如巴宾斯基征。

（考点：脑干网状结构易化区与抑制区作用、小脑的功能、大脑皮质运动代表区的功能特点、锥体系与锥体外系的功能）

第 4 节　神经系统对内脏活动的调节

调节内脏活动的神经系统称为自主神经系统。自主神经系统分为交感神经系统和副交感神经系统，而且有传入纤维和传出纤维之分，习惯上自主神经系统仅指支配内脏活动的传出神经（图 10-12）。

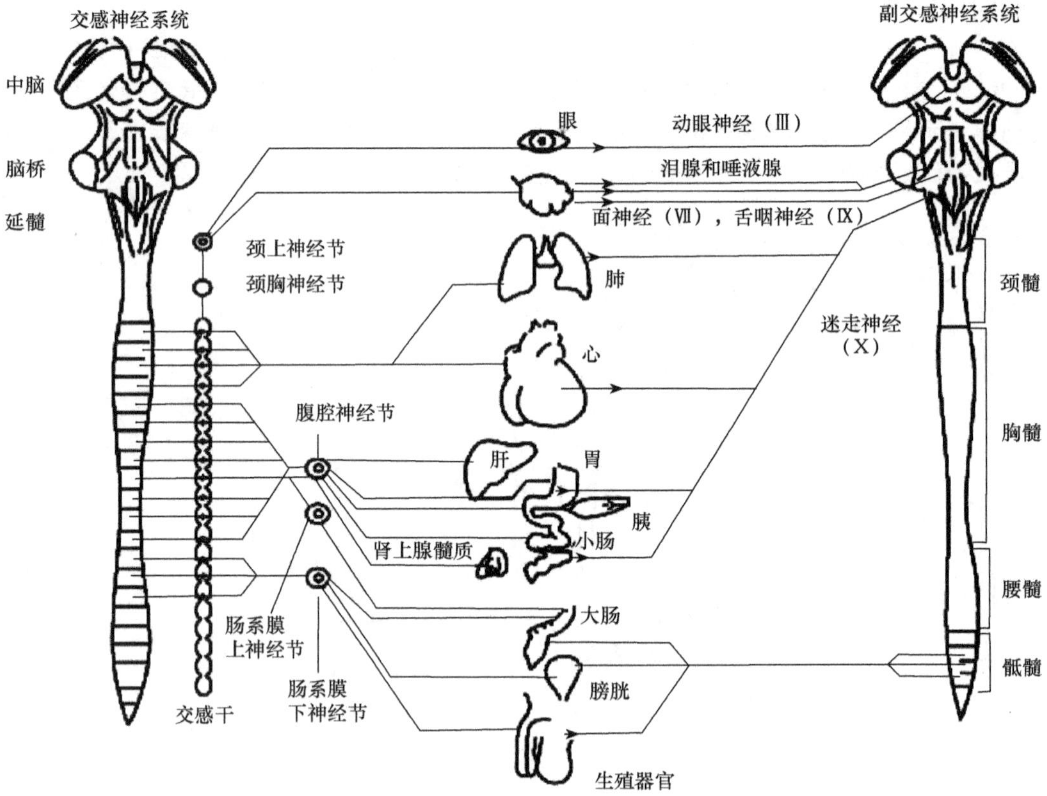

图 10-12　自主神经分布

一、自主神经的主要功能及其生理意义

（一）交感神经和副交感神经的功能

自主神经所支配的内脏器官非常广泛，包括循环、呼吸、消化、泌尿、内分泌等器官。体内大多数内脏器官同时受交感神经和副交感神经的双重支配，但两者作用相反。在正常情况下，交感神经和副交感神经都具有一定的紧张性，使内脏器官的活动维持在一定的动态平衡范围。如果某些原因使其两者的紧张性改变，动态平衡遭到破坏，就会发生自主神经功能紊乱。自主神经系统的主要功能，见表 10-2。

表 10-2　自主神经系统的主要功能

器官	交感神经	副交感神经
循环器官	心跳加强，皮肤、腹腔内脏血管收缩，肌肉血管可收缩（肾上腺素能）或舒张（胆碱能）	心跳减慢，心房肌收缩力减弱，部分血管（如软脑膜动脉和外生殖器的血管等）舒张
呼吸器官	支气管平滑肌舒张	支气管平滑肌收缩

续表

器官	交感神经	副交感神经
消化器官	分泌黏稠唾液，抑制胃肠和胆囊的运动，促进括约肌收缩	分泌稀薄唾液，促进胃液、胰液分泌，促进胃肠运动和胆囊收缩，使括约肌舒张
泌尿	使逼尿肌舒张，括约肌收缩	使逼尿肌收缩，括约肌舒张
生殖	有孕子宫收缩	无孕子宫舒张
眼	瞳孔扩大，睫状肌松弛	瞳孔缩小，睫状肌收缩
皮肤	促进汗腺分泌，使竖毛肌收缩	
代谢	促进肾上腺髓质分泌和糖原分解	促进胰岛素分泌

（二）交感神经和副交感神经系统的生理意义

交感神经系统活动常伴有肾上腺髓质激素的分泌，常将两者合称为交感-肾上腺髓质系统，其主要作用在于动员机体储备的能量，使机体适应环境的急骤变化。在紧张、剧烈运动、窒息、寒冷、失血等情况下，表现为心跳加快、血库排出血液、糖原分解、支气管扩张、皮肤与腹腔内脏血管收缩等生理过程。

副交感神经系统活动常伴有胰岛素的分泌，常将二者合称为迷走-胰岛素系统。此系统活动一般比较局限，其主要作用是保护机体、促进消化吸收、储蓄能量、加强排泄和生殖系统活动等。在安静情况下，表现为心脏活动减弱、消化活动加强、瞳孔缩小等。

二、自主神经的递质和受体

（一）自主神经的外周递质

自主神经对内脏器官的作用是通过神经末梢释放递质而实现的，其释放的递质属于外周神经递质，主要为乙酰胆碱和去甲肾上腺素。

（二）自主神经的受体

1．胆碱能受体　能与乙酰胆碱结合的受体称为胆碱能受体。胆碱能受体分为毒蕈碱受体和烟碱受体两类。

（1）毒蕈碱受体：毒蕈碱受体（M 受体）是指能与毒蕈碱结合产生生理效应的胆碱能受体，主要分布于副交感神经节后纤维及小部分交感神经节后纤维所支配的效应器细胞膜上。乙酰胆碱与 M 受体结合后，可产生一系列自主神经效应，包括心脏活动抑制，支气管平滑肌、胃肠平滑肌、膀胱逼尿肌收缩，消化腺、汗腺分泌增加，瞳孔缩小，骨骼肌血管舒张等。这些作用称为毒蕈碱样作用，简称 M 样作用。毒蕈碱样作用可被 M 受体阻滞药阿托品阻断。因此，在临床上阿托品可用于有机磷农药中毒的解救和解除胃肠平滑肌痉挛。但阿托品也可引起心率加快、瞳孔扩大、唾液和汗液分泌减少等反应。

（2）烟碱受体：烟碱受体（N 受体）是指能与烟碱结合产生生理效应的胆碱能受体。又分为两个亚型，N_1受体和N_2受体。N_1受体分布于自主神经节的突触后膜上；N_2受体位于神经肌肉接头的终板膜上。乙酰胆碱与N_1受体结合后，可引起自主神经节的节后神经元兴奋；如与N_2受体结合，可引起骨骼肌兴奋。六烃季铵有阻断N_1受体的功能，十烃季铵有阻断N_2受体的功能。筒箭毒可阻断N_1和N_2受体，能使肌肉松弛。因此，在临床手术中可作为肌肉松弛药使用。

2．肾上腺素能受体　能与去甲肾上腺素结合的受体称为肾上腺素能受体，分为 α 型肾上腺素能受体和 β 型肾上腺素能受体两种类型。

（1）α型肾上腺素能受体（简称α受体）：α受体主要分布在内脏血管、子宫平滑肌、胃肠道括约肌和扩瞳肌上，主要产生兴奋效应，使内脏血管和子宫收缩，瞳孔散大等。α受体还分布在小肠平滑肌上，但产生抑制效应，使小肠平滑肌舒张。酚妥拉明为α受体阻断药。

（2）β型肾上腺素能受体（简称β受体）：β受体又可分为β_1和β_2受体两种亚型。β_1受体主要分布于心脏组织中，其作用也是兴奋效应，使心率加快、心肌收缩力增强。β_2受体分布于支气管、胃、肠、子宫等血管平滑肌上，其作用是抑制性的，使这些平滑肌舒张。普萘洛尔（心得安）是重要的β受体阻滞药，它对β_1受体和β_2受体都有阻断作用。安他唑啉（心得宁）主要阻断β_1受体，而纳多洛尔（心得乐）则主要阻断β_2受体。

三、内脏活动的中枢调节

（一）脊髓对内脏活动的调节

交感神经和部分副交感神经起源于脊髓。因此，脊髓是内脏活动的初级中枢。如脊休克恢复后，脊髓本身可以完成血管张力反射、发汗反射、排尿反射、排便反射及勃起反射等，说明脊髓对内脏活动有一定的调节能力。

（二）脑干对内脏活动的调节

延髓是部分副交感神经的发源地，存在心血管活动中枢、呼吸中枢及与消化有关的中枢。如损伤延髓的动物可立即死亡，故延髓有“生命中枢”之称。同时，延髓也是吞咽、咳嗽、喷嚏等反射活动的整合部位。此外，脑桥有呼吸调整中枢，中脑有瞳孔对光反射中枢。

（三）下丘脑对内脏活动的调节

下丘脑不仅是调节内脏活动的较高级中枢，也是调节内分泌活动的高级中枢。同时，下丘脑还能把内脏活动、内分泌活动和躯体活动三者联系起来，以实现对机体的摄食、水平衡、体温、内分泌和情绪反应等许多重要生理功能的“全方位”调节。

（四）大脑皮质对内脏活动的调节

大脑皮质对内脏活动的调节是通过边缘系统和新皮质来实现的。边缘系统是调节内脏活动的重要中枢，参与对血压、心率、呼吸、胃肠、瞳孔、竖毛、体温、汗腺、排尿和排便等活动的调节，故有人称其为内脏脑。此外，边缘系统还与情绪、食欲、生殖、防御、学习和记忆等活动有密切关系。

（考点：胆碱能受体与肾上腺能受体的类型、分布及效应）

第5节　脑的高级功能

人类的大脑皮质高度发达，除了能产生感觉和对躯体运动、内脏活动进行精细、完善的调节外，还有更为复杂的高级功能，如完成复杂的条件反射、觉醒与睡眠、学习与记忆过程及实现意识、思维、语言等功能活动。

一、条件反射

神经系统活动的基本方式是反射，反射可分为非条件反射和条件反射两种，条件反射是脑的高级神经活动。

（一）条件反射的形成

条件反射是在非条件反射的基础上建立起来的，是个体在生活过程中自然获得，也可以人为地加以训练形成，它的建立需要有一个过程。研究条件反射的经典方法是观察狗的唾液分泌实验。

在动物实验中，给狗喂食引起狗唾液分泌，这是非条件反射，食物的刺激称为非条件刺激。给狗施以铃声刺激不会引起狗唾液分泌，“铃声”与唾液分泌无关，称无关刺激。但在每次给狗喂食前，先施以铃声刺激，然后再给进食，这样经多次重复后，每当铃声出现，即使不给狗进食，也可引起狗唾液分泌，于是铃声刺激引起狗的唾液分泌的条件反射就建立起来了。这时，“铃声”不再是唾液分泌的无关刺激，而是变成了进食的信号。故把这时的铃声刺激叫做“信号刺激”或称为“条件刺激”。

实验表明，在非条件反射的基础上，任何无关刺激只要与非条件刺激在时间上多次结合以强化，都可能转变成条件刺激而引起条件反射。条件反射建立后，如果只反复给予条件刺激，不再用非条件刺激强化，条件反射将会逐渐减弱甚至消退。

（二）条件反射的意义

条件反射具有重要的生物学意义，因为条件反射的建立大大提高了机体对外界环境的适应能力。条件反射的数量是无限的，这就扩大了感受刺激的范围，增加了机体活动的预见性、灵活性和精确性，使机体对环境具有更加广阔和完善的适应能力。

二、人类大脑皮质活动的特征

人与动物一样，也可对环境中的各种刺激建立条件反射。但是人类的条件反射具有动物所不具备的特点。巴甫洛夫提出人脑功能有两个信号系统，他把现实具体的信号（如光、声、嗅、味、触等）称为第一信号；而把抽象的信号，即语言、文字称为第二信号。大脑皮质对第一信号发生反应的功能系统称为第一信号系统，它是人和动物所共有的；大脑皮质对第二信号发生反应的功能系统则称为第二信号系统，它建立在第一信号系统之上，是人类所特有的，是人和动物相区别的主要特征。因此，人类的条件反射更加高级，不仅对环境表现有很强的适应能力，而且能进一步改造环境，大大提高了与恶劣环境做斗争的能力。

三、觉醒与睡眠

觉醒与睡眠是人和其他动物的正常生理活动。人只有在觉醒状态下，才能从事各种活动，如工作、学习和生活等；而只有通过良好的睡眠才可使机体的体力和精力得到恢复。

（一）觉醒状态的维持

觉醒状态的维持与脑干网状结构上行激动系统的“唤醒”作用有关。破坏脑干网状结构上行激动系统，可使人或动物长期处于睡眠状态。经进一步的研究发现，觉醒状态可分为脑电觉醒和行为觉醒两种。脑电觉醒是指大脑皮质出现觉醒状的电活动改变，而行为上不一定处于觉醒状态。行为觉醒是指机体出现了觉醒时的各种行为表现。

（二）睡眠的生理变化

睡眠时，中枢神经系统处于抑制状态，机体各种生理活动减退。表现为：①嗅、视、听、触觉等功能暂时减退；②骨骼肌肌紧张和腱反射减弱；③自主神经的功能发生一系列变化，如血压下降、心率减慢、体温下降、呼吸减慢、胃液分泌增多、代谢率降低等。

睡眠状态的维持，使机体能量消耗明显减少，垂体分泌的促激素增多，尤其是生长激素释放明显增多，对消除疲劳、恢复体力和促进儿童生长发育都有重要意义，同时还能促进脑内蛋白质的合成，有利于增强记忆，促进精力恢复。睡眠对于机体具有重要的保护意义，睡眠功能障碍将导致中枢神经系统活动的失常。

正常人需要的睡眠时间因年龄、职业及个体情况而不同。新生儿需要 18～20 小时，儿童需要 12～14 小时，成年人一般需要 7～9 小时，老年人可减少到 5～7 小时。

自测题

A_1 型题

1．神经纤维传导兴奋的特征是（　　）

A．生理完整性　B．双向性
C．绝缘性　D．相对不疲劳性
E．以上都是

2．神经元与神经元接触和传递信息的部位，称为（　　）

A．润盘　B．缝隙连接
C．紧密连接　D．突触
E．曲长体

3．突触后膜对哪种离子通透性提高，导致兴奋性突出后电位的产生（　　）

A．K^+　B．Na^+
C．Cl^-　D．Ca^{2+}
E．以上都是

4．冲动传到轴突末梢，由于哪种离子内流，导致递质释放（　　）

A．Na^+　B．K^+
C．Ca^{2+}　D．Mg^{2+}
E．Cl^-

5．突触传递过程中递质与突触后膜受体结合，由于离子移动使突触后膜产生的电位变化称（　　）

A．静息电位　B．动作电位
C．阈电位　D．突触后电位
E．发生器电位

6．抑制性突触后电位在突触后膜电位变化呈现（　　）

A．极化　B．去极化
C．反极化　D．复极化
E．超极化

7．神经纤维的主要功能是（　　）

A．接受与体内外刺激
B．换能作用　C．分析综合
D．传导兴奋（冲动）　E．释放化学递质

8．脊髓的感觉功能表现为（　　）

A．主要起传导的作用
B．对感觉做精细的分析和综合
C．是感觉传导的换元接替站
D．对感觉做粗略的分析、综合
E．是感觉分析的最高级中枢

9．指出下列哪些是丘脑特异投射系统的特点（　　）

A．弥散性投射到大脑皮质的广泛区域
B．点对点的投射到大脑皮质特定区域
C．上行激活系统是通过特异投射系统发挥作用
D．主要功能是改变大脑皮层的兴奋状态
E．对催眠药和麻醉药较敏感

10．切断动物的非特异性投射系统，将出现（　　）

A．昏睡　B．脊休克
C．去大脑僵直　D．偏瘫
E．以上都不是

11．致痛物质是指（　　）

A．K^+　B．H^+
C．组胺　D．5-羟色胺
E．以上都是

12．牵张反射的感受器是（　　）

A．腱梭　B．肌肉
C．肌梭　D．游离神经末梢
E．以上都不是

13．维持躯体姿势反射的基础是（　　）

A．屈肌反射　B．对侧伸肌反射
C．腱反射　D．肌紧张
E．迷走反射

14．自主神经的功能特点（　　）

A．一般器官受交感、副交感神经双重支配
B．作用的对立统一

C. 具有紧张性作用

D. 与效应器本身的功能状态有关

E. 以上都是

15. 交感神经兴奋时（　　）

A. 心跳加快加强　B. 支气管平滑肌舒张

C. 抑制胃肠运动　D. 瞳孔扩大，竖毛肌收缩

E. 以上都是

16. 副交感兴奋时，可引起（　　）

A. 心脏活动加强

B. 支气管平滑肌舒张

C. 胃肠活动受抑制，消化液分泌减少

D. 逼尿肌收缩，尿道内括约肌舒张

E. 瞳孔扩大

17. 参与应急反应的是（　　）

A. 上行激活系统

B. 旁中央上行系统

C. 交感－肾上腺髓质系统

D. 迷走－胰岛素系统

E. 特异性投射系统

18. 属于肾上腺素能纤维的是（　　）

A. 交感神经节前纤维

B. 副交感神经节前纤维

C. 支配汗腺的交感神经节后纤维

D. 副交感神经节后纤维

E. 大部分交感神经节后纤维

19. 抑制性突触主要是通过提高突触后膜对哪些离子的通透性起作用的（　　）

A. Na^+　B. K^+

C. Cl^-　D. Ca^{2+}

E. Mg^{2+}

20. 副交感神经节前、节后纤维释放的递质是（　　）

A. 乙酰胆碱

B. 去甲肾上腺素

C. 乙酰胆碱或去甲肾上腺素

D. 多巴胺

E. 5-羟色胺

21. 属于 M 受体阻滞药的是（　　）

A. 筒箭毒　B. 酚妥拉明

C. 心得安　D. 育亨宾

E. 阿托品

22. β 受体阻滞药是（　　）

A. 阿托品

B. 普萘洛尔（心得安）

C. 普拉洛尔（心得宁）

D. 吲哚洛尔（心得乐）

E. 酚妥拉明

23. 儿茶酚胺与 α 受体结合后产生的效应正确的是（　　）

A. 小肠平滑肌收缩　B. 血管收缩

C. 瞳孔缩小　D. 心脏活动加强

E. 冠状血管

24. 基本生命中枢位于（　　）

A. 脊髓　B. 延髓

C. 中脑　D. 下丘脑

E. 大脑皮质

25. 人类与动物的重要区别在于（　　）

A. 具有较强的适应能力

B. 具有非条件反射

C. 具有非条件反射和条件反射

D. 具有第一信号系统

E. 具有第二信号系统

（柳海滨）

第11章 内分泌

1902 年，英国的两位著名生理学家贝利斯（Bayliss）和施他林（Starling）在狗的空肠黏膜上发现了一种促进胰液分泌的化学物质——促胰液素，这是有史以来被人们发现的第一种激素，这个发现在生理学发展中是一个具有开拓性的贡献，开辟了内分泌研究的新领域。

第1节 概 述

内分泌系统是体内重要的功能调节系统，是由内分泌腺和散在分布于某些器官组织中的内分泌细胞组成。人体主要的内分泌腺有垂体、甲状腺、甲状旁腺、肾上腺、胸腺、松果体等。内分泌细胞分布更为广泛，如胃肠道黏膜、心血管、肾、肺、下丘脑、胎盘、皮肤等处均分布有内分泌细胞。由内分泌腺或内分泌细胞所分泌的高效能的生物活性物质，经组织液或血液传递发挥其调节作用，这种化学物质称为激素（hormone）。激素作用的细胞、组织和器官，分别称为靶细胞、靶组织和靶器官。

内分泌是细胞之间信息传递的一种普遍方式。另外，内分泌系统还与神经系统密切联系，相互配合，共同调节机体的各种功能活动，维持内环境相对稳定。

关于激素传递方式，目前认识得比较深入的是大多数激素经血液循环运送到远距离的靶组织或靶细胞发挥作用，这种方式称为远距分泌；某些激素仅由组织液扩散作用于邻近细胞，这种方式称为旁分泌；如果内分泌细胞所分泌的激素在局部扩散又返回作用于该内分泌细胞，这种方式称为自分泌；另外，下丘脑分泌的激素可沿神经轴突内轴浆流动送到末梢释放，这种方式称为神经分泌（图 11-1）。

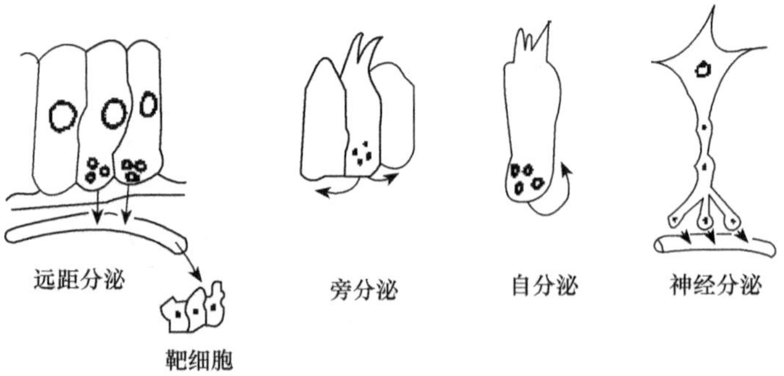

图 11-1　激素的信息传递方式

一、激素的分类

激素按化学性质可分两大类。

（一）含氮激素

1. 肽类和蛋白质激素　主要有下丘脑调节性多肽、神经垂体释放的激素、腺垂体激素、胰岛素、甲状旁腺素、降钙素和胃肠道激素等。

2. 胺类激素 包括肾上腺素、去甲肾上腺素、甲状腺激素。

含氮类激素易被胃肠道消化酶分解而破坏，用药时不宜口服（甲状腺素例外），一般须用注射。体内多数激素属于此类。

（二）类固醇激素

类固醇激素是由肾上腺皮质和性腺分泌的激素，如皮质醇、醛固酮、雌激素、孕激素、雄激素等。这类激素可以口服。另外还有固醇类激素，如 1,25-二羟维生素 D_3。

前列腺素是脂肪酸衍生物，对局部组织功能起调节作用，是一种局部激素，列为第三类激素。

二、激素作用的一般特征

尽管激素的种类很多，化学结构各异，但在发挥调节作用的机制方面，具有如下共同的特征。

（一）信息传递作用

内分泌系统是人体的生物信息传递系统，而激素作为细胞间的信息传递者，只是将调节信息以化学形式传递给靶细胞，进而使靶细胞原有的生理生化活动增强或减弱。在这个过程中，激素既不构成细胞的成分，也不为人体提供能量，只是将各种信息从内分泌细胞传递给靶细胞，以调节人体的生理活动。激素在传递信息后即被分解失活。

（二）相对特异性

激素随血流分布到全身各处，与组织细胞广泛接触，但它只选择性地作用于某些器官、组织、细胞。激素这种选择作用的特性，称为激素的特异性。靶细胞之所以能识别激素，是因为靶细胞膜或胞浆内存在有能与激素发生特异性结合的受体。大多数激素都有固定的靶器官或靶细胞，如腺垂体分泌的促甲状腺激素只作用于甲状腺，促肾上腺皮质激素只作用于肾上腺皮质，互不干扰。有的激素所作用的靶器官、靶细胞数量较多，但并非没有特异性，而是由于能与该激素发生特异性结合的受体分布广泛的缘故，如生长激素、甲状腺激素等。

（三）高效性

激素是高效能的生物活性物质，它在血液中含量甚微，但发挥的作用却很大。若某内分泌腺分泌的激素过多或不足，便可引起人体的功能或代谢明显异常，分别称为该内分泌腺功能亢进或功能减退。激素高效能的生物放大作用同其作用机制有关。激素与受体结合后，在细胞内发生的一系列酶促反应，逐级放大，形成效能极高的生物放大系统。

（四）相互作用

虽然激素的作用具有特异性，但在发挥作用时，各激素之间却相互联系，相互影响，主要表现为：①相互协调。如生长激素和肾上腺素，虽然它们的作用环节不同，但均能升高血糖。②相互拮抗。如胰岛素降低血糖，高血糖素则升高血糖。③允许作用。即某些激素，它们本身并不能直接引起所作用器官或细胞的某些生理效应，然而它们的存在却是另一激素发挥效应的必备条件，这称为激素的允许作用。例如，糖皮质激素本身对血管平滑肌并没有收缩作用，但它的存在却可使去甲肾上腺素的缩血管作用增强。

三、激素的作用机制

（一）含氮激素的作用机制——第二信使学说

含氮激素作为第一信使与靶细胞膜上具有立体构型的专一性受体结合后，激活了细胞膜上的腺苷酸环化酶系统，在 Mg^{2+}的参与下，腺苷酸环化酶促使胞浆内 ATP（三磷酸腺苷）转变为 cAMP（环磷酸腺苷）。cAMP 作为第二信使，能使细胞内无活性的蛋白激酶（PKA）激活，活化的蛋白激酶又激活磷酸化酶，后者使蛋白质磷酸化，从而引发靶细胞的生理效应。cAMP 是大多数含氮激素的第二信使，cGMP（环磷酸鸟苷）、磷酸肌醇、前列腺素、Ca^{2+}等也可作为第二信使（图 11-2）。

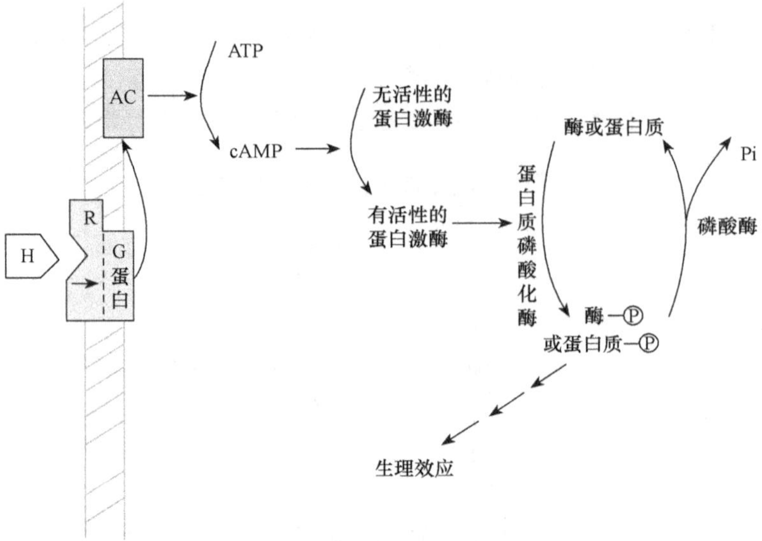

图 11-2 含氮激素的作用机制

（二）类固醇激素的作用机制——基因表达学说

脂溶性类固醇激素相对分子质量较小，它到达靶细胞后，可透过细胞膜进入细胞内，然后经过两个步骤影响基因表达而发挥作用：第一步，激素进入细胞后，与胞浆受体结合，形成激素-胞浆受体复合物，使受体蛋白发生构型变化，从而使激素-胞浆受体复合物获得透过核膜的能力，故可进入细胞核内。第二步，复合物与核内受体结合，成为激素-核受体复合物。激素-核受体复合物结合在染色质非组蛋白的特异位点上，从而激发 DNA 的转录过程，生成新的信使 RNA（mRNA），合成酶类蛋白质，从而引发靶细胞的生理效应。

第 2 节 下丘脑与垂体

一、下丘脑与垂体的功能联系

下丘体与垂体位于大脑基底部，两者在结构和功能上有着非常密切的关系，下丘脑的一些神经元既能分泌激素（神经激素），具有内分泌细胞的作用，又能保持典型神经细胞的功能。而垂体虽然体积小，重量轻，却是人体最重要的内分泌腺，能分泌多种激素，作用广泛而复杂。垂体按其结构和功能分为腺垂体和神经垂体两部分。下丘脑与这两部分都有密切的联系，分别构成下丘脑-腺垂体系统和下丘脑-神经垂体系统。

（一）下丘脑-腺垂体系统

下丘脑与腺垂体之间没有直接的神经联系，但有一套特殊的血管系统，即垂体-门脉系统，始于下丘脑正中隆起的初级毛细血管网，然后汇集成几条小血管下行，经垂体柄进入腺垂体，再形成次级毛细血管网。下丘脑的神经元能合成九种神经激素，即下丘脑调节肽（表 11-1），经垂体-门脉系统运至腺垂体，调节腺垂体七种激素的活动，构成下丘脑-腺垂体系统（图 11-3）。

表 11-1 下丘脑调节肽的种类和主要作用

种类	缩写	主要作用
促甲状腺激素释放激素	TRH	促进促甲状腺激素的分泌
促肾上腺皮质激素释放激素	CRH	促进促肾上腺皮质激素的分泌
促性腺激素释放激素	GnRH	促进黄体生成素、卵泡刺激素的分泌
生长激素释放激素	GHRH	促进生长激素的分泌
生长激素释放抑制激素	GHRIH	抑制生长激素的分泌
催乳素释放因子	PRF	促进催乳素的分泌
催乳素释放抑制激素	PIH	抑制催乳素的分泌
促黑激素释放因子	MRF	促进促黑激素的分泌
促黑激素释放抑制因子	MIF	抑制促黑激素的分泌

（二）下丘脑-神经垂体系统

下丘脑与神经垂体有着直接的神经联系。

下丘脑视上核和室旁核有神经纤维下行到神经垂体，构成下丘脑-垂体束。下丘脑视上核与室旁核合成的抗利尿激素与催产素通过下丘脑-垂体束纤维的轴浆运输到神经垂体贮存并释放，构成下丘脑-神经垂体系统（图 11-3）。

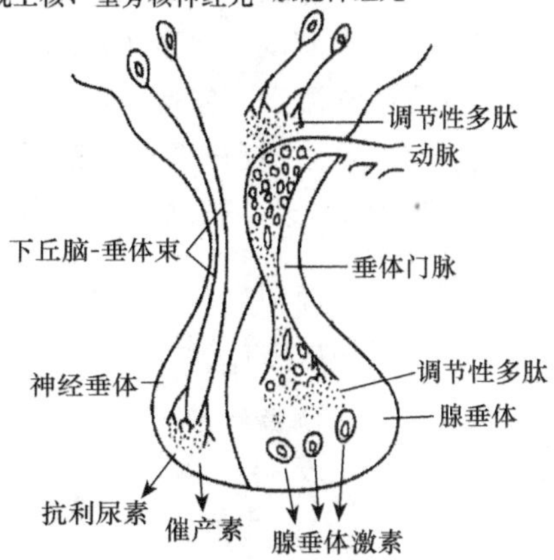

图 11-3 下丘脑与垂体功能联系

二、腺 垂 体

腺垂体是人体重要的内分泌腺，腺垂体共分泌七种激素。

（一）生长激素（GH）

生长激素具有种属特异性，除猴的生长激素外，从其他动物垂体提取的生长激素对人类均无效。

1. 促进机体生长 生长激素主要作用是促进人体生长，特别是促进骨骼、肌肉和内脏器官的生长，是调节生长的关键激素。人在幼年时期生长激素分泌不足，将出现生长迟缓、身材矮小，称为侏儒症（dwarfism）；若幼年时期生长激素分泌过多，身材过于高大，称为巨人症（gigantism）；成年后分泌过多，因骨骺已闭合，长骨不再增长，可刺激手脚肢端短骨、面骨及软组织生长异常，出现手足粗大、鼻大唇厚、下颌突出等症状，称为肢端肥大症。

2. 对代谢的影响 生长激素对代谢的影响较广泛，它可通过生长激素介质促进氨基酸进入细胞，促进蛋白质的合成，包括软骨、骨、肌肉、肝、肾、心、脑及皮肤等组织的蛋白质合成增加；生长激素能促进脂肪分解，增强脂肪氧化；抑制外周组织摄取与利用葡萄糖，减少葡萄糖的消耗，提高血糖水平。过量的生长激素则抑制糖利用，使血糖升高，引起垂体性糖尿。

生长激素的分泌受下丘脑生长激素释放激素和生长激素释放抑制激素的双重调节，生长激素释放激素促进生长激素的分泌，生长激素释放抑制激素抑制生长激素分泌。

（二）催乳素（PRL）

催乳素的作用主要包括：①对乳腺及泌乳的作用：促进乳腺发育，引起并维持泌乳；②对性腺的作用：小剂量催乳素能促进排卵和黄体生长，促进雌激素和孕激素合成和分泌，大剂量有抑制作用。

催乳素的分泌调节受下丘脑催乳素释放因子与催乳素释放抑制激素的双重调节。催乳素释放因子促进催乳素的分泌，催乳素释放抑制激素抑制催乳素的分泌。

（三）促黑激素（MSH）

促黑激素的主要作用是促进皮肤、毛发、眼虹膜和视网膜等处黑素细胞中的酪氨酸酶的合成和激活，从而促进酪氨酸转变为黑色素，使皮肤与毛发等的颜色加深。

促黑激素的分泌主要受下丘脑分泌的促黑激素释放因子和促黑激素释放抑制因子双重调节，两者分别促进和抑制垂体促黑激素的分泌。

（四）促激素

这类激素具有促进相应的靶腺生长发育和促进分泌的双重功能，因而得名促激素，主要包括以下几种。

1. 促甲状腺激素（TSH） 促进甲状腺滤泡增长，合成并分泌甲状腺激素。

2. 促肾上腺皮质激素（ACTH） 促进肾上腺皮质增生，合成并分泌糖皮质激素。

3. 促性腺激素 包括两种。①卵泡刺激素（FSH）：促进卵巢内卵泡生长发育并成熟，在男性称精子生成素（促进睾丸内精子生成）。②黄体生成素（LH）：促进卵巢内黄体生成，在男性称间质细胞刺激素（刺激睾丸间质细胞分泌雄激素）。

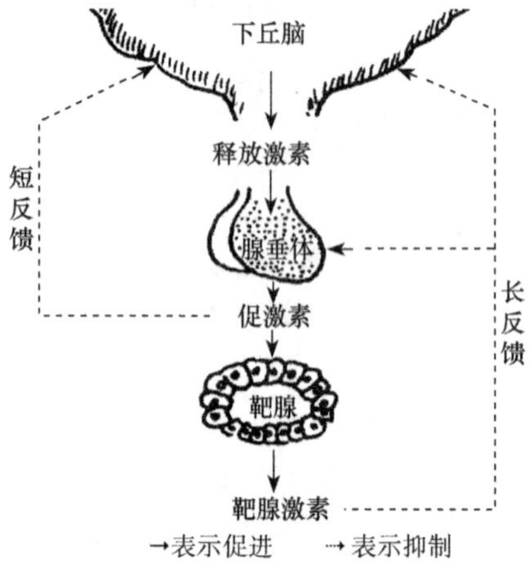

图 11-4 下丘脑-腺垂体-靶腺轴

这些促激素可特异性作用于各自的靶腺而发挥调节作用，因而分别与下丘脑及靶腺构成了三个功能轴，即下丘脑-腺垂体-甲状腺轴、下丘脑-腺垂体-肾上腺皮质轴、下丘脑-腺垂体-性腺轴。靶腺激素还可通过反馈联系分别对腺垂体和下丘脑起调节作用，从而血液中各相关激素的浓度保持相对稳定（图 11-4）。

三、神经垂体

神经垂体无分泌功能，只是贮存和释放下丘脑视上核和室旁核合成和分泌的两种激素。

（一）抗利尿激素（ADH）

抗利尿激素又称血管升压素（VP）。其作用有两方面：一方面，可促进肾远曲小管和集合管对水的重吸收，使尿量减少；另一方面作用于血管，使血管收缩，由于抗利尿激素的生理浓度很低，几乎没有收缩血管而致血压升高的作用，但在失血情况下抗利尿激素释放较多，对维持血压有一定的作用。但临床并不用于提高血压，而用于某些脏器出血。

（二）催产素（OXT）

催产素又名缩宫素，它的主要靶器官是乳腺和子宫，具有刺激乳腺和子宫的双重作用，催产素可使乳腺周围肌上皮细胞收缩，使具有泌乳功能的乳腺排乳。对非孕子宫作用较弱，对妊娠子宫作用较强，使之强烈收缩。分娩时，子宫和阴道受到压迫和牵拉刺激可反射性引起催产素分泌增加，促使子宫收缩加强，有利于分娩过程的进行。临床上可将催产素用于引产及产后出血。

知识链接

垂体性巨人症和肢端肥大症

垂体性巨人症是由于垂体分泌过多的生长激素所造成的，表现为骨骼、肌肉、内脏器官及其他组织的过度生长，致使身材异常高大，内脏器官也按比例增大，但生殖器官如睾丸、卵巢等发育不全，女性患者常无月经，有的并发糖尿病。

肢端肥大症是在青春期后骨骺已闭合时，分泌过多的生长激素则引起肢端肥大症。发病呈隐匿性，就诊时病程常已有数年至 10 年之久，表现为头颅骨增厚，下颌骨、眶上脊及颧骨弓增大突出，鼻、唇、舌由于软组织增生而增厚变大，皮肤粗糙增厚，呈现特有面容；四肢肢端骨、软骨及软组织增生使手足宽而粗厚，手指及足趾粗钝，内脏器官也肥大，约有半数患者伴有其他内分泌功能障碍，如高胰岛素血症、性功能减退等。

第 3 节　甲　状　腺

案例 11-1　张先生，35 岁。两个月前出现无明显诱因的体重下降、怕热、多汗、心慌、脾气暴躁，食量增加，大便每日 2～3 次，近期心慌加重，写字手抖前来就诊，两眼球稍微突出，医生初步考虑甲状腺功能亢进症。

问题：1. 张先生为什么会出现以上表现？

2. 如果要确诊，还需要做哪些辅助检查？

甲状腺是人体内最大的内分泌腺。甲状腺主要由甲状腺腺泡构成，腺泡壁由单层立方上皮构成，能合成和分泌甲状腺激素，以胶状形式在腺泡腔内贮存。甲状腺是唯一将激素储存在细胞外的内分泌腺。在甲状腺组织中，还有滤泡旁细胞（又称 C 细胞），可分泌降钙素。

甲状腺激素（thyroid hormones）主要有两种，一是甲状腺素，又称四碘甲腺原氨酸（T_4）；二是三碘甲腺原氨酸（T_3），是酪氨酸的碘化物。甲状腺分泌的 T_4 较 T_3 多，但 T_3 的生物活性却比 T_4 强约 5 倍，是甲状腺激素发挥生理作用的主要形式。

一、甲状腺激素的合成与运输

碘和甲状腺球蛋白是合成甲状腺激素的原料。碘主要来自食物，特别是海带、紫菜等碘丰富的海产品。

甲状腺通过主动转运方式将小肠吸收入血的碘摄入滤泡上皮细胞内，在酶的作用下首先被活化形成碘原子。甲状腺球蛋白部分酪氨酸残基上的氢原子被碘原子取代，从而形成一碘酪氨酸残基和二碘酪氨酸残基。若 1 分子一碘酪氨酸残基和 1 分子二碘酪氨酸残基耦联，则生成三碘甲腺原氨酸（T_3）；若 2 分子二碘酪氨酸残基耦联，则生成四碘甲腺原氨酸（T_4），又称甲状腺素。

甲状腺激素合成后，与甲状腺球蛋白分子结合，以胶质的形式贮存在腺泡腔中。由于甲状腺激素贮存于细胞外，故贮存量相当大，可供机体利用 2～3 个月之久。甲状腺在 TSH 的刺激下，T_3、T_4 被释放入血液后，以两种形式在血液中运输，主要一种是与血浆蛋白结合，占 99%以上；另一种则呈游离状态，少于 1%，但只有游离型激素才能进入组织细胞发挥作用。结合型与游离型之间可以互相转换，使游离型激素在血液中保持一定浓度（图 11-5）。

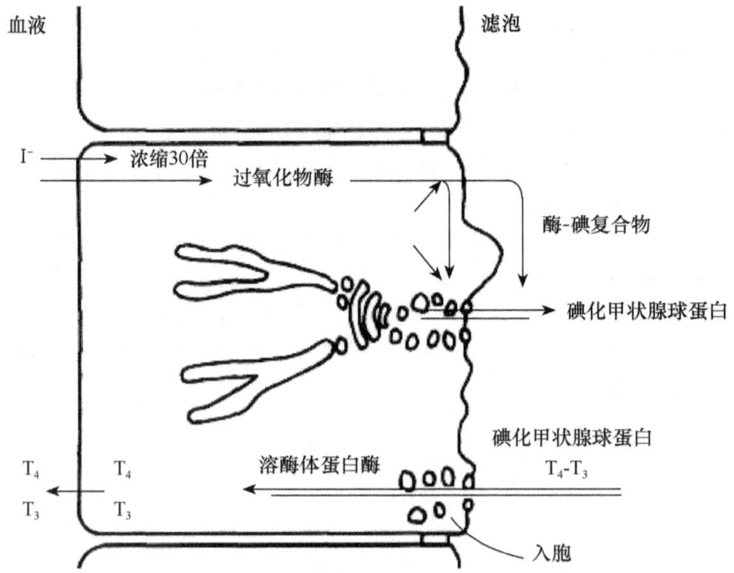

图 11-5 甲状腺激素合成、贮存和释放

二、甲状腺激素的生理作用

甲状腺激素是维持机体基础性功能活动的激素，作用广泛，几乎对各组织细胞均有影响，其主要作用是促进人体生长发育和调节新陈代谢。

（一）对代谢的影响

1. 能量代谢 甲状腺激素具有显著的产热效应。它可增加大多数组织的耗氧量和产热量，使基础代谢率（BMR）显著增高。甲状腺功能亢进（甲亢）患者产热增多，食欲增加，怕热多汗，基础代谢率（BMR）可较正常人高 25%～80%；反之，甲状腺功能减退（甲减）时，患者产热减少，基础代谢率（BMR）显著降低，体温偏低，喜热恶寒。因此，测定 BMR 有助于对甲状腺功能异常的疾病进行诊断。

2. 蛋白质代谢 生理浓度的甲状腺激素可促进蛋白质的合成，肌肉、肝和肾的蛋白质合成明显增加，从而有利于机体的生长、发育。但当甲状腺激素分泌过多时，蛋白质的分解明显大于合成，特别是骨骼肌中的蛋白质大量分解，患者出现肌肉消瘦和肌无力。还可由于骨蛋白的分解，而致不同程度的骨质疏松。当 T_4 与 T_3 分泌不足时，蛋白质合成减少，肌肉无力，但组织间的黏液蛋白增多，由于黏液蛋白可吸附一部分水和盐，在皮下形成一种压之不凹陷的特殊水肿，称为黏液性水肿。

3. 脂肪代谢 甲状腺激素既能促进脂肪和胆固醇的合成，又能加速脂肪的分解，促进肝加速胆固醇的降解，但分解的速度大于合成。因此，甲状腺功能亢进患者血胆固醇常低于正常，而甲状腺功能减退患者血胆固醇高于正常。

4. 糖代谢 甲状腺激素能促进小肠黏膜对葡萄糖的吸收，增强肝糖原分解，抑制肝糖原合成，并能增强肾上腺素、胰高血糖素、生长激素等激素的升血糖作用，使血糖升高；同时也促进外周组织对葡萄糖的利用使血糖降低。但升高血糖的作用较强。因此，甲状腺功能亢进时常有血糖升高，甚至出现糖尿。

（二）对生长发育的影响

甲状腺激素是胎儿和新生儿脑发育的关键激素，并与生长激素具有协同作用，调控幼年期生长发育。通过促进神经细胞的生长、促进长骨骨骺的发育和骨的生长，促进机体的生长发育，特别是在出生后最初的 4 个月内对婴儿脑和长骨的生长发育的作用极大。胚胎时期甲状腺激素合成不足或出生后甲状腺功能低下，可导致脑和长骨的发育明显障碍，表现为智力低下、身材矮小，称为呆小症（克汀病）。

（三）对器官功能的影响

1. 对中枢神经系统的作用　甲状腺激素可提高中枢神经系统的兴奋性。因此，甲状腺功能亢进的患者多有烦躁不安、多言多动、喜怒无常和失眠多梦等症状。甲状腺功能减退的患者则表现为言行迟钝、记忆减退、表情淡漠和少动嗜睡。

2. 对心血管系统的作用　甲状腺激素可使心跳加快和心肌收缩力加强，心输出量及心肌耗氧量增加；由于甲状腺激素使外周组织耗氧增多，故小血管扩张，外周阻力降低。甲状腺功能亢进的患者可出现心动过速，心脏因长期做功量增加而出现肥大，严重者可导致心力衰竭。

3. 对消化系统的作用　甲状腺激素可增强消化管的运动和消化液的分泌，促进消化和吸收过程。因此甲亢患者总是感觉饥饿，食量增加。

三、甲状腺功能的调节

甲状腺激素分泌活动主要受下丘脑-腺垂体-甲状腺轴的调节，此外，甲状腺还有一定程度的自身调节能力，以维持血液中甲状腺激素水平的相对稳定。

1. 下丘脑-腺垂体-甲状腺轴的调节　下丘脑分泌的 TRH 通过垂体门脉系统，作用于腺垂体，促进 TSH 的合成和释放。TSH 作用于甲状腺，刺激甲状腺合成和分泌甲状腺激素并促进腺体增生。当血中甲状腺激素浓度升高时，可反馈性抑制 TSH 和 TRH 的分泌，继而使甲状腺激素的释放减少（图 11-6）。这种负反馈作用是体内甲状腺激素维持正常生理水平的重要机制。

2. 甲状腺的自身调节　甲状腺根据血碘水平，通过自身调节改变摄取碘与合成甲状腺激素的能力。当饮食中碘含量不足时，甲状腺对碘的摄取作用增强，对促甲状腺激素的敏感性提高，使 T_3 和 T_4 的合成与释放不致因碘供应不足而减少。反之，当碘供应过多时，甲状腺对碘的摄取减少，对促甲状腺激素的敏感性降低，甲状腺激素合成不致过多。这是一种有限度的、缓慢的自身调节机制。

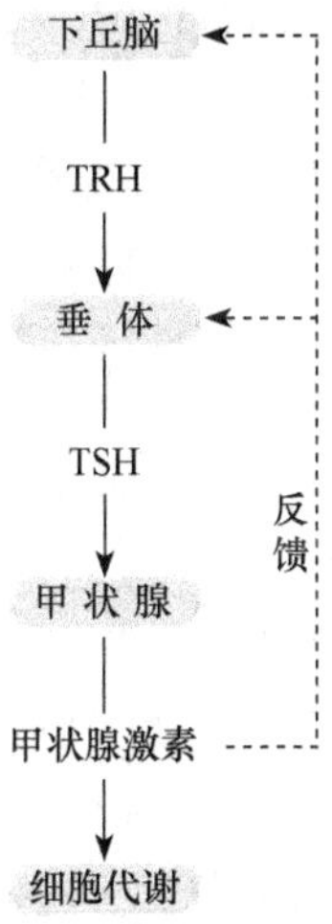

图 11-6　甲状腺激素分泌调节

> **知识链接**
>
> **地方性甲状腺肿——“大脖子病”**
>
> 地方性甲状腺肿，俗称“大脖子病”，是因为某些地区饮食中长期缺碘，造成甲状腺激素合成及分泌减少，甲状腺激素对腺垂体的负反馈作用减弱，致使腺垂体 TSH 分泌量增多，TSH 刺激甲状腺腺泡增生，导致甲状腺肿大，临床上称为地方性甲状腺肿或单纯性甲状腺肿。

第 4 节　肾 上 腺

人体的肾上腺位于两侧肾的内上方，包括中央部的髓质和外周部的皮质两部分。两者在胚胎发生、组织结构、激素的化学性质和生理功能上均不相同，它们实际是两个相互独立的内分泌腺体。肾上腺皮质是腺垂体的重要靶腺，而肾上腺髓质接受交感神经节前纤维的直接支配。

一、肾上腺皮质激素

肾上腺皮质由外向内可分为三个带，即球状带、束状带和网状带。球状带主要分泌盐皮质激素，以醛固酮为代表，参与体内的水盐代谢的调节；束状带分泌的激素为糖皮质激素，以皮质醇为代表；网状带主要分泌雄激素及少量的雌激素，肾上腺皮质功能亢进的患者，除糖皮质激素和盐皮质激素分泌增多外，雄激素的分泌量也会增加。在女性，可出现男性化的病理表现。

关于醛固酮的生理作用和分泌的调节，在尿的生成与排出一章中已介绍，关于性激素的内容将在生殖章节中详细学习，本节内容着重讨论糖皮质激素。糖皮质激素的作用广泛而复杂，对多种组织和器官都有影响。

（一）糖皮质激素的生理作用

1. 对物质代谢的作用　①糖代谢：糖皮质激素能促进肝的糖异生，增加肝糖原贮备。同时，还能抑制外周组织细胞对糖的利用，使血糖升高。这对维持血糖正常水平有重要意义，但过量的糖皮质激素，可引起血糖过高，甚至引起激素性糖尿。因而，糖尿病患者要慎用或禁用糖皮质激素。②脂肪代谢：糖皮质激素能促进脂肪分解，增强脂肪酸在体内的氧化过程，有利于糖的异生作用。当肾上腺皮质功能亢进或长期大量应用糖皮质激素，由于全身不同部位对糖皮质激素的敏感性不同，体内脂肪重新分布，以致出现“满月脸”“水牛背”“球形腹”、四肢脂肪相对减少而消瘦等“向心性肥胖”征象。③蛋白质代谢：糖皮质激素能促进肝外组织的蛋白质分解，特别是肌组织。因此，当糖皮质激素分泌过多或长期使用时，可引起肌肉和淋巴组织萎缩、生长停滞、骨质疏松、皮肤变薄等症状。④水盐代谢：糖皮质激素可增加肾小球的滤过，促进水的排出。肾上腺皮质功能低下的患者，排水能力明显降低，严重时可出现水中毒。

2. 在应激反应中的作用　当人体突然受到出血、创伤、冷冻、饥饿、疼痛、感染、惊恐等各种有害刺激时，均可出现血中糖皮质激素浓度的急剧增高和糖皮质激素的大量分泌，这一现象称为应激反应。通过应激反应，可增强人体对有害刺激的耐受力，提高生存适应性。

3. 对器官系统功能的影响　①对血细胞的影响：糖皮质激素能增强骨髓的造血功能，使血中红细胞和血小板数量增加，同时动员附着在小血管壁的中性粒细胞入血，使血中中性粒细胞增多，抑制淋巴细胞 DNA 合成，使淋巴细胞减少，促进巨噬细胞系统吞噬嗜酸性粒细胞，使其减少。②对循环系统的影响：糖皮质激素表现出了允许作用，即糖皮质激素本身无收缩血管的能力，但它的存在增强了血管平滑肌对去甲肾上腺素的敏感性，使去甲肾上腺素收缩血管的作用增强。③对神经系统影响：糖皮质激素能提高神经系统的兴奋性。肾上腺皮质功能亢进的患者，常表现为失眠、烦躁不安、思维不集中等。④对消化系统的影响：糖皮质激素能促进胃酸和胃蛋白酶的分泌，若长期大量使用糖皮质激素，可诱发胃溃疡。

此外，大剂量的糖皮质激素还有抗炎症、抗过敏、抗毒和抗休克等药理学作用。

（二）糖皮质激素分泌的调节

糖皮质激素主要受下丘脑-腺垂体-肾上腺皮质轴的调节。下丘脑分泌的促肾上腺皮质激素释放激素（CRH），通过垂体门脉系统作用于腺垂体，促进促肾上腺皮质激素（ACTH）的合成与分泌，ACTH 不但能刺激肾上腺皮质束状带分泌糖皮质激素，也能刺激肾上腺皮质束状带与网状带细胞的增生。血液中的糖皮质激素还可以反馈作用于下丘脑和腺垂体，抑制下丘脑 CRH 和腺垂体 ACTH 的分泌，从而维持体内糖皮质激素水平的稳态。此外 ACTH 对 CRH 的分泌也有负反馈调节作用（图 11-7）。由于存在上述负反馈机制，临床上长期大剂量应用糖皮质激素治疗时，糖皮质激素可抑制腺垂体合成和分泌 ACTH，以致患者肾上腺皮质趋于萎缩，分泌功能减退甚至停止。若此时突然停药，则可因体内糖皮质激素突然减少而导致严重后果。因此，治疗过程中应逐渐减量停药，最好间断补充 ACTH 以促进肾上腺皮质功能恢复，并防止其萎缩。

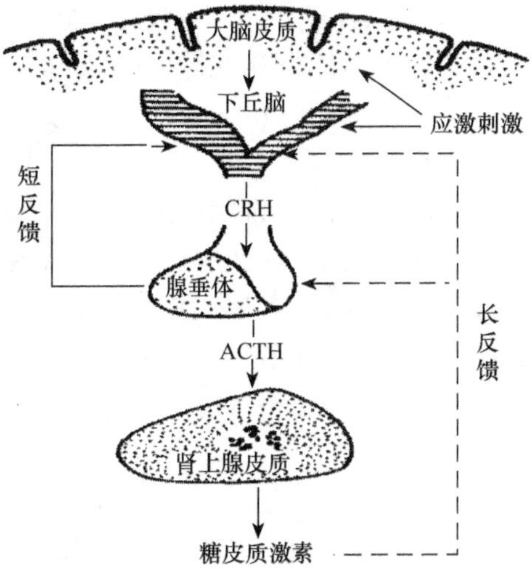

图 11-7　糖皮质激素分泌调节

二、肾上腺髓质激素

肾上腺髓质可分泌肾上腺素（E）和去甲肾上腺素（NE），两者都属于儿茶酚胺。

（一）肾上腺髓质激素的生理作用

肾上腺髓质激素的作用十分广泛，几乎对全身各系统都有作用，现将其主要作用比较如下（表 11-2）。

表 11-2　肾上腺素和去甲肾上腺素的主要生理作用

	肾上腺素	去甲肾上腺素
心脏	心率加快，收缩力明显增强，心输出量增加	心率减慢（减压反射的作用）
血管	皮肤、胃肠、肾血管收缩；冠状动脉、骨骼肌血管舒张	冠状动脉舒张（局部体液因素）其他血管均收缩
血压	上升（心输出量增加）	明显上升（外周阻力增大）
支气管平滑肌	舒张	稍舒张
代谢	增强	稍增强

肾上腺髓质接受交感神经节前纤维的支配和控制，两者关系密切，交感神经系统和肾上腺髓质组成交感-肾上腺髓质系统。当机体内外环境急剧变化时，如剧烈运动、剧痛、低血压、创伤、寒冷、恐惧等紧急情况，这一系统立即调动起来，肾上腺素与去甲肾上腺素分泌大大增加。这些激素作用于中枢神经系统，提高其兴奋性，使机体反应灵敏；心率加快，心肌收缩能力加强，心输出量增加，血压升高；呼吸加强加快，肺通气量增加以增加组织供氧量；内脏血管收缩，骨骼肌血管舒张同时血流量增多，全身血液重新分配，以利于重要器官的血液供应；肝糖原分解增加，血糖升高，脂肪分解加强，为机体活动提供更多的能量。这种在紧急情况下，交感-肾上腺髓质系统活动增强的适应性变化，称为应急反应。其意义在于充分调动机体的潜在能力，应付紧急情况。

应急与应激反应是两个不同但有关联的概念。引起应急反应的刺激，同样也可引起应激反应，应激反应偏重于加强机体对伤害刺激的耐受能力，应急反应偏重于动用潜能，适应骤变，两者相互配合，使机体的适应能力更加完善。

（二）肾上腺髓质激素分泌的调节

1. 交感神经的作用　肾上腺髓质接受交感神经节前纤维支配，当交感神经兴奋时，其节前纤维末梢释放乙酰胆碱，使肾上腺髓质激素分泌增加。

2. ACTH的作用　有直接和间接两种作用方式，即ACTH可直接刺激肾上腺髓质激素的合成，或通过糖皮质激素促进肾上腺髓质激素的分泌。

第5节　胰　　岛

胰岛是存在于胰腺中的内分泌组织，是散在于胰腺腺泡组织之间大小不等的分泌细胞团，呈岛状，故称胰岛。胰岛细胞主要有A细胞、B细胞、D细胞及PP细胞。A细胞约占胰岛细胞的20%，分泌胰高血糖素；B细胞占70%，分泌胰岛素；D细胞占10%，分泌生长抑素；PP细胞数量很少，分泌胰多肽。本节只介绍胰岛素和胰高血糖素。此外，胰岛素和胰高血糖素是一对作用相反的激素，血糖浓度的稳定是依赖于负反馈调节实现的。

一、胰　岛　素

胰岛素是由51个氨基酸组成的小分子蛋白质。1965年，我国生化学家首先人工合成了具有高度生物活性的结晶牛胰岛素，成为人类历史上第一次人工合成生命物质（蛋白质）的创举。

（一）胰岛素的生理作用

胰岛素是促进机体合成代谢的激素。

1. 对糖代谢的影响　胰岛素是生理状态下唯一能使血糖降低的激素。一方面它能促进组织细胞摄取和利用葡萄糖，加速葡萄糖合成肝糖原和肌糖原，促进血糖转化为脂肪，增加血糖的去路；另一方面它还能抑制糖原的分解，抑制糖异生，减少血糖的来源。如胰岛素分泌不足，则组织利用葡萄糖的能力下降，糖原分解加快，血糖升高，当血糖浓度超过肾糖阈时，尿中可排出葡萄糖，引起糖尿病。

2. 对脂肪代谢的影响　胰岛素能促进脂肪的合成与储存，抑制脂肪的分解。

3. 对蛋白质代谢的影响　胰岛素能促进细胞摄取氨基酸、促进核酸和蛋白质的合成，并能抑制蛋白质的分解，因而能促进人体的生长及组织的修复。对机体的生长来说，胰岛素与生长激素发生协同作用，只有两者共同作用时才能发挥明显的促生长效应。

（二）胰岛素分泌的调节

1. 血糖浓度　血糖浓度是调节胰岛素分泌的最主要因素。血糖浓度升高时，可直接刺激胰岛B细胞，使胰岛素分泌增多；相反，血糖降低时则抑制胰岛素的分泌，从而维持血糖水平的相对稳定。

2. 激素作用　体内许多激素都能直接或间接地影响胰岛素的分泌。如胰高血糖素、糖皮质激素、生长激素及甲状腺素可通过升高血糖而促进胰岛素的分泌；而肾上腺素、去甲肾上腺素则能抑制胰岛素的分泌。

3. 神经调节　胰岛素分泌受双重神经支配。迷走神经兴奋时，可引起胰岛素分泌增加；交感神经兴奋时，则抑制胰岛素的分泌。

二、胰高血糖素

（一）胰高血糖素的生理作用

胰高血糖素是促进分解代谢的激素。它能促进肝糖原分解及糖的异生，使血糖明显升高，还能促进脂肪分解，使酮体增多。对蛋白质有促进分解和抑制合成的作用。

（二）胰高血糖素分泌的调节

1. 血糖浓度的影响　血糖浓度也是调节胰高血糖素分泌的主要因素。血糖浓度降低时，胰高血糖素分泌增加；血糖浓度升高时，其分泌减少。

此外，胰岛素可通过降低血糖间接刺激胰高血糖素的分泌。

2. 神经调节　交感神经兴奋可促进胰高血糖素的分泌；迷走神经兴奋时，可抑制其分泌。

第 6 节　甲状旁腺和甲状腺 C 细胞

甲状旁腺分泌甲状旁腺素（PTH），甲状腺 C 细胞分泌降钙素（CT）。甲状旁腺素、降钙素是体内调节钙磷代谢的两种主要激素，它们共同作用，从而控制血浆中钙和磷的水平。PTH 和 CT 的主要靶器官为骨和肾。

一、甲状旁腺素

（一）甲状旁腺素的生理作用

甲状旁腺素是体内调节血钙浓度的最重要激素，它有升高血钙和降低血磷含量的作用。

1. 对骨的作用　能破坏骨组织内贮存钙与血浆游离钙的动态平衡，加强溶骨过程，动员骨钙入血，使血钙浓度升高。人体神经、肌肉正常兴奋性的维持与血钙浓度密切相关。外科甲状腺手术时，如不慎误将甲状腺旁腺切除，可引起严重的低血钙，使神经和肌肉的兴奋性异常增高，将导致手足搐搦，甚至因呼吸肌痉挛而窒息。

2. 对肾的作用　促进远曲小管对钙的重吸收，减少钙由尿中排出以维持血钙浓度；同时抑制肾小管对磷的重吸收，使尿磷增多，血磷减少。

此外，PTH 对肾的另一重要作用是激活 1,25-羟化酶，使无活性的维生素 D_3 转变为有活性的维生素 D_3，后者可促进小肠对钙的吸收，使血钙升高。

（二）甲状旁腺素分泌的调节

血钙浓度是调节甲状旁腺素分泌的最主要因素。血钙浓度降低时，PTH 分泌增加；反之，血钙浓度升高时，则 PTH 分泌减少。

二、降　钙　素

（一）降钙素的生理作用

降钙素的生理作用是降低血钙和血磷。降钙素抑制原始骨细胞向破骨细胞转化，抑制破骨细胞的活动，使成骨细胞活动增强。由于破骨细胞的数量减少，活动减弱，导致溶骨过程减弱而成骨过程加强，故使血钙、血磷浓度降低。此外，降钙素还能抑制肾小管对钙、磷、钠及氯的重吸收，增加这些离子在尿中的排出量。

（二）降钙素分泌的调节

降钙素的分泌主要受血钙浓度的调节。当血钙浓度升高时，降钙素分泌增多，反之则分泌减少。

自测题

A_1型题

1. 影响神经系统发育的最重要的激素是（　　）
   A. 糖皮质激素　B. 生长激素
   C. 盐皮质激素　D. 肾上腺素
   E. 甲状腺激素
2. 地方性甲状腺肿的主要发病原因是（　　）
   A. 由于促甲状腺素分泌过少
   B. 甲状腺合成的甲状腺激素过多
   C. 食物中缺少钙和蛋白质
   D. 食物中缺少酪氨酸
   E. 食物中缺少碘
3. 影响儿童身高发育的最重要的激素是（　　）
   A. 糖皮质激素　B. 生长激素
   C. 盐皮质激素　D. 肾上腺素
   E. 甲状腺激素
4. 侏儒症是由于幼年（　　）
   A. 糖皮质激素不足　B. 生长激素分泌不足
   C. 维生素 D 不足　D. 先天性大脑发育不全
   E. 甲状腺激素不足
5. 胰岛素相对或绝对分泌不足可导致（　　）
   A. 呆小症　B. 侏儒症
   C. 肢端肥大症　D. 糖尿病
   E. 巨人症
6. 下列哪种激素与水盐代谢无关（　　）
   A. 胰岛素　B. 皮质醇
   C. 抗利尿激素　D. 醛固酮
   E. 雌激素
7. 成人甲状腺功能减退会导致（　　）
   A. 呆小症　B. 巨人症
   C. 侏儒症　D. 黏液性水肿
   E. 肢端肥大症
8. 血液中激素虽然很低，但其作用很明显这是因为（　　）
   A. 激素可随血液分布全身
   B. 激素特异性高
   C. 激素的半衰期长
   D. 激素与受体结合的时间长
   E. 靶细胞内存在高效能的生物放大系统
9. 属于类固醇激素的是（　　）
   A. 促甲状腺激素　B. 生长激素
   C. 甲状旁腺素　D. 糖皮质激素
   E. 甲状腺素
10. 属于下丘脑调节肽的是（　　）
    A. 黄体生成素　B. 卵泡刺激素
    C. 促甲状腺激素　D. 生长激素释放激素
    E. 催产素
11. 应激反应时明显增长的是（　　）
    A. 肾上腺素　B. 降钙素
    C. 胰岛素　D. 糖皮质激素
    E. 甲状腺激素
12. 下丘脑调节肽共有（　　）
    A. 7 种　B. 8 种
    C. 9 种　D. 10 种
    E. 11 种
13. 切除肾上腺引起动物死亡的主要原因是缺乏（　　）
    A. 去甲肾上腺素　B. 肾上腺素
    C. 醛固酮　D. 糖皮质激素
    E. 肾上腺素和去甲肾上腺素
14. 糖皮质激素对代谢的作用是（　　）
    A. 促进葡萄糖的利用，促进肌肉组织蛋白质分解
    B. 促进葡萄糖的利用，抑制肌肉组织蛋白质分解
    C. 促进葡萄糖的利用，促进肌肉组织蛋白质合成
    D. 抑制葡萄糖的利用，抑制肌肉组织蛋白质分解
    E. 抑制葡萄糖的利用，促进肌肉组织蛋白质分解
15. 哪一项不是甲状腺激素的生理作用（　　）
    A. 抑制糖原合成
    B. 促进外周细胞对糖的利用
    C. 提高神经系统兴奋性
    D. 适时促进蛋白质合成
    E. 减慢心率和减弱心肌收缩力
16. 下列物质中不属于激素的是（　　）

A．肾素　B．肝素
C．促红细胞生成素　D．促胰液素
E．维生素 D_3

17．胰岛中分泌胰岛素的是（　　）
A．A 细胞　B．B 细胞
C．C 细胞　D．D 细胞
E．PP 细胞

18．内分泌系统的功能是调节机体的（　　）
A．代谢　B．生长
C．生殖　D．发育
E．以上都是

19．T_4是（　　）
A．促甲状腺素
B．甲状腺素
C．一碘甲腺原氨酸
D．二碘甲腺原氨酸
E．三碘甲腺原氨酸

20．调节胰岛分泌最重要的是（　　）
A．血钙浓度　B．血脂水平
C．血钠浓度　D．血中氨基酸水平
E．血糖水平

（冷　文）

第12章 生 殖

当生物体生长发育成熟后，产生与自己相似的子代个体的过程，称为生殖（reproduction），它对生命繁衍和种系延续具有重要的作用。人类的生殖需要两性生殖细胞（精子和卵子）的形成、交配、受精、着床、胚胎发育和分娩等活动，这些活动由生殖器官实现。生殖器官包括主性器官和附性器官。主性器官主要产生生殖细胞，并分泌性激素；附性器官则参与性活动以及生殖过程。

第1节 男性生殖

男性的主性器官为睾丸，此外还有附睾、输精管、射精管、精囊腺、前列腺、尿道球腺和外生殖器等附性器官。

一、睾丸的功能

睾丸内有曲细精管和间质细胞，能够产生精子、合成和分泌雄激素。

（考点：睾丸的功能）

（一）睾丸的生精功能

睾丸的曲细精管是生成精子的场所，由生精细胞和支持细胞组成。原始的生精细胞是精原细胞，紧贴于曲细精管的基膜上。进入青春期，在雄激素和卵泡刺激素的作用下，精原细胞逐级分裂发育，依次经历精原细胞→初级精母细胞→次级精母细胞→精子细胞→精子，该过程大约需要两个半月时间。新生成的精子进入曲细精管腔，最初并没有运动能力，须运送至附睾内进一步成熟，才能获得运动能力。正常男性每次射出精液3～6ml，精子含量（0.2～4）$\times 10^8$个/ml，若少于0.2×10^8个/ml，则不易使卵子受精。

知识链接

影响精子生成的因素

精子的生成和存活需要适宜的温度，一般较体温低1～2℃。阴囊内的温度比腹腔内的温度约低2℃，因而适合精子的生成和存活。若睾丸由于某种原因未降入阴囊而滞留在腹腔或腹股沟内，称为隐睾症，可影响精子生成，导致男性不育。此外，男性在45岁之后，生精能力也会逐渐减弱。酗酒、吸烟、辐射、环境污染和某些药物等也可能会增加精子的畸形率，降低精子的数量、活力及精液质量，影响男性生育。

支持细胞能够对各级生精细胞起到支持、保护和营养的作用；并且可以形成血-睾屏障，为生精细胞的分化成熟提供适宜的微环境；还能够分泌抑制素等多种生物活性物质，利于精子的生成。

（二）睾丸的内分泌功能

睾丸能够分泌雄激素和抑制素。雄激素由睾丸的间质细胞分泌，其中睾酮的生物活性最强，其生理作用如下。

1. 促进男性生殖器的发育，影响胚胎性分化：若胚胎期睾酮含量低，易导致男性假两性畸形。

2. 刺激男性第二性征（副性征）的出现并维持其状态：男性在生长发育过程中与性别有关的身体变化，即为第二性征，表现为喉结突出、声音低沉、长出胡须、肌肉强壮，毛发分布等。

3. 促进精子的生成，维持生精作用。

4. 产生性行为，维持正常的性欲。

5. 促进蛋白质的合成和机体的生长；调节水、盐代谢，利于钠、水的适度潴留；刺激红细胞的生成、加强造血功能。

（考点：雄激素的生理作用）

二、睾丸功能的调节

睾丸的功能受下丘脑-腺垂体的调节。下丘脑分泌的促性腺激素释放激素（GnRH）经垂体门脉到达腺垂体，调节腺垂体释放卵泡刺激素（FSH）和黄体生成素（LH）。LH 作用于间质细胞，调节睾酮的分泌；而 FSH 作用于曲细精管，促使支持细胞合成和分泌雄激素结合蛋白（ABP），与睾酮协同维持生精过程。当血中睾酮达到一定浓度时，可通过负反馈调节，抑制 GnRH 和 LH 的分泌，维持睾酮浓度的稳定。此外，抑制素对 FSH 的分泌也具有负反馈调节作用（图 12-1）。

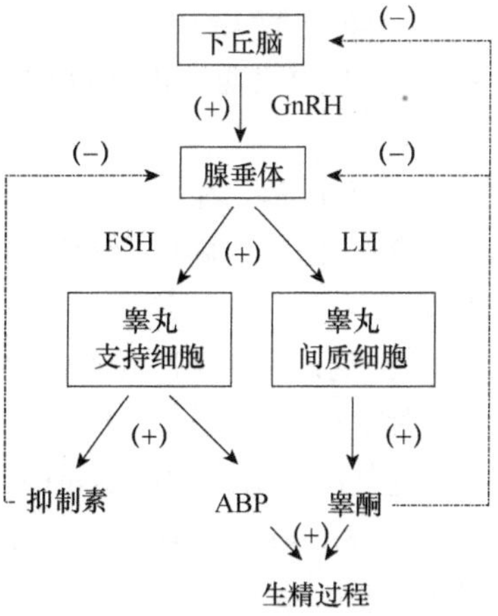

图 12-1　睾丸功能的调节

第 2 节　女 性 生 殖

案例 12-1　患者，女性，30 岁。已婚，平素月经规律，现停经 45 天，最近出现恶心、呕吐、嗜睡等症状，无腹部疼痛等不适，考虑妊娠，前去医院就诊检查。

问题： 1. 应检测血中哪种激素来判断是否妊娠？

2. 该激素的生理作用是什么？

女性的主性器官是卵巢，附性器官有输卵管、子宫、阴道和外阴等。

一、卵巢的功能

卵巢具有生卵和分泌激素的功能。

（考点：卵巢的功能）

（一）卵巢的生卵功能

女性生长发育成熟后，具有的最基本的生殖功能就是卵巢的生卵功能。卵巢的基本功能单位是卵泡，由卵母细胞和卵泡细胞构成。进入青春期后，女性卵巢内有（3～4）$\times 10^5$ 个原始卵泡，在腺垂体促性腺激素的作用下，原始卵泡经初级卵泡、次级卵泡，逐渐发育为成熟卵泡。每个月经周期中，有 15～20 个原始卵泡同时发育，但往往只有 1～2 个卵泡发育成熟并排卵，其余卵泡则先后退化形成闭锁卵泡。在 LH 分泌高峰的作用下，成熟卵泡向卵巢表面移动，卵泡壁破裂，将卵细胞、透明带、放射冠和卵泡液排至腹腔的过程，称为排卵。排卵后，卵泡壁内陷，卵泡膜血管发生破裂，血液进入卵泡腔形成血体。随着血液的吸收，血体逐渐发育为富含新生血管的细胞团，因呈黄色称为黄体。若排出的卵子未受精，黄体则在排卵后9～10天逐渐退化为白体；若排卵后受精，黄体则发育为妊娠黄体。若以28天视为1个月经周期，一般下次月经来潮前14天左右出现排卵，可由两侧卵巢交替排出，或一侧卵巢连续排出。

（二）卵巢的内分泌功能

卵巢能够分泌多种激素，主要有雌激素和孕激素。此外，还可以分泌少量的雄激素。

1. 雌激素的生理作用　排卵前，雌激素在卵泡的颗粒细胞和内膜细胞合成；排卵后，则由黄体细胞分泌。雌激素包括雌酮（estrone）、雌二醇（estradiol，E_2）和雌三醇（estriol，E_3），其中雌二醇的活性最强。雌激素对女性生殖器官的生长发育和副性征的出现具有重要的促进作用，并能够调节机体的代谢。

（1）对生殖器官的作用：促进卵泡发育成熟并排卵；促使子宫内膜和腺体增生，宫颈分泌大量黏液，利于精子的通过；促进输卵管的运动，利于精子和卵子的运行；使阴道内糖原的含量增加，糖原分解后，阴道呈酸性，从而增强阴道的抵抗力，防止细菌感染。

（2）对乳腺和副性征的作用：刺激乳腺增生，使乳房发育，乳晕出现；促进乳房和臀部等部位的脂肪沉积；使毛发分布呈女性特征，音调变高，并维持女性的副性征。

（3）对代谢的作用：促进肝内蛋白质的合成；调节血脂成分；促进肾小管对水和钠的重吸收。

（考点：雌激素的生理作用）

2. 孕激素的生理作用　孕激素主要由黄体细胞分泌，包括孕酮（progester-one，P）和17α-羟孕酮，其中孕酮活性最高。孕激素的作用通常是在雌激素作用的基础上来发挥的，主要是保证受精卵的着床并维持妊娠。

（1）对子宫的作用：促使子宫内膜进一步增生，以利于受精卵的着床；降低子宫肌细胞膜的兴奋性和对缩宫素的敏感性，利于胚胎的生长发育；使宫颈黏液的分泌量减少，粘稠度增加，阻止精子的通过。

（2）对乳腺的作用：促进乳腺腺泡的发育成熟，分娩后为泌乳做准备。

（3）对基础体温的作用：可使基础体温在排卵后升高0.5℃左右，具有产热效应。

（考点：孕激素的生理作用）

二、月 经 周 期

（一）月经周期

女性进入青春期后，除妊娠期外，在卵巢激素的影响下，出现子宫内膜周期性脱落、流血的现象，称为月经（menstruation）。月经形成具有周期性，约每月1次，这个变化过程即为月经周期（menstrual cycle），平均28天，在20～40天变动均属正常。女性可能在12～14岁时第一次出现月经来潮，称为初潮。随后的1～2年月经周期逐渐稳定，至50岁左右月经周期停止，称为绝经（menopause）。

知识链接

更年期综合征

女性绝经前后，因卵巢功能衰退、雌激素减少引起的以自主神经系统功能紊乱为主，伴有生理、心理症状的症候群，称为更年期综合征（climacteric syndrome）。一般可出现出汗、失眠、抑郁、潮红、心悸、月经紊乱、性欲淡漠、骨质疏松等症状，多数女性能自行缓解，少数症状严重者会影响工作和生活，需要治疗。

子宫内膜的周期性变化经历了月经期、增生期和分泌期三个阶段。

1. 月经期　从月经开始到月经停止，即月经周期的第 1～5 天。此期黄体退化萎缩，孕激素、雌激素的分泌量急剧减少，由于子宫内膜缺乏这两种激素的支持作用，血管出现痉挛，以致内膜发生缺血坏死并脱落出血，即月经来潮。因子宫内膜脱落形成创面易感染，故应注意出经期卫生。

2. 增生期　月经周期的第 6～14 天。子宫内膜在雌激素的作用下变厚，腺体增生但不分泌。此期末，卵巢内卵泡成熟并排卵。

3. 分泌期　月经周期的第 15～28 天，即从排卵日至下次月经来潮。排卵后，残留卵泡发育为黄体，分泌大量的雌激素和孕激素，使子宫内膜继续增生变厚，血管充血，腺体纡曲并分泌黏液。子宫内膜松软且富含营养，为受精卵的着床和发育提供条件。若卵子未受精，黄体约 14 天后萎缩，退化成白体；若卵子受精，黄体则生长发育成妊娠黄体，不断分泌雌激素和孕激素，子宫内膜不脱落而继续增厚，不再出现月经来潮，开始早期妊娠。

（考点：月经周期的分期）

（二）月经周期的形成机制

月经周期的形成受下丘脑-腺垂体-卵巢轴的调控（图 12-2）。下丘脑分泌的 GnRH 作用于腺垂体，促进 FSH 和 LH 的分泌，并促使卵泡发育、排卵、黄体形成、雌激素以及孕激素的合成。同时，雌激素和孕激素也可反馈性地抑制下丘脑-腺垂体的活动。

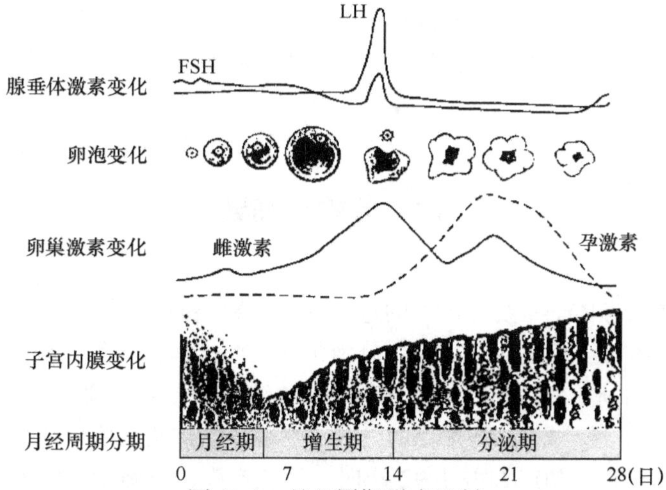

图 12-2　月经周期形成机制

1. 月经期　即卵泡早期，是延续上一个月经周期中的黄体期。黄体期雌激素和孕激素水平较高，反馈性地抑制 GnRH、FSH 和 LH 的分泌，因而血中雌激素和孕激素浓度较低，以致子宫内膜脱落、出血，形成月经。

2. 增生期　低水平的雌激素和孕激素对下丘脑和腺垂体的负反馈作用减弱，使血中 GnRH、FSH 和 LH 的浓度增加，雌激素分泌持续增多，至排卵前 1 天左右，达到第一次高峰，反馈性地促进 GnRH 的释放，使 FSH 和 LH 的分泌增多，且 LH 增多明显，形成 LH 高峰，引发排卵。

3. 分泌期　排卵后，残余卵泡形成的黄体，在 LH 的作用下，大量分泌雌继续和孕激素，使子宫内膜呈现分泌期变化。通常在排卵后 7～8 天出现雌激素分泌的第二个高峰和孕激素分泌峰，以负反馈的方式抑制下丘脑 GnRH 以及腺垂体 FSH 和 LH 的分泌。若未受孕，则进入下一个月经周期。

三、胎盘的内分泌功能

受精卵形成胚泡顺利着床后，最外层的滋养层细胞开始分泌妊娠所需的激素，而后发育形成绒毛膜，与母体的底蜕膜结合形成胎盘。胎盘不仅是母体和胎儿进行物质交换的场所，也是妊娠期重要的内分泌器官，能够产生多种激素以维持妊娠的顺利进行。

（一）人绒毛膜促性腺激素（human chorionic gonadotropin，hCG）

在卵子受精 6 天左右时，滋养层细胞就开始分泌 hCG 进入母血，至妊娠 8～10 周其浓度达到高峰，随后逐渐降低，妊娠 20 周左右，其浓度降至较低水平，直至妊娠末期。hCG 一方面能够促进月经黄体形成妊娠黄体，继续分泌孕激素和雌激素，维持妊娠；另一方面可以降低母体对胎儿的排斥反应，具有安胎作用。因 hCG 可由尿排出，故临床上可通过检测母体血中或晨尿中 hCG 的浓度，作为早期妊娠诊断的依据。

（二）雌激素和孕激素

妊娠 2 个月后，随着人绒毛膜促性腺激素分泌的逐渐减少，妊娠黄体开始萎缩，胎盘则接替妊娠黄体的功能，分泌雌激素和孕激素，以维持妊娠直至分娩。胎盘分泌的雌激素主要是雌三醇，是由胎儿和胎盘一同参与合成的。若在妊娠期，胎儿出现危险或死于宫内，则孕妇的血液或尿液中雌三醇的含量会突然减少，因此，可以通过检测孕妇血液或尿液中雌三醇的浓度，来判断胎儿的存活情况。

（三）人绒毛膜生长素（human chorionic somatomammotropin，hCS）

hCS 是一种多肽激素，其作用与生长素相似，能够调节母体与胎儿的糖、脂肪、蛋白质的代谢，促进胎儿的生长。

（考点：胎盘分泌的激素及其生理作用）

四、分娩与哺乳

（一）分娩

胎儿及其附属物从母体子宫娩出体外的过程称为分娩（parturition）。人类的妊娠期约 280 天，子宫的节律性收缩是推动分娩的主要力量。分娩包括三个连续的产程。第一产程，也称宫口扩张期，是指从出现每次间隔 5 分钟左右规律性的子宫收缩开始，到宫颈口完全扩张达 10cm 为止，初产妇需 11～12 小时，经产妇需 6～8 小时。第二产程，也称胎儿娩出期，是指从宫颈口完全扩张至胎儿娩出为止的过程，初产妇需 1～2 小时。第三产程，也称胎盘娩出期，是指从胎儿娩出到胎盘娩出的过程，一般不超过 30 分钟。

分娩时，子宫颈因受到胎儿的刺激，反射性地引起缩宫素（oxytocin，OT，即催产素）的释放，从而进一步增强子宫平滑肌的收缩，促使胎儿下降，加强对子宫颈的刺激，释放更多的缩宫素，直至胎儿娩出为止。因此，分娩是一个正反馈调节过程，但启动分娩的原因和机制尚不清楚，目前认为缩宫素、孕激素、雌激素、糖皮质激素和儿茶酚胺类激素等，均参与了分娩的发动和进程。

知识链接

预产期的计算

人类的孕期为 280 天，10 个妊娠月。预产期是从末次月经的第 1 天算起，月份数加 9 或减 3，日数加 7，则为预产期的月和日。例如，末次月经第 1 天是 2017 年 8 月 8 日，则预产期是 2018 年 5 月 15 日。在预产期前后两周内分娩，均属正常。

（二）哺乳

分娩后，随着母体血中雌激素和孕激素浓度的降低，对催乳素的抑制作用消失，乳腺开始泌乳，最初分泌的是初乳。母乳是新生儿最自然、最安全的天然食物，具有婴儿生长发育所需的营养物质，其中丰富的免疫球蛋白，能够增强婴儿的免疫力。哺乳时，婴儿吸吮乳头，反射性地引起缩宫素和催乳素的分泌，既可以促进子宫收缩，快速恢复，又能够促使乳汁分泌，增进婴儿与母亲的感情。此外，还可抑制促性腺激素的分泌，出现哺乳期月经暂停、排卵停止的现象，可能会起到避孕的作用，但不宜采用此法。

（考点：分娩的概念）

自 测 题

A_1/A_2 型题

1．精子产生的部位是（　　）

A．间质细胞　B．曲细精管
C．精囊　D．输精管
E．前列腺

2．能够分泌雄激素的是（　　）

A．曲细精管　B．精原细胞
C．间质细胞　D．支持细胞
E．精母细胞

3．不属于孕激素生理作用的是（　　）

A．使子宫肌肉松弛
B．抑制输卵管蠕动
C．使乳腺腺泡增生
D．对下丘脑和腺垂体有负反馈作用
E．使排卵后体温下降0.3～0.5℃

4．下列哪种激素出现高峰可视为排卵的标志（　　）

A．黄体生成素　B．雌激素
C．孕激素　D．卵泡刺激素
E．缩宫素

5．不属于胎盘分泌的激素是（　　）

A．雌激素
B．孕激素
C．人绒毛膜促性腺激素
D．催乳素
E．人绒毛膜生长素

6．分娩的主力是（　　）

A．产妇向下屏气力量　B．膈肌收缩力
C．腹肌收缩力　D．子宫收缩力
E．肛提肌收缩力

7．小李，妊娠2个月，胎儿死于宫内，则孕妇尿中（　　）

A．孕酮突然减少　B．hCG突然减少
C．hCS突然减少　D．雌三醇突然减少
E．雌二醇突然减少

A_3/A_4 型题

（8、9题共用题干）

小王，28岁，月经规律，周期是28天，持续时间为5天，末次月经是6月8日，于6月18日去医院做检查，子宫内膜表现为增生变厚。

8．其子宫内膜表现处于（　　）

A．月经期　B．分泌期
C．黄体期　D．增生期
E．初潮期

9．子宫内膜出现该变化的原因是（　　）

A．孕激素分泌增多
B．雌激素分泌增多
C．孕激素和雌激素分泌增多
D．雌激素分泌减少
E．孕激素和雌激素分泌减少

（田　芳）

实 验 指 导

实验一　反射弧分析

［实验目的］分析反射弧的组成部分，探讨反射弧的完整性与反射活动的关系。

［实验原理］在中枢神经系统参与下，机体对内外环境的刺激所产生的具有适应意义的规律性反应称为反射。反射活动的结构基础是反射弧，由感受器、传入神经、反射中枢、传出神经和效应器 5 个部分组成，其中任何一个环节受到破坏，反射活动均不能实现。

［实验对象］蟾蜍或青蛙。

［实验用品］蛙类解剖器械 1 套、铁支架和双凹夹、肌夹、小烧杯、培养皿、药用棉球、1%H_2SO_4溶液、1%普鲁卡因。

［实验方法及步骤］

1. 制备脊蟾蜍　自上颌处剪去蟾蜍头部，保留脊髓和下颌，用肌夹将蟾蜍下颌夹住，挂在铁支架上。

2. 观察双侧后肢屈曲反射　用盛在培养皿中的 1% H_2SO_4溶液分别刺激蟾蜍后肢足趾皮肤，观察有无屈曲反射，然后用小烧杯盛清水洗去足趾上的硫酸溶液。

3. 反射弧功能完整性受影响后观察后肢屈曲反射

（1）分离右侧坐骨神经干：在右后腿背面做一纵行皮肤切口，用玻璃分针在股二头肌和半膜肌之间分离，找出坐骨神经，在神经干下穿一细线备用。

（2）将右侧后肢趾尖浸入硫酸溶液：观察有无屈曲反射的出现。

（3）麻醉坐骨神经：用线将神经轻轻提起，在神经下面放一小束浸有局部浸润麻醉药（1%普鲁卡因）的棉花，然后将后肢浸入硫酸溶液中，观察后肢屈曲反射是否消失（麻醉坐骨神经出现屈曲反射消失后，迅即用任氏液反复冲洗右侧坐骨神经）。

4. 破坏反射弧的各部，观察对后肢屈曲反射的影响

（1）在左后肢趾关节上方，将皮肤剪一环形切口，剥去切口以下的皮肤，再将剥去皮肤的趾尖浸入硫酸溶液中，观察有无屈曲反射。若深浸该侧小腿至环行切口以上的皮肤，观察此侧小腿是否出现屈曲反射。

（2）用 1%硫酸溶液浸泡右后肢趾尖，右后肢发生屈曲反射。然后剪断右侧坐骨神经，再用1%硫酸溶液浸泡右后肢趾尖，观察屈曲反射是否消失。

（3）用探针破坏脊髓，再刺激后肢观察两后肢能否一样发生屈曲反射。

［观察项目及结果］观察项目及结果，见实验表 1。

实验表1　实验观察项目及结果

观察项目	屈曲反射（左侧	右侧）
1% H_2SO_4溶液刺激后肢皮肤		
右后肢趾尖浸入硫酸溶液		
麻醉右侧坐骨神经		
破坏左后肢皮肤		
反复清洗右侧坐骨神经		
切断坐骨神经		
破坏脊髓		

［注意事项］

1. 蛙足趾每次浸入硫酸溶液的深度要一致，有时可根据情况深浸；每项实验结果观察完毕后均应立即用清水洗去硫酸，并用纱布拭干。

2. 注意剪断坐骨神经的高位分支和剥干净足趾的皮肤，以免影响实验效果。

实验二　ABO血型鉴定

［实验目的］学会用玻片法测定ABO血型，观察红细胞凝集现象，加深理解血型分型的依据以及鉴定血型的意义。

［实验原理］根据红细胞上所含凝集原的有无及种类的不同，可将ABO血型系统分为A型、B型、AB型、O型。血型鉴定原理实质上是用已知抗体检测未知抗原。将受检者之红细胞分别加入抗A凝集素和抗B凝集素中，观察有无红细胞凝集现象，从而检测受检者的红细胞膜上A凝集原和（或）B凝集原的有无，从而判断受检者血型。

［实验用品］显微镜、一次性无菌采血针、A型和B型标准血清、双凹玻片、一次性无菌微量采血管、牙签、75%乙醇、棉球、标记笔。

［实验步骤］

1. 准备

（1）检查者穿戴整洁的白大衣、帽子和口罩；与受检者沟通，体现人文关怀；七步洗手法洗手；准备实验用品。

（2）取洁净、干燥的双凹玻片一块，用标记笔在两端分别标明A、B字样。

（3）在A、B两端凹陷内分别加入抗A凝集素和抗B凝集素各1滴。

2. 采血

（1）受检者取舒适坐位或卧位，检查者通常位于受检者右侧，选择耳垂或无名指指端作为采血部位。

（2）用浓度为75%的乙醇消毒耳垂或指端皮肤。

（3）检查者一手固定耳垂或指端皮肤，另一手持一次性无菌采血针迅速刺破皮肤，血液流出后，用一次性微量采血管采少量血液。

3. 加样　将少量血液分别加入A、B两端凝集素中，并用牙签使其充分混匀。

4. 鉴定　放置10～15分钟后，肉眼观察A、B两端有无凝集现象，根据观察结果判定受检者的血型（实验表2）。

实验表 2　实验结果判断

项目	凝集现象			
A 端	+	−	+	−
B 端	−	+	+	−
血型	A 型	B 型	AB 型	O 型

+：有凝集现象；−：无凝集现象

5. 整理实验用品　一次性物品不得随意乱扔，严格按污染医疗废物处理；双凹玻片清洗、擦净放至指定位置；其他物品整齐摆放于实验台上。

［实验结果记录与分析］

1. 在 ABO 血型系统中，您的血型是（　　）

A 型□　　B 型□　　AB 型□　　O 型□

2. ABO 血型系统分型的依据是什么？您如何判断自己鉴定结果？

［注意事项］

1. 用牙签混匀时，严防 A 型和 B 型标准血清相互接触。
2. 肉眼不能确定有无凝集现象时，应在低倍显微镜下观察。
3. 注意区别凝集现象与红细胞叠连。发生红细胞凝集时，肉眼观察呈朱红色颗粒，且液体变得清亮。
4. 严格按无菌技术操作。

实验三　正常人体心音听诊

无论是健康体检还是心脏疾病的诊断，心音听诊都是一项重要的检查手段。因此学习听诊器的使用及心音的听诊具有重要意义。

［案例设计］

患者，女性，68 岁。胸闷、心慌、心悸两天来就诊，有高血压病史。通过检查其血压 170/90mmHg，心脏听诊，患者心尖部心音响度正常，主动脉瓣区第二心音亢进，心率 86 次/分，心律不齐，频发期前收缩（6 次/分），无明显心脏杂音。

初步诊断为：1. 高血压；2. 心律不齐；3. 异位心律。为明确诊断，需进一步做心电图、心脏彩超检查。

讨论：心音产生于心脏活动中瓣膜的开闭、血液的流动等因素。通过心音听诊可以确定心跳频率，心律是否整齐，心音响度是否正常，有无异位心律及心脏杂音等。

［实验目的］

1. 了解心脏各瓣膜听诊的体表定位及听诊顺序。
2. 熟悉第一、第二心音的特点。
3. 掌握听诊器的使用及心率的计数。

［实验准备］

1. 用物准备　听诊器。
2. 操作者准备　熟悉听诊器的结构及使用方法。
3. 患者准备　面向亮处坐于检查者对面，解开上衣，充分暴露检查部位。

［操作流程］先观察心尖搏动最明显处或通过触诊确定心尖部位，由此开始听诊。检查者戴好听诊器，用右手拇指和中指持胸件、示指固定胸件背面。按照二尖瓣区、三尖瓣区、主动脉瓣区、肺动脉瓣区的顺序依次听诊，以防漏听。听诊时要认真、仔细，计数心率，判断心律规律与否，辨别第一、第二心音的区别及两心音在不同听诊区的响度差异，另外有无心脏杂音（实验图 1）。

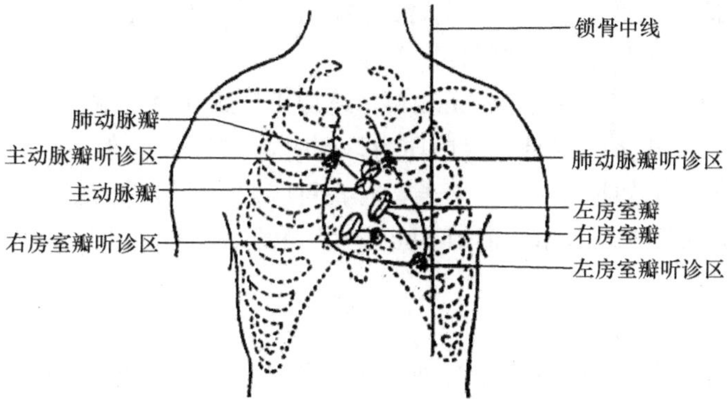

实验图 1　心脏各瓣膜的位置、体表投影及听诊部位

［注意事项］

1. 室内保持适宜温度。如果气温较低，不要把冰凉的胸件直接放到胸壁上以免患者产生不舒服的感觉。

2. 室内保持安静，以利于听诊。

3. 检查者戴听诊器时，耳件的弯曲应与外耳道方向一致。

4. 听诊时胸件不能在胸壁上滑动移位，避免乳胶管与衣物之间摩擦。

［实验作业］

记录心率，确定心律规律与否，归纳总结第一、第二心音听诊时的差异。

实验四　正常人体动脉血压测量

动脉血压的测量在临床是最基本的工作，不论是医疗还是护理工作都具有重要作用。因此学会使用血压计测定血压是医学生的一项基础操作技能。

［案例设计］

患者，男性，58 岁。因疲乏、头晕、头痛 1 周就诊，经检查患者心率 70 次/分，血压 160/100mmHg，无高血压病史，长期酗酒。嘱其戒酒，两天后再来门诊测一次血压。初步印象：疑似高血压。

讨论：动脉血压是观察生命体征的一项重要指标，心脏收缩射血和外周阻力是形成动脉血压的两个根本条件。许多因素影响血压的高低如搏出量、心率、大动脉的弹性等。

［实验目的］

1. 了解间接测量血压的原理。

2. 熟悉水银血压计的结构及使用方法。

3. 掌握收缩压和舒张压的测量及记录方式。

［实验准备］

1. 用物准备　听诊器、水银血压计。

2. 操作者准备　检查血压计贮槽中水银是否充足，气球及导管是否漏气，打开水银贮槽开关，关闭气球阀门。

3. 患者准备　保持精神安宁，身体放松，静坐于桌旁。脱去一侧衣袖，前臂平放于桌上手掌向上，上肢自然放松，并使上臂与心脏处于同一水平。

［操作流程及护理配合］

1. 将袖带松紧适宜、平整地绑缚于上臂，袖带下缘距肘横纹 2cm。在肘横纹、肱二头肌腱内侧，肱动脉搏动明显处放置听诊器胸件。

2. 用气球向气囊内充气加压至 180mmHg，或加压至肱动脉远端动脉搏动消失。

3. 打开气球阀门缓慢放气降低气囊内压力，同时在肱动脉远端仔细听诊。开始无声音，在放气减压过程中，当第一次听到“嘭”样声音时，对应的检压计压力值即为“收缩压”。继续放气减压，始终可以听到与心跳节律一致的“嘭、嘭”样声音，直至消失。而声音消失时对应的检压计压力值即为“舒张压”。

［注意事项］

1. 受试者测血压之前要保持安静，精神放松。取坐位时背部应靠在椅背上，双腿不要交叉，足要放平。

2. 室温控制在适宜范围，室温太低对测血压会有影响。室内必须保持安静，利于听诊。

3. 受试者上臂要与心脏在同一水平，袖带平整绑缚、不可过松或过紧。听诊器胸件放在袖带下缘肱动脉搏动处，不要塞入袖带内。

4. 发现动脉血压超出正常范围时，让受试者休息 30 分钟后再测试。

［实验作业］

记录所测收缩压和舒张压，归纳总结动脉血压产生的前提及两个根本条件、影响动脉血压的基本因素。

实验五　正常人体心电图描记

心电图描记是一种无损伤、方便快捷、可以重复进行的重要辅助诊断方法，心电图对心律失常、心肌缺血、心肌受损、心脏增大等心脏疾病具有诊断意义。

［案例设计］

患者，男性，56 岁。因心前区压榨性疼痛数小时入院。患者烦躁不安、面色苍白、皮肤湿冷、大汗淋漓。检查发现收缩压 70mmHg，心率 106 次/分，心电图提示为大面积心肌梗死。诊断为：1. 急性心肌梗死；2. 心源性休克。 及时给予治疗包括镇痛、溶栓等对症支持治疗。

讨论：在心肌生物电基础上产生的节律性心脏活动，在体表一定部位用心电图机记录到这种电位波动的图形，就是心电图。所以心电图反映了窦房结兴奋的产生、传导及心房、心室兴奋的过程。一个心动周期中心电图包括三个基本波和连接线段。

［实验目的］

1. 了解心电图的常用导联，标准肢体导联、加压肢体导联及胸导联。

2. 熟悉心电图各波形及连接线段。

3. 掌握心电图 P 波、QRS 波群、T 波与心肌生物电之间关系。

［实验准备］

1. 用物准备　心电图机、导电膏、分规、放大镜。

2. 操作者准备　检查心电图机电源线、各电极。

3. 患者准备　卷起衣袖、裤脚，解开上衣，静卧于检查床上。

［操作流程及护理配合］

1. 连接好电源线、地线、导联线，打开电源开关。用电极膏涂抹在双腕、双踝和胸壁相应部位，连好电极。

2. 电极线按实验表 3 方法安放。

实验表 3　电极颜色、安放位置及代表符号

电极	电极颜色	代表符号
右腕	红色或 1	RA
左腕	黄色或 2	LA
左踝	蓝色或 3	LF
胸前	白色或 4	V 或 C
右踝	黑色或 5	RF 或 RL

胸壁电极位置：胸 1，胸骨右缘第 4 肋间隙；胸 2，胸骨左缘第 4 肋间隙；胸 3 位于胸 2 与胸 4 连线中点；胸 4，左侧锁骨中线第 5 肋间隙；胸 5，左腋前线第 5 肋间隙；胸 6，左侧腋中线第五肋间隙。

3. 依次记录Ⅰ、Ⅱ、Ⅲ、aVR、aVL 和 aVF，以及胸导联胸 1 至胸 6 各导联的心电图。

4. 在心电图记录纸上标明受检者的姓名、性别、年龄、日期。

5. 选择Ⅱ导联心电图，辨认 P 波、QRS 波群、T 波，分别测量这些波的波幅和 P-R 间期、Q-T 间期的时间。

［注意事项］

1. 保持适宜的室温，室温过低，患者会出现肌肉颤抖，影响记录心电图。

2. 受检者要精神安定，肌肉放松，不要紧张。避免肌肉颤抖出现干扰。

3. 变换不同导联记录前须观察基线是否平稳，如有干扰应调整后再记录。

4. 记录结束后将旋钮复原，切断电源。

［实验作业］

1. 学会测量、分析心电图，测出若干个 R-R 间期或 P-P 间期计算一个心动周期的时间（S）。

2. 算出心率：60/R-R 间期或 P-P 间期即为心率。

实验六　人体肺通气功能测定

［实验目的］掌握人体肺通气功能的测定方法，并了解其测定意义。

［实验原理］机体在进行新陈代谢的过程中，不断地消耗氧并产生二氧化碳。为了实现机体与环境之间的气体交换，肺必须不断地与外界大气进行通气活动。肺容纳的气体量称为肺容量，在呼吸过程中不断发生变化；单位时间内进或出肺的气体总量称为肺通气量。通过肺量计测定人体的肺容量和肺通气量来评价肺的通气功能。

［实验对象］人。

［实验用品］FJD-80 单筒肺量计、橡皮吹嘴、鼻夹、75%乙醇和棉球。

［实验方法及步骤］

1. 熟悉 FJD-80 型单筒肺量计的结构　FJD-80 型单筒肺量计的结构如实验图 2 所示，为一立式单筒肺量计，主要由一对套在一起的圆筒组成。外筒是一层夹水槽，夹层中装满清水，内筒中有进出 2 个通气管，在肺量计的侧面由两条螺纹管借三通管与外界相通。当三通管活塞开放时，呼吸气可经通气管进出肺量计，使倒置于水槽中的内筒（浮筒）随之上下移动，这时，经滑轮与内筒相对的平衡锤上安装的描计笔便可在记录纸上记录出呼吸气量变化的曲线。在仪器内装有可吸收呼出气中二氧化碳的钠石灰。专用记录纸上印有表示容积和表示走纸速度的直格与横格（一小直格为 100ml，一横格为 25ml）。变速器开关是控制走纸速度的。肺量计顶部有排气开关，可供筒内充气，也可使筒内气体由此排出。浮筒的实际使用容量为 6～8L。

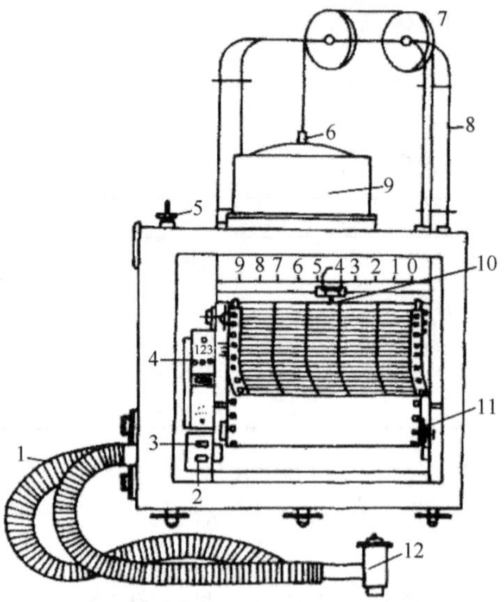

实验图 2　FJD-80 型肺量计

1.螺纹管；2. 电源开关；3. 记录开关；4. 变速器开关；5. 氧气接头；6.0 位调节螺帽；7. 滑轮；8. 支架；9. 浮筒；10. 记录笔；11. 记录纸座架；12. 三通管

2. 使用方法　①打开肺量计的排气开关，上提浮筒，使筒内充空气 4～5L，然后关闭开关。②用消毒后的橡皮吹嘴套在三通管接口上。受试者取合适的坐位或站立姿势，将吹嘴的薄片置于口腔前庭，并用牙齿咬住吹嘴上的两个突起，先用鼻做平静呼吸。③受试者夹鼻，将三通管转向外界，待受试者习惯用口呼吸后，转动三通管，使之与肺量计相通；按电源开关，将变速器开关调为慢速档（25mm/30s），记录呼吸曲线（实验图 2）。

3. 观察项目

（1）潮气量：平静呼吸，待呼吸基线趋于平稳后，走纸超过 1 分钟。

（2）补吸气量：受试者在 1 次平静吸气之末，继续做 1 次最大限度的吸气，然后平静呼吸。

（3）补呼气量：随后，在 1 次平静呼气之末，继续做 1 次最大限度的呼气，恢复平静呼吸。

（4）肺活量：最后让受试者做 1 次最大的深吸气后，随即做 1 次最大的深呼气。补吸气量、补呼气量和潮气量之和即为肺活量，肺活量为肺通气功能的静态指标。

根据上述各种情况下呼吸曲线变化的高度，即可计算出潮气量、补吸气量、补呼气量和肺活量。

（5）用力呼气量：①肺量计内重新装新鲜空气 4～5L。调节好笔尖位置以便描记。②受试者口衔吹嘴，夹住鼻子，用口呼吸。开动慢速档（25mm/30s），记录平静呼吸 3～4 次后，受试者做最大限度的吸气，在吸气之末屏气 1～2 秒，此时开动快速档（25mm/s），然后用最快的速度做用力深呼气，直到不能再呼为止。随即停止走纸。从记录纸上测出第 1、第 2 和第 3 秒钟内的呼出气量，并计算它们各占全部呼出气量的百分率，即用力呼气量，与正常值（83%、96%、99%）比较。用力呼气量为肺通气功能的动态指标，主要反映小气道阻力。

（6）最大通气量：①受试者口衔橡皮嘴，夹住鼻夹，记录一段平静呼吸的通气曲线；②开动中速档（25mm/15s），受试者按主试者口令在 15 秒内尽力做最深最快的呼吸（受试者测定前可预先加以练习）。根据曲线高度和次数计算 15 秒内的呼出或吸入气总量，再推算出每分钟的最大通气量。

［注意事项］

1. 注意肺量计中的水保持在水平刻度线，防止水溢出，并使水温与室温相平衡。

2. 橡皮吹嘴在使用前需用 75%乙醇消毒后浸于冷开水中备用。更换受试者前应重新消毒。

3. 测定时应注意防止从鼻孔或口角漏气。

实验七 胸膜腔负压的观测

［实验目的］学习胸膜腔负压的测定方法，观察在呼吸周期中，胸膜腔负压的变化。

［实验原理］胸膜腔内的压力通常低于大气压，称为胸膜腔负压。胸膜腔负压的大小随呼吸周期的变化而改变。一旦胸膜腔与外界相通造成开放性气胸，则胸膜腔负压消失。利用连通器原理，将与水检压计相连通的穿刺针，插入胸膜腔，通过水检压计液面的升降，来观察胸膜腔负压的变化。

［实验对象］家兔。

［实验用品］兔手术台、哺乳动物常用手术器械、止血钳、粗注射针头、水检压计、橡皮管、1.5%戊巴比妥钠溶液、0.9%NaCl 溶液。

［实验方法及步骤］

1. 用 1.5%戊巴比妥钠溶液将家兔麻醉后，仰卧位固定于兔手术台上。剪去颈部与右前胸部的被毛；分离气管，插入气管插管。

2. 将粗针头通过橡皮管与水检压计连接。检压计内的水加少许带色墨水，利于观察液面波动。检压计内液面在刻度 0 与动物胸膜腔保持同一水平。

3. 在兔右腋前线第 4、5 肋骨上缘，用与水检压计相连的粗注射针头，垂直刺入胸膜腔内。当看到检压计内的带色水柱突然向胸膜腔一侧升高，并随呼吸运动而上下移动时，说明针头已进入胸膜腔内，应停止进针，并用胶布将针头固定于这一位置。

4. 观察吸气与呼气时检压计水柱移动的幅度。记录平静呼吸时胸膜腔内压的数值。此时吸气与呼气均为负值。

5. 在气管插管的一个侧管上接一根长约 0.5m、内径为 0.7cm 的橡皮管，夹闭另一侧管，以增大无效腔，使呼吸运动加强。观察吸气和呼气时检压计水柱的波动，记录其胸膜腔内压的数值，与平静呼吸时相比较有何不同。

6. 在吸气末和呼吸末，将气管插管的两支侧管同时堵塞，动物处于憋气状态。观察此时胸膜腔内压变化的最大幅度，胸膜腔内压是否高于大气压。

7. 剪开前胸皮肤，切断肋骨，打开右侧胸腔，造成人工开放性气胸，观察胸膜腔内压的变化。

［注意事项］

1. 插入胸膜腔之前，需将穿刺针头尖部磨钝，并检查针孔是否通畅，连接处是否漏气。

2. 穿刺时，针头斜面应朝向头侧，首先用较大的力量穿透皮肤，然后控制进针力量，用手指抵住胸壁，以防刺入过深，刺破肺和血管。

实验八 影响尿生成的因素

［实验目的］观察若干因素对家兔尿生成过程的影响，加深对影响尿生成的因素及影响机制的理解。

［实验原理］尿生成的过程包括肾小球的滤过、肾小管和集合管的重吸收和肾小管和集合管的分泌。凡能影响这三个环节的因素，都能引起尿的质和量发生变化。

［实验时数］2 学时（示教）。

［实验对象］家兔。

［实验用品］家兔、兔手术台、哺乳动物手术器械、动脉插管、动脉夹、水银检压计、电子记

纹鼓或二道生理记录仪、双凹夹、铁支架、电磁标、保护电极、电刺激器、注射器、试管、试管夹、酒精灯、烧杯、纱布、有色丝线、膀胱插管或细输尿管插管 1 对、生理盐水、20%葡萄糖溶液、20%氨基甲酸乙酯、肝素、1∶10 000 去甲肾上腺素溶液、血管升压素、呋塞米、班氏试剂。

［实验步骤］

1. 将麻醉后的家兔仰卧位固定于兔手术台上。

2. 颈部手术和血压描记与“哺乳动物血压调节实验”相同，分离右侧迷走神经，穿线备用。

3. 尿液收集可采用膀胱插管法或输尿管插管法。

（1）膀胱插管法：在耻骨联合上方，沿正中线做 2～3cm 的皮肤切口，沿腹白线剪开腹腔，将膀胱移出体外。在膀胱顶部做一个荷包缝合，在缝线中心做一个小切口，插入膀胱插管，收紧缝线关闭切口，膀胱插管通过橡皮管与记滴装置相连。

（2）输尿管插管法：在耻骨联合上方，沿正中线做 4～5cm 的皮肤切口，沿腹白线剪开腹腔暴露膀胱，用手轻轻拉出并向下翻转膀胱，在其底部找到双侧输尿管，用线在双侧输尿管近膀胱处分别进行结扎。在结扎部位上方各剪一斜口，将两根充满生理盐水的细输尿管插管向肾的方向分别插入输尿管内，然后用线结扎固定。手术完毕，用 38℃盐水纱布覆盖切口，将两根细插管并在一起与记滴装置相连。

（3）观察尿量：调试好记录装置，记录一段正常的血压曲线和尿滴作为对照。然后进行下列实验项目。

① 由耳缘静脉注入 38℃的生理盐水 20ml，观察血压和尿量的变化情况。

② 剪断右侧迷走神经，用保护电极以中等强度的电流反复刺激其外周端，让血压降到 50mmHg 左右并维持 30 秒，观察尿量的变化情况。

③ 静脉注射 1∶10 000 去甲肾上腺素 0.5ml，观察血压和尿量的变化情况。

④ 静脉注射血管升压素 2U，观察血压和尿量的变化情况。

⑤ 取尿液 2 滴，用班氏试剂做尿糖定性实验；再由耳缘静脉注入 20%葡萄糖溶液 5ml，观察尿量的变化情况。待尿量明显变化后再取尿液 2 滴做糖定性实验。

⑥ 静脉注射呋塞米（5ml/kg），观察尿量的变化情况。

⑦ 分离一侧股动脉，插入动脉插管进行放血 20～30ml，使血压迅速降到 50mmHg 左右，观察血压和尿量的变化情况。

⑧ 从静脉迅速补充生理盐水 20～30ml，观察血压和尿量的变化情况。

［注意事项］

1. 本实验项目多、损伤大，故需选用体质强壮的家兔。实验前给家兔多喂新鲜蔬菜，以保证实验中有足够的尿量。

2. 手术操作应轻柔，避免出现损伤性尿闭。剪开腹膜时避免损伤内脏。输尿管插管一定要插入管腔内，不要误入管壁的肌层与黏膜间。

3. 本实验有多次静脉注射，应注意保护耳缘静脉。静脉穿刺从耳尖开始，逐步移向耳根。

4. 每进行一项实验，均应等待血压和尿量基本恢复到对照值后再进行。

5. 注意术中止血，麻醉动物注意保温和观察一般情况，以防意外死亡。

［结果分析］

1. 将每项实验结果填入实验表 4。

实验表 4　实验项目与结果

实验项目	血压（mmHg）		尿量（滴/分）	
	实验前	实验后	实验前	实验后
静注 38℃的生理盐水 20ml				
刺激迷走神经外周端				
静注 1∶10000 去甲肾上腺素 0.5ml				
静脉注射血管升压素 2U				
静脉注入 20%葡萄糖溶液 5ml				
静脉注射呋塞米（5ml/kg）				
尿糖定性实验				
股动脉放血 20～30ml				
迅速补充生理盐水 20～30ml				

2. 分析上述实验中引起尿量增多的机制各是什么。
3. 分析、讨论去甲肾上腺素和血管升压素对血压和尿量的影响。
4. 试分析失血为什么引起尿量减少。
5. 比较渗透性利尿和水利尿的区别。

参 考 文 献

白波．生理学．第2版．北京：人民卫生出版社，2013．

房德芳．生理学基础．南京：江苏凤凰科学技术出版社，2014．

黄莉军．生理学基础．第2版．北京：人民卫生出版社，2015．

刘筠．生理学．北京：教育科学出版社，2015．

伍爱荣，廖发菊．生理学基础．第3版．西安：第四军医大学出版社，2016．

朱大年，王庭槐．生理学．第8版．北京：人民卫生出版社，2013．

祝涛．生理学．北京：科学出版社，2016．

教学基本要求

一、课程性质与任务

生理学是以生物体的生命活动现象和各个组成部分的功能为研究对象的一门基础医学科学，是医学教育中的重要基础课程之一。人体生理学的主要任务是阐明构成人体各系统的器官和细胞所表现的各种生命活动过程、功能表现的内部机制及其规律。掌握和利用这些机制、规律，可以为疾病的发生、发展过程以及疾病的诊断、防治等研究提供理论基础。生理学的教学任务应该使医学生掌握正常人体功能活动的基本规律，为后续的病理学、药理学和临床专业课等学科的学习及医学生毕业后从事医疗工作奠定基础。

二、课程教学目标

（一）知识目标

1．列举生命活动的基本表现，说明人体、环境与健康间的关系及内稳态的生理重要意义。

2．解释人体各器官、系统的生理功能活动，以及生物、社会与心理等因素对人体机能活动的影响。

3．叙述人体适应环境及维持机体内环境稳态的调节方式。

（二）技能目标

1．能运用生理学知识解释正常的生命现象。

2．具有一定的逻辑思维及推理能力。

3．能分析不同条件变化的情况下，机体功能可能出现的变化及相应机制。

4．通过实验、演示与多媒体教学方式，验证生理学的基本理论知识，学会测试人体功能活动的一些基本操作技能；并依据生理学知识、技能进行保健护理。

（三）素质目标

1．具有良好的职业道德。

2．具有严谨的科学态度。

3．具有沟通协调能力、团结协作精神。

三、教学内容与要求

教学内容	教学要求			教学活动参考
	了解	熟悉	掌握	
一、绪论				
（一）概述				
1．生理学基础研究的对象及任务	√			讲授

续表

教学内容	教学要求			教学活动参考
	了解	熟悉	掌握	
2．生理学的研究方法	√			多媒体
（二）生命的基本特征				
1．新陈代谢			√	
2．兴奋性			√	
3．生殖	√			
（三）人体功能与环境				
1．机体对外环境的适应	√			
2．机体的内环境及稳态			√	
（四）生理功能的调节				
1．生理功能调节的方法		√		
2．生理功能调节的反馈控制			√	
二、细胞的基本功能				讲授
（一）细胞膜的基本功能				
1．细胞膜的物质转运功能			√	多媒体
2．细胞膜的受体功能	√			
（二）细胞的生物电活动				
1．静息电位及其产生原理			√	
2．动作电位及其产生原理			√	
（三）肌细胞的收缩功能				
1．骨骼肌的收缩原理		√		
2．骨骼肌的收缩形式		√		
三、血液				讲授
（一）血液的组成和理化特性				多媒体
1．血液的组成		√		讨论
2．血液的理化特性		√		
（二）血浆				
1．血浆的成分及其作用		√		
2．血浆渗透压			√	
（三）血细胞				
1．红细胞			√	
2．白细胞			√	
3．血小板			√	

续表

教学内容	教学要求			教学活动参考
	了解	熟悉	掌握	
（四）血液凝固与纤维蛋白溶解				
1．血液凝固			√	
2．纤维蛋白溶解			√	
（五）血型与输血				
1．ABO 血型系统			√	
2．Rh 血型系统	√			
3．输血原则		√		
四、血液循环				讲授
（一）心脏生理				多媒体
1．心脏的泵血功能			√	讨论
2．心肌细胞的生物电活动		√		
3．心肌细胞的生理特性			√	
4．体表心电图		√		
（二）血管生理				
1．血流量、血流阻力和血压	√			
2．动脉血压与动脉脉搏			√	
3．静脉血液与静脉血流		√		
4．微循环			√	
5．组织液生成与淋巴循环		√		
（三）心血管活动的调节				
1．神经调节			√	
2．体液调节		√		
五、呼吸				讲授
（一）肺通气				多媒体
1．肺通气的动力			√	讨论
2．肺通气的阻力		√		
3．肺通气功能的指标			√	
（二）气体的交换和运输				
1．气体的交换		√		
2．气体在血液中的运输			√	
（三）呼吸运动的调节				
1．呼吸中枢		√		

续表

教学内容	教学要求			教学活动参考
	了解	熟悉	掌握	
2．呼吸运动的反射性调节			√	
六、消化和吸收				讲授
（一）消化道各段的消化功能				多媒体
1．口腔内消化		√		讨论
2．胃内消化			√	
3．小肠内消化			√	
4．大肠内消化		√		
（二）吸收				
1．吸收的部位		√		
2．主要营养物质的吸收			√	
（三）消化器官活动的调节				
1．神经调节		√		
2．体液调节		√		
七、能量代谢和体温				讲授
（一）能量代谢				多媒体
1．能量的来源和利用	√			
2．影响能量代谢的因素		√		
3．基础代谢			√	
（二）体温				
1．正常体温及其生理变动			√	
2．机体的产热与散热			√	
3．体温调节	√			
八、尿的生成与排放				讲授
（一）概述				多媒体
1．排泄的概念与途径		√		讨论
2．肾的功能	√			
3．尿液			√	
（二）尿的生成过程				
1．肾小球的滤过功能			√	
2．肾小管和集合管的重吸收功能			√	
3．肾小管和集合管的分泌功能			√	
（三）调节和影响尿生成的因素				
1．影响肾小球滤过的因素			√	

续表

教学内容	教学要求			教学活动参考
	了解	熟悉	掌握	
2. 影响肾小管和集合管泌尿功能的因素			√	
（四）尿液的排放				
1. 排尿反射		√		
2. 排尿异常	√			
九、感觉器官				讲授
（一）概述				多媒体
1. 感受器与感觉器官的概念		√		
2. 感受器的一般生理特性	√			
（二）视觉器官				
1. 眼的折光功能			√	
2. 眼的感光换能功能		√		
3. 与视觉有关的几种生理现象		√		
（三）听觉器官				
1. 耳的听觉功能			√	
2. 内耳的感音换能功能		√		
3. 耳蜗对声音的初步分析			√	
（四）前庭器官				
1. 椭圆囊、球囊的功能		√		
2. 半规管的功能		√		
3. 前庭反应		√		
十、神经系统				讲授
（一）反射活动的一般规律				多媒体
1. 神经元和神经纤维		√		讨论
2. 神经元之间的功能联系			√	
3. 神经递质		√		
4. 反射中枢的活动方式	√			
（二）神经系统的感觉功能				
1. 感觉投射系统			√	
2. 感觉中枢	√			
3. 痛觉			√	
（三）神经系统对躯体运动的调节				
1. 脊髓对躯体运动的调节		√		

续表

教学内容	教学要求			教学活动参考
	了解	熟悉	掌握	
2. 脑干对肌紧张的调节			√	
3. 小脑对躯体运动的调节		√		
4. 基底神经节对躯体运动的调节	√			
5. 大脑皮质对躯体运动的调节	√			
（四）神经系统对内脏活动的调节				
1. 自主神经的主要活动及其生理意义			√	
2. 自主神经的递质和受体		√		
3. 内脏活动的中枢调节	√			
（五）脑的高级功能				
1. 条件反射	√			
2. 人类大脑皮质活动的特征	√			
3. 觉醒与睡眠	√			
十一、内分泌				讲授
（一）概述				多媒体
1. 激素的分类	√			
2. 激素作用的一般特性		√		
3. 激素的作用机制	√			
（二）下丘脑与垂体				
1. 下丘脑与垂体的功能联系		√		
2. 腺垂体			√	
3. 神经垂体		√		
（三）甲状腺				
1. 甲状腺激素的合成与运输	√			
2. 甲状腺激素的生理作用			√	
3. 甲状腺功能的调节		√		
（四）肾上腺				
1. 肾上腺皮质激素			√	
2. 肾上腺髓质激素	√			
（五）胰岛				
1. 胰岛素			√	
2. 胰高血糖素	√			
（六）甲状旁腺和甲状腺 C 细胞				
1. 甲状旁腺素	√			

续表

教学内容	教学要求			教学活动参考
	了解	熟悉	掌握	
2. 降钙素	√			
十二、生殖				
（一）男性生殖				
1. 睾丸的功能			√	
2. 睾丸功能的调节	√			
（二）女性生殖				
1. 卵巢的功能			√	
2. 月经周期		√		
3. 胎盘的内分泌功能	√			
4. 分娩与哺乳	√			

四、教学大纲说明

（一）适用范围

供护理、助产、医学检验、药学及其他医学相关类专业使用。

（二）教学要求

本课程为药理学、病理生理学等基础课程以及临床专业课提供必要的理论基础知识。课程是在人体解剖学基础上进行教学，因此，本课程在教学实施过程中，要将形态学与机能学课程有机结合起来，处理好形态结构与生理功能之间的关系，并注意与其他相关课程内容的分工、衔接和配合，防止知识点的遗漏。处理好本课程与选修课程、后续课程之间的衔接，既要避免讲授内容的重复，又要保证本课程体系和结构的科学性与完整性。

（三）教学建议

教学中应注意理论与实践的结合，适当安排自学内容及课外生理学习活动，利用网络课程加强课前、课后的答疑辅导，注意学生学习素养和创新精神的培养，使学生通过对机体各项功能相互作用的理解，树立整体观念，进而认识和掌握人体正常活动的基本规律。

1. 采用现代化教学手段　教师要对授课内容做充分的准备。教学过程要尽量采用现代化教学手段，使用视频、Flash 动画等现代教育技术，培训学生要充分利用完成作业、答疑、测试、反馈信息等活动，培养学生的信息素养。

2. 运用多种教学模式

（1）开展课堂讨论式教学法：建议在生理学的部分章节采用以临床病例为引导的课堂讨论式教学，通过病例引导和教员指导下的课堂讨论、资料查询、自学等方式启发学员分析、讨论有关生理学问题，学习生理学知识。这些章节包括循环、神经生理、泌尿及内分泌生理等与临床基础理论相关的内容。

（2）倡导以问题为中心的教学方式：以学生为主体的小组讨论式的方法，强调从提出问题入手，激发学生学习的兴趣，让学生有针对性地去探索并运用理论知识，以提高分析和解决问题的能力。

3．实验课　实验课是对学员进行综合训练，造就高素质、高层次、创新型、综合性人才的必要环节。生理学实验课的目的在于：通过实验课验证已知的基本理论，巩固和提高所学的基本知识和基本理论；理解和求证获得生理科学知识的科学方法，初步学会动物实验设计方法，形成较强的实践运用能力和系统的科研方法训练。

（四）教学内容学时分配建议

教学内容	学时		
	理论	实践	合计
一、绪论	2		
二、细胞的基本功能	4		
三、血液	4	2	6
四、血液循环	8	2	10
五、呼吸	4		
六、消化和吸收	4		
七、能量代谢和体温	2		
八、尿的生成与排泄	6	2	8
九、感觉器官	2		
十、神经系统	6		
十一、内分泌	4		
十二、生殖	2		
合计	48	6	54

（柳海滨）

自测题参考答案

第 1 章

1. C　2. E　3. A　4. E　5. C　6. E　7. D

第 2 章

1. C　2. B　3. A　4. B　5. A　6. C　7. E　8. D　9. B

第 3 章

1. B　2. B　3. E　4. C　5. B　6. A　7. C　8. B　9. A　10. C
11. B　12. E　13. C　14. A　15. B　16. B　17. D　18. B　19. B　20. A
21. A　22. D　23. E　24. B　25. A　26. B　27. C　28. D　29. E　30. E
31. B　32. C　33. A　34. B　35. C　36. D　37. B　38. C

第 4 章

1. B　2. C　3. A　4. B　5. B　6. B　7. D　8. C　9. E　10. C
11. D　12. A　13. B　14. C　15. B　16. C　17. E　18. E　19. C　20. D
21. C　22. D　23. D　24. D　25. C　26. C　27. E　28. D　29. A　30. B
31. C

第 5 章

1. E　2. E　3. B　4. C　5. D　6. A　7. C　8. B

第 6 章

1. D　2. A　3. C　4. D　5. E　6. E　7. C　8. C　9. E　10. E
11. C

第 7 章

1. B　2. B　3. E　4. B　5. B　6. D　7. A　8. A　9. D

第 8 章

1. B　2. B　3. D　4. C　5. A　6. D　7. A　8. A　9. D　10. B
11. A

第 9 章

1. E　2. E　3. B　4. C　5. D　6. E　7. A　8. A　9. B　10. B

第 10 章

1. E　2. D　3. B　4. C　5. D　6. E　7. D　8. C　9. B　10. A
11. E　12. C　13. D　14. E　15. E　16. D　17. C　18. E　19. C　20. A
21. E　22. B　23. A　24. B　25. E

第 11 章

1. E　2. E　3. B　4. B　5. D　6. A　7. D　8. E　9. D　10. D
11. D　12. C　13. D　14. E　15. E　16. B　17. B　18. E　19. B　20. E

第 12 章

1. B　2. C　3. E　4. A　5. D　6. D　7. D　8. D　9. B